KB202828

My Heart Cries Abba

My Heart Cries Abba

나의 마음은 아바를 부른다

좀 더 개인적인 방법으로 하늘 아버지 발견하기

행크 쿤네맨 지음 / 윤종화 옮김

서로사랑

나의 마음은 아바를 부른다

1판1쇄 발행 2014년 5월 15일

지은이 행크 쿤네맨
옮긴이 윤종화
펴낸이 이상준
펴낸곳 서로사랑(알파코리아 출판 사역기관)
만든이 이정자, 윤종화, 주민순, 장완철
　　　　　이소연, 박미선, 엄지일
이메일 publication@alphakorea.org

등록번호 제21-657-1
등록일자 1994년 10월 31일
주소 서울시 서초구 방배1동 918-3 완원빌딩 5층
전화 02-586-9211~3
팩스 02-586-9215
홈페이지 www.alphakorea.org

차례

CHAPTER 1

하나님은 아버지가 되신다

"(예수께서) 이르시되 아빠 아버지여 아버지께는 모든 것이 가
능하오니 이 잔을 내게서 옮기시옵소서 그러나 나의 원대로
마시옵고 아버지의 원대로 하옵소서 하시고"(막 14:36, 괄호는 저
자 삽입).

God Becomes a Dad

예수님은 온 세상의 무게를 자신의 작은 어깨에 짊어지신 채 땅에 엎드리셨다. 예수님은 마음의 고뇌와 끝까지 싸우며 입을 열어 기도하셨다. 예수님의 땀은 피로 변했고, 그 피는 이마와 얼굴을 타고 흘러내려 기도하는 자리에까지 떨어졌다. 예수님은 자신의 속마음을 드러내시기 위해 입을 여셨다. 그리고 자신이 알고 있는 위대한 사랑을 소유한 누군가를 향해서 외치셨다. 예수님은 그 누군가를 위해서 태어나셨고, 그 누군가를 위해서 죽으셨다. 예수님이 절실히 필요로 하며 신뢰했던 그분은 과연 누구일까?

천국은 예수님이 하신 일을 지켜보았고, 지옥은 하나님의 아들의 극심한 고통을 보았다. 그들은 예수님의 입에서 나오는 말씀을 듣고 있었다: "아바, 아버지!" 예수님은 심히 고민하며 외치셨다. 누구를 향해서 외치셨을까? 그리고 왜 외치셨을까? 이것은 무슨 의미였을까? 하나님의 아들인 예수님이 극심한 고통 가운데서 기도하실 때, "아바"라는 소리는 이 땅에서 울려 천국의 보좌에 이르렀다. 예수님은 지금 이 세상에서 가장 중요하고 힘든 시간에 직면하고 계셨다. 예수님의 마음은 아바 아버지를 향해서 외치고 계셨다. 이러한 순간이 다가오기 전 예수님은 몇 명의 제자들에게 기도할 것을 청하셨다. 하지만 그분은 잠들어 있는 제자들만을 발견할 수 있으셨다! 예수님이 의지할 만한 사람은 한 사람도 없었다. 그러나 하나님은 예수님 곁을 떠나지 않겠다고 약속하셨다. 그분은 예수님 곁에 머물기 위해 전념하셨다.

아바라고 언급했던 하나님을 큰 소리로 불렀을 때 예수님이 느끼셨을 안정과 사랑의 감정이 어떤 것이었을지 잠시 동안 생각해 보라. 예수님이 고통을 겪으시는 가운데 하셨을 모든 말들을 상상해 보라. 예수님은 "아바"라는 단어를 선택하셨다. 이것은 결국 예수님이 제자들뿐만 아니라 당신에게도 기도할 때 "아버지"(눅 11:12을 보라) 하고 부를 것을 가르치시는 것이다. 우리는 그날 예수님이 겟세마네 동산에서 정중한 표현으로 "아버지" 하고 부른 것이 아님을 이해해야 한다. 이것은 오히려 예수님이 하늘 아빠이신 하나님에게 개인적으로 가까이 다가가기 위하여 사용하신 단어다. 정말인가? 강인한 성인 목수가 자신의 모국어인 아람어 단어를 사용하여 아버지를 부르고 있다. 만일 이 단어가 이제 막 걷기 시작한 아이가 아버지를 아빠라고 부를 때 쓰는 단어라면, 예수님은 왜 아버지를 부를 때 이 단어를 사용하셨을까? 이것은 무슨 의미이며, 예수님은 왜 하늘 아버지를 "아바"라고 부르셨을까?

예수님은 아바를 보여 주셨다

이 질문에 답하기 위해서, 그리고 아바라고 부르셨던 하나님을 향한 예수님의 깊은 사랑을 이해하기 위해서, 우리는 하나님이 어떤 분이시며, 예수님이 왜 이 단어를 사용하셨는지를 이해해야 할 필요가 있다.

이 세상이 창조되기 전부터 하나님은 예수님과 함께하셨고, 그 오랜 관계 때문에 예수님은 하늘 아버지를 이런 방식으로 부르셨을 것이다. 더 나은 답은, 예수님이 이 세상에서 사셨기 때문에 하늘 아버지를 더 친밀하게 알게 되셨고, 인간으로서 성령의 권능 아래 하나님을 전적으로 의지하셨다는 것이다. 우리는 예수님이 성인식을 하던 열두 살에 아버지인 요셉 없이 성전에서 토론했던 것을 성경을 통해 알고 있다. 그 이후로 우리는 요셉에 대하여 들은 것이 없다. 이러한 내용으로 미루어 볼 때, 주님은 가장 중요하고 힘든 시간에 아바를 부르셨고, 예수님의 모든 사역은 하나님을 친밀한 아버지, 곧 자녀와 사랑의 관계를 맺고 있는 아버지로 보여 주는 것이라고 우리는 결론지을 수 있다.

예수님은 하나님께 기도하셨다: "세상 중에서 내게 주신 사람들에게 내가 아버지의 이름을 나타내었나이다"(요 17:6). 예수님은 예수님 자신과 나와 당신의 유익을 위해서 이와 같이 기도하신 것이 아니다. 예수님은 자신이 그러셨던 것처럼 우리가 하늘 아버지와 멋지고 개인적이고 친밀한 관계를 경험하길 원하셨다. 어쨌든 예수님이 이 세상에 보내졌던 이유는 아바 아버지를 보여 주시기 위해서다. 그리고 하나님과 우리를 다시 화목하게 하시기 위해서다.

아바라는 호칭을 곰곰이 생각해 볼 때, 아버지 없이 성장한 사람이나 자라면서 아버지와 좋은 경험이 없는 사람들에게는 이 호칭이 의외라고 생각될지도 모른다. 그러나 아버지와 함께 성장한 사람들, 자라면서 아버지와 좋은 경험이 있는 사람들에게는 이 호칭이 반가울 것이다. 우리가 어떻게 살았든지 간에 이 땅의 모든 아버지의 모범이 되시는 하나님께 다가갈 수 있다는 것은 격려가 된다. 예수님은 하나님을 보여 주시기 위해 이 땅에 오셨다. 그래서 우리는 하늘 아버지의 기쁨과 평화와 충만한 사랑을 받았고, 하늘 아빠를 아바라고 부를 수 있게 되었다!

당신은 하나님을 하늘 아빠라고 부르는 것에 대해 이상하게 느끼거나, 이것이 우리의 일상생활에서 상관관계를 어렵게 만든다고 생각할 수 있다. 이런 예는 세상에서도 아버지나 다른 사람들을 대할 때 종종 나타난다. 그래서 사랑의 아버지로 하나님을 보는 것이 불편하고 약간 어색하다.

하지만 예수님이 하나님을 아바라고 부르신 이유는, 사실 하나님을 그렇게 불러도 괜찮다는 것을 우리에게 보여 주시기 위해서였다! 예수님이 그러셨던 것처럼 우리도 하나님과 멋진 관계를 가질 수 있다. 하나님은 자신을 아바로 보여 주시기 원하신다는 것을 기억하라. 하나님은 당신과 나를 포함해서, 대대로 이 놀라운 속성을 온 세상에 보여 주시기 위하여 예수님을 보내셨다! 예수님은 우리가 엄격한 감독이 아닌 사랑의 아버지이신 하나님께 다가가기를 고대하신다.

사실 우리는 아바를 자세히 살펴볼 필요가 있다. 그 의미를 알 때에야 비로소 하나님과 우리의 관계가 돈독하게 되고, 하나님을 아바라고 부를 때 무언가 모든 의구심이나 부족한 느낌이 제거되기 때문이다. 하나님이 누구신지 이해하게 될 때 우리의 마음은 "아바, 아버지!"라고 아주 확실하게 외칠 것이다.

누가 아바일까?

아바의 의미는 영어의 아빠(Daddy or Papa)와 비교할 수 있다. 이 단어는 신약성경에서 특별히 세 번 언급된 것을 알 수 있다. 아바는 예수님이 사시던 시대에 유대인들이 사용하던 아람 방언이다. 개인적으로 더 설명하자면, 아바는 우리의 아버지이신 하나님을 부르는 친근한 방법이다.

아바(Abba)라는 단어는 스트롱 색인(Strong's Concordance)에서 '아브' [ab(awb)]를 번역한 것인데, 아바보다는 하나님이 더 형식적인 정의다. 아바는 아람어인데, 그 의미는 '아빠' 또는 '아버님' 이다.'아브' (ab)라는 말은 애정을 표현하는 말이지, 격식 있는 말은 아니다. 아바라는 단어는 '아버지' 를 의미하는 것으로, 아버지와 의존적인 관계에 있는 사랑받는 아이가 아버지를 "아빠"라고 다정하게 부를 때 사용된다.

사실 이 단어를 공부하다 보면 더 흥미로운 것이 있다. 데이비드 알소브룩(David Alsobrook)이 쓴 "왜 예수님은 하나님을 '아빠' 라고 불렀나?"(Why Did Jesus Call God 'Daddy'?)에서 이것을 발견할 수 있다. 그는 이렇게 쓰고 있다.

> 당신은 다 큰 성인이 "우리 아빠는 이렇게 말하고 … 우리 아빠는 저렇게 말하고 … 나는 아빠가 한 일을 본 것만 할 수 있어. 나는 아빠가 말한 것을 들은 대로만 말할 수 있어"라고 한다면 이것에 대해 어떻게 생각하는가? 이것이 우리의 구세주가 당시 존경받는 종교 지도자들을 포함해서 주위 사람들에게 말씀하셨던 명확한 방식이다. 예수님의 말을 듣는 사람 중에 어렸을 때 이후로 "아빠"라고 말한 사람은 한 사람도 없었을 것이다. 그러나 예수님은 복음서에서 170번 이상 하나님을 "아빠"라고 부르셨다!'

아빠라는 말의 아람어와 히브리어는 아바다. 아이가 아장아장 걸는 아기일 때 아버지를 부르는 또 다른 아람어 단어가 있는데, 그것은 아비누(abinu)라는 단어다. 예수님은 아버지 역할을 하시는 하나님을 복음서에서 170번 이상 부르셨다. 그런데 예수님은 하나님을 항상 "아바"라고 부르셨다. 하나님의 아들은 하늘 아버지를 "아비누"라고 부른 적이 한 번도 없으시다! '예수님이 아버지를 어린아이들이 사용하는 말로 부르셨다'는 내용에 대해 잠시 생각해 보자. 놀라지 않을 수 없다. 이스라엘에서 학교에 다니는 아이들은 아버지를 "아바"라고 부르지 않고 "아비누"라고 부른다.[2]

주님은 단지 위대하고 전능하신 하나님이 되는 것보다 훨씬 더 다양한 하나님이 되길 원하셨다는 것을 알면 놀랄 것이다. 하나님은 우리의 하늘 아빠가 되길 원하셨다! 이 사실은 아바라는 단어를 세심하게 검토할 때 알 수 있다. 첫째 단어 아브(ab)는 '아버지'를 의미하는 전형적인 단어다. 둘째 단어 바(ba)는 누군가를 부르는 형태의 단어로 사용된다. 예를 들어, 만약 어떤 사람의 아버지를 부른다면, 사람들은 아버지라는 의미인 아브라는 단어를 가장 많이 사용한다. 하지만 만약 당신이 두 단어가 합쳐진 아바라는 단어를 사용한다면, 그것은 더 친밀하고 사적이고 관계가 있는 아버지 또는 아빠가 된다. 그러므로 당신이 하나님을 아바라고 부를 때, 이 말은 다음과 같이 번역해서 말할 수 있다: "나의 가장 사랑하는 아버지, 아빠!" 이것은 친밀한 사이를 말한다.

또 다른 흥미 있는 내용이 있다. 신약성경에서 아버지와 병행되어 아바라는 단어가 나올 때, 이는 하나님의 마음과 본성에 대한 심오한 것을 나타낸다. 예를 들면, 바울은 이렇게 썼다: "너희는 다시 무서워하는 종의 영을 받지 아니하고 양자의 영을 받았으므로 우리가 아빠 아버지라고 부르짖느니라"(롬 8:15).

아바와 아버지가 함께 연속해서 나올 때는 모든 민족과 인류에게 하나님의 사랑을 더 보여 주기 위해서다. 아바는 아람어인데, 아람어는 예수님 당시 유대인들이 쓰던 말이다. 반면에 아버지는 이방인들이 알 수 있도록 헬라어로 번역되었다. 주님은 우리에게 자신이 유대인과 이방인, 그리고 인류의 모든 후손에게 하늘 아버지이심을 보여 주시기 위하여 노력하신다! 그것은 우리의 인종이나 피부색이 어떻든 문제가 되지 않는다는 의미다. 하늘 아버지는 우리를 자신의 일부로서 대단히 사랑하고 인정하신다. 하나님은 사람을 차별하여 대하지 않으신다. 사랑이 많으신 하늘 아빠는 우리에게 자신을 보여 주기 원하신다. 그리고 우리가 하는 일을 잘 보살펴 주기 원하신다.

우리에게는 개인적으로 하늘 아버지라고 부를 수 있고, 하나님을 하늘 아빠라고 친근하게 부를 수 있는 엄청난 특권이 있다. 예수님이 이 세상에 사시는 내내 아바를 보여 주셨다는 것을 우리가 알 때, 이것은 우리에게 놀라운 사랑과 소속감이 생기게 한다. 이것은 그냥 아버지라는 인물로서가 아니라, 친근한 하늘 아버지 또는 아빠로서였다!

우리는 심지어 세상의 기초가 생기기 이전, 곧 만물이 창조되기 이전에 전능하신 하나님의 마음 깊은 곳에 어떠한 감동이 있었는지를 알 수 있다. 그것은 창조에 있어 그것의 가치, 값, 또는 목숨과도 바꿀 수 없는 소중한 어떤 것이었다. 하나님의 마음 중심에는 당신과 나에 대한 생각이 있었다. 그것은 모든 인간에게 하늘 아빠가 되시기 위한 애타는 열망을 초월하는 생각이었다.

만물보다 먼저: 아버지 또는 아빠?

비록 우리가 하나님이 만드신 그분의 뛰어난 작품일지라도, 하나님은 우리에게 하늘 아빠가 되기를 원하신다. 이것을 이해하는 것이 중요하다. 하나님이 우리에게 하늘 아빠가 되시는 그 일이 일어나기 전에 먼저 설명해야 할 것이 있다. 그것이 무엇일까? 그것은 이 세상의 모든 아버지들이 요구에 대한 책임을 가지고 있다는 것이다. 하나님도 똑같은 질문을 스스로에게 하셔야 할 것이다: 창조주가 곧 아빠를 의미하는 것일까? 우리를 만드신 아버지 하나님과 아바의 차이점은 무엇일까?

이 질문에 답하기 위해서, 그리고 하나님의 마음이 어떤지 잠깐 살펴보기 위해서, 아버지가 되는 것과 아빠가 되는 것 사이에 어떤 차이점이 있는지 검토할 필요가 있다. 무엇보다 먼저, 자신의 씨를 통해서 아이를 낳을 수 있다는 그 이유만으로 씨를 준 그 사람이 아빠를 의미하지는 않는다는 것을 기억하자. 하나님도 똑같으시다. 사랑이 많으신 창조주 하나님이 이 세상의 티끌로 첫 남자인 아담을 만드셨다. 그러나 단지 그 이유만으로 하나님이 하늘 아빠의 자격을 갖추신 것은 아니다. 이사야는 말한다: "그러나 여호와여, 이제 주는 우리 아버지시니이다 우리는 진흙이요 주는 토기장이시니 우리는 다 주의 손으로 지으신 것이니이다"(사 64:8).

아버지와 아빠의 차이를 이해할 때, 오늘날 일반적으로 우리가 알 수 있는 세 종류의 아버지 형상이 있다. 첫째는 성관계를 통해서 태아에게 DNA를 공급하는 생물학적인 아버지다. 생물학적인 아버지는 자녀를 양육한다고 되는 것이 아니다. 생물학적 아버지의 역할은 그저 자식을 낳는 것으로 제한된다. 그런 이유로 생물학적 아버지에게는 낳은 아이에 대한 양육권이 없다. 그래서 결과적으로 아버지 없는 아이로 자라거나 아버지 없는 가정이 발생하게 되는 것이다.

둘째는 자녀들이 사는 내내 음식과 옷을 공급하며 아이들의 지붕이 되어 주는 보호자요, 공급자인 아버지다. 여기에 속하는 아버지는 자녀에게 "나는 너를 사랑한다"라고 말하거나 마음을 터놓고 대화하지 않는다. 이런 아버지는 자녀의 인생에 있어 의미 있는 시간을 함께 보내거나 관심과 애정을 쏟는 등의 일들을 많이 하지 못한다. 이것은 자녀와 함께하는 아버지의 마음보다 공급과 보호하는 아버지의 역할에 더 많은 비중을 두기 때문이다. 때로 이것은 아버지가 자녀 스스로 일어나게 만드는 결과를 낳을 수 있다. 아마 이런 자녀들은 아버지로부터 "나는 너를 사랑한다"라는 말을 일관되게 들은 경험이 없었을 것이다. 이런 아버지는 사랑의 표현을 말로 하기보다는 오히려 자녀를 부양하는 행동으로 더 많이 나타낸다. 하지만 규칙적으로 자신의 사랑을 나누고 보여 주는 것이 공급하는 것보다 훨씬 더 많이 표현하는 것이다.

끝으로, 하늘의 아바 아버지와 같이 성경적인 아버지를 보여 주는 사람들이 있다. 이런 아버지는 사랑하고, 지지하며, 마음과 마음이 통한다. 단지 물질적으로만 공급하는 아버지가 아니다. 성경적인 아버지는 오히려 자녀가 안정감을 느끼고 아버지로부터 지지와 사랑을 받고 있다고 느낄 수 있도록 표현한다. 이런 것들이 아바의 표본이 되는 특성이다.

하나님이 반드시 자신의 마음을 살펴보셔야 하는 이유가 있다. 그것은 하나님이 단지 창조주이신지 혹은 우리가 어려울 때 달려가고 싶은 아빠이신지를 생각해야 하기 때문이다. 사람이 죄를 범한 이후 하나님과 분리되는 것은 예견된 시나리오였을 것이다. 하지만 하나님은 이 문제를 인간을 창조하시기 이전부터 생각하셨을 것 같다. 하나님은 사람을 자신의 형상대로 만드셨다. 하지만 죄가 들끓는 세상에서 살아갈 수밖에 없는 인간과는 달리 하나님은 죄와 공존할 수 없으시다. 그렇다면 하나님이 자녀에게서 떠나 버리신 것은 아닐까? 아니면 자녀를 보호하고 공급하는 아빠는 되셨지만, 자녀에게 사랑과 긍정의 지지를 보내는 아빠가 되지 못하신 건 아닐까? 이것도 아니라면, 하나님이 자신의 영적 DNA를 사람에게 불어넣으신 것처럼 자녀의 삶에 깊이 개입하셔서 공급하고 사랑하는 것에 몰두하실까? 다시 말해서, 창조주나 부양자가 아닌 하늘 아빠가 되시기로 작정하셨을까?

이것은 반드시 필요한 질문이다. 왜냐하면 하나님은 창조주라는 의미에서 우리의 아버지이시기 때문이다. 하나님은 우리를 만드신 분이다. 이것이 모세가 약속의 땅에 들어가기 전에 이스라엘 자녀들에게 질문한 이유다: "어리석고 지혜 없는 백성아 여호와께 이같이 보답하느냐 그는 네 아버지시요 너를 지으신 이가 아니시냐 그가 너를 만드시고 너를 세우셨도다"(신 32:6). 하나님은 우리를 만드시고 지으신 우리 아버지시다.

하나님은 말씀하신다: "그래, 나는 너의 창조주다. 나는 너를 만들었다. 아직도 나는 너의 아버지이고, 어떤 상황에서도 너를 지킬 것이다. 나는 결코 너를 버리거나 떠나지 않을 것이다. 나는 너의 하늘 아빠다. 하늘과 땅에 있는 어떤 천사보다도, 어떤 피조물보다도, 내가 만든 그 어떤 것보다도 나는 너를 돌볼 것이다. 나는 너의 삶에 개입하기를 원한다. 네가 살아가는 동안 너에게 나를 보여 줄 것을 약속한다." 이것이 하나님이 우리의 창조주 그 이상인 이유다. 또한 하나님

은 우리의 하늘 아빠이시다!

하나님의 형상으로 만들어진

창조주 그 이상이 되시는 하나님, 또한 우리의 하늘 아버지이신 하나님의 결정은 목숨과 바꿀 수 있을 정도로 확실한 결정이다.

우리의 아바가 되시는 하나님의 마음을 이해하는 한 가지 방법은 창조를 시작하신 날을 자세히 살펴보는 것이다. 우리는 하늘 아버지와 하나님의 독생자이신 예수님을 안다. 아버지와 아들은 한 가족으로서 함께 많은 것들을 만드셨다. 하나님은 창조하셨고, 아버지가 되셨다! 아버지와 아들이 함께 일하셨다!

잠언에 예수님은 지혜의 전형으로 언급된다. 천지를 창조하실 때 예수님이 어떻게 아바와 나란히 계셨는지를 언급한다.

"바다의 한계를 정하여 물이 명령을 거스르지 못하게 하시며 또 땅의 기초를 정하실 때에 내가 그 곁에 있어서 창조자가 되어 날마다 그의 기뻐하신 바가 되었으며 항상 그 앞에서 즐거워하였으며"(잠 8:29~30).

이 세상이 만들어지기 전부터 예수님과 아버지가 친밀했다는 것을 우리는 성경을 통해서 알 수 있다. 또한 이것은 아바가 우리와 함께 일하기를 얼마나 원하시는지 보여 주는 아름다운 그림이다. 천지를 창조하신 여러 날들과 아버지와 아들이 어떻게 함께 일하셨는지에 대해서 잠시 생각해 보라! 이것은 아버지와 아들이 함께 학교 과제를 한 것과 걸작을 창조한 것과 비교될 수 있다.

아바와 예수님이 피조물의 내면에 개인적인 갈망을 반영하여 무엇인가를 창조하기 위해서 함께 일하신 것을 알면 진심으로 놀란다. 모든 창조물 중 가장 가치 있는 인간과 관련하여 언급된 강력한 처음 몇 단어가 이것을 보여 준다! 이것은 "우리의 형상을 따라 우리의 모양대로 우리가 사람을 만들고"(창 1:26)에 대해서 새로운 의미와 이해를 제공한다.

형상이 어떻게 존재할 수 있었는지를 생각하면 놀랍지 않은가? 아바와 예수님의 형상을 어떻게 말하고 있는지 잠시 동안 생각해 보자. 그것은 하나님의 형상으로 창조된 인간을 말할 뿐 아니라 가족의 형상을 나타낸다. 이 말씀을 생각해 볼 때 우리는 위대한 사랑의 동기를 이해할 수 있다: "우리의 형상을 따라 우리의 모양대로 우리가 사람을 만들고." 다시 말해서, 인간이 하나님의 형상으로 창조되어서 인간의 모습이 하나님처럼 보이고, 하나님처럼 행동하고, 하나님과 같이 된다는 것이 아니다. 여기에는 하나님이 창조하신 가족의 이미지가 있었다. 가족의 이미지는 아바의 이미지를 모방하고 반영했다. 하나님은 독생자와 가족의 이미지를 공유하셨다!

하나님은 인간을 만드시는 것에서 더 확장하셨다. 하나님은 이 세상에 태어날 모든 사람들을 내포하는 아들을 창조하셨다. 하나님은 자신의 가족의 일부분인 남자를 만드셨다. 하나님은 하늘에 계신 우리 아빠이시다. 이것은 모든 인류와 공유하기 위해서 함께 일하시는 아버지와 하나님의 자녀의 형상이다!

다시 말해서, 삼위일체 하나님이 함께 "우리의 형상을 따라 우리의 모양대로 우리가 사람을 만들고"라고 말씀하셨다. 뿐만 아니라 삼위일체 하나님은 아버지, 아들, 성령, 우리, 교회를 포함하는 확장된 가족들을 위해서 아바의 소망을 보여 주셨다. 이 세상에서 우리 모두가 함께 사역하는 소망! "아빠와 아들, 즉 우리의 형상을 따라, 우리의 모양대로, 우리가 우리와 같은 사람을 만들자!"라고 결정했고 발표하셨다. 일생 동안 함께 사역하는 아버지, 아들, 창조된 자녀들, 서로 사랑하는 사람들!

하나님은 말씀하신다: "아버지, 아들, 성령, 우리는 함께한다. 우리는 인류에게 좋은 것을 줄 것이다. 우리는 함께하는 가족이 될 것이다! 나는 그들의 아버지가 될 것이고, 그들은 나의 자녀가 될 것이다." 이것은 천지를 창조하실 때 아버지와 아들이 함께 사역하신 것처럼 당연하다. 하나님은 지금도 하늘과 이 세상에서 우리, 족속, 가족처럼 서로서로 사랑하는 사람들과 함께 일하신다! 사도 바울은 이 계시를 알았고, 우리를 위해서 이것을 다음과 기록했다: "이러므로 내가 하늘

과 땅에 있는 각 족속에게 이름을 주신 아버지 앞에 무릎을 꿇고 비노니"
(엡 3:14~15).

우리의 삶을 그리스도께 맡길 때, 그 순간 우리는 천국에서도 이세상에서도 하나의 거대한 영적 가족의 일부가 된다. 나는 삼위일체하나님 중 한 위이신 아바가 이 세상에서 가족을 창조하기 시작하셨을 때 신나서 말씀하시는 장면을 상상할 수 있다: "우리의 형상이 있게 하자. 우리가 그렇게 만들자. 우리가 아버지와 아들의 형상, 곧 우리의 형상대로 사람을 만들자. 우리의 영을 채우자! 해 보자, 하나의 거대한 가족을 만들자!"

아바의 질문

하나님은 자신의 형상으로 창조하신 인간의 가치를 아셨다. 창조 첫째 날부터 다섯째 날까지 하나님은 "있어라"라고 말씀하셨다. 하나님이 어떤 것을 말씀하시면 그것이 창조되었다. 그렇지만 여섯째 날 하나님은 하늘과 땅에게 말씀하지 않으셨다. 오히려 자신의 이미지를 복제하고 자신의 영적 DNA를 가진 인류가 시작되도록 하나님 자신에게 말씀하셨다: "우리의 형상을 따라 우리의 모양대로 우리가 사람을 만들고"(창 1:26).

이것은 하나님이 영적인 아빠가 되기 위해서 준비되었거나 자격이 있다는 의미가 아니다. 거듭 말하지만, 만든 사람이 아빠라는 의미는 아니다. 많은 사람들이 아이를 낳지만, 어떤 경우에는 아이가 죽어서, 또는 아이를 포기하려고 그 아이에게서 떠난다. 비록 그 사람들이 아이들의 아버지일지는 모르겠지만, 아빠가 되는 것에는 실패한다. 그러나 이것은 하나님의 경우와는 다르다. 하나님은 자신의 자녀를 창조하셨을 뿐만 아니라, 하늘 아빠가 되셔서 자녀들을 지키신다.

우리는 하나님께서 아담과 하와에게 질문하셨던 성경에 기록된 처음 두 질문을 통해서 이것을 알 수 있다. 이 두 질문에서 아담과 하와는 진정한 아빠의 마음, 성격, 태도, 자질, 특성을 말한다. 이것은 하나님이 인류의 진짜 아바라는 것을 보여 준다! 하나의 거대한 가족을 만들기 위해서, 그리고 아버지가 되기 위해서 하나님은 자녀를 창조하셨다. 우리를 위한 책임과 우리를 돌보기 위한 짐을 하나님은 기꺼이 지셔야 했다. 하나님이 우리를 얼마나 사랑하시는지, 그리고 평생토록 우리에게 얼마나 최선을 다하시는지 이해하는 것이 우리 모두를 위해서 중요하다. 우리는 그저 하나님께 우리의 삶을 맡기기만 하면 된다.

언젠가 진눈깨비가 아주 심하게 내리던 날, 나는 운전하면서 이 사실을 깨달았다. 나는 겨울이면 눈이 몹시 내려서 빙판이 되는 네브래스카에 살았다. 이것은 운전할 때마다 속도를 늦추고 조심스럽게 운전해야 한다는 의미다. 왜냐하면 도로가 매우 위험하고 미끄럽기 때문이다. 나는 운전대를 꽉 잡았다. 그리고 도로 상황이 그 어느 때보다 나빴기 때문에 천천히 운전했다. 그러면서 하나님께 부르짖었다: "주님, 당신의 도움이 필요합니다. 이 폭풍 속에서 안전하게 운전할 수 있도록 도와주세요."

나는 주님의 대답을 들었다: "행크, 내가 너를 돌보지 않고 지키지 않는 것 같니? 나는 너의 아바야." 지금까지 알고 있던 아바라는 말의 정의를 그 순간 깨달았다. 전능하기만 한 하나님도 아니고, 내가 경배해야 하고 두려워해야 하는 형식적이기만 한 하나님도 아니라는 것을 하나님은 나에게 보여 주기를 원하셨다. 하나님은 나를 지키시고, 사랑하시고, 돌보아 주시고, 아주 행복하게 하시는 하늘 아빠이시다. 그 순간에 하나님은 나를 위해서 그것을 해결하신 아바로 자신을 보여 주셨다. 그 경험은 내가 아바에 대해서 더 많은 것을 찾도록 만들었다. 더 나아가 아바를 알리는 이 책을 쓰게 되었다.

같은 방법으로, 만약 하나님이 인간을 만들 예정이셨다면, 우리에게 하늘 아빠가 되신다고 반드시 밝히셨어야 했다. 그런데 하나님은 언제 하늘 아빠가 되셨을까? 우리가 하나님의 마음을 품는 순간이었을까? 아니면 하나님이 자신의 형상으로 우리를 만들기 위해서 소망을 말씀하셨을 때일까? 하나님이 자신의 첫 번째 숨을 아담에게 불어넣으신 순간은 어떨까? 이 모든 순간에 하나님은 흥분하셨다. 그러나 아담과 하와가 하나님을 피해 동산에 숨었을 때, 하나님이 죄를 범한 아담과 하와에게 찾아오시기 전까지는 사실 분명하지 않다. 이것이 처음 두 질문이 매우 의미심장한 이유다. 왜냐하면 아담과 하와는 아바이신 하나님을 보여 주기 때문이다!

앞서 우리가 말한 것 같이, 하나님은 자신이 만든 인간과 자신의 관계를 결정하셔야만 했다. 하나님은 우리의 창조주이실까? 아니면 우리의 아바이실까? 하나님의 마음에는 항상 우리를 사랑하고, 돌보고, 공급하고, 지지하는 열정적인 하늘 아빠가 있다. 그러나 이것이 하나님의 마음속에 있는 것만으로는 충분하지 않다. 동산에서 타락한 자녀를 뒤쫓으시는 하나님을 우리가 아는 것처럼, 하나님은 이것을 보여 주셔야 한다.

예수님은 아바를 보여 주셨고, 성경에 기록된 처음 질문은 하나님이 하늘 아버지가 되기 위해서 말씀하셨다는 것을 보여 준다. 이것이 우리가 성경을 통해서 결론을 내릴 수 있는 이유다. 우리는 하나님이 우리에게 창조주 그 이상이 되길 원하신다는 것을 알고 있다. 하나님은 우리의 하늘 아버지가 되길 간절히 바라신다!

아담과 하와가 죄를 범해서 하나님과 분리된 그날을 잠시 동안 생각해 보라. 아담과 하와는 두려움과 부끄러움으로 하나님에게서 숨는 것을 선택했다. 아담과 하와는 무화과나무 잎을 엮어 자신의 벌거벗음과 죄를 가렸다. 나는 아담과 하와의 마음에 의문이 가득했다고 확신한다: '하나님이 어떻게 반응하실까? 하나님이 어떻게 조치하실까?' 우리는 하나님에 대해서 많은 것을 배울 수 있다. 하나님은 우리의 하늘 아버지, 우리의 아바가 되길 원하신다. 하나님은 아담과 하와가 죄를 지은 후에 무엇인가 물어보길 원하셨다. 아담과 하와가 죄를 범한 그날 하나님은 실제로 양육을 시작하셨고, 자신은 영원한 아바라는 것을 보여 주셨다! 하나님은 인간에게 아버지가 되셨다는 것을 보여 주셨다!

그날 하나님은 바람이 불 때 동산에 거니시면서 "아담아, 네가 어디 있느냐?" 하고 물으셨다(창 3:9을 보라). 하나님은 이미 아담이 어디 있는지, 무슨 일이 일어났는지 알고 계시지 않았을까? 물론 하나님은 모든 것을 아시기 때문에 답은 "그렇다"이다. 하지만 여기서 더 중요한 것을 보여 준다. 그것은 아바이신 하나님의 자신의 창조물들을 위한 마음과 사랑이다. 성경에 기록된 첫 질문인 동시에 하나님이 언급하신 첫 말씀인 이 질문이 보여 주는 것은, 하나님은 인간을 위한 창조주 그 이상, 즉 아바가 되신다는 의미다! 그것은 하나님이 피조물과 관계 맺기를 희망하신다는 것을 보여 준다!

하나님은 자신이 창조한 자녀의 행복에 관심을 가지셨다. 이 의지는 하나님의 외침을 통해서 나타난다. 하나님은 죄를 범한 자녀에게서 떠나거나 자녀를 버리지 않으신다. 하나님은 자녀가 침체되었을 때 차 버리지 않으신다. 하나님은 부당하게 증오하거나 화를 내서 자녀를 징계하지 않으신다. 하나님은 자녀가 숨었을 때 아바이신 자신을 자녀에게 보여 주기 위해서 부르신다.

하나님의 질문인 "아담아, 네가 어디 있느냐?"에 대해서 잠시 동안 생각해 보라. 이것은 장소보다는 관계에 대한 것이다. 이것은 아버지와 예수님의 관계 속에 하나님이 우리와 함께 시간을 보내길 원하신다는 것을 보여 준다. 그러나 하나님의 두 번째 질문은 아바의 염려를 더 많이 보여 준다. 그 염려는 공급, 보호, 관심, 책임이다: "**누가 너의 벗었음을 네게 알렸느냐 내가 네게 먹지 말라 명한 그 나무 열매를 네가 먹었느냐**" (창 3:11).

"누가 너의 벗었음을 네게 알렸느냐?" 이것은 하늘 아버지로서의 책임감을 보여 준다. 하나님은 무엇보다도 벗었음에 대해서 관심을 갖거나 물어보지 않으셨다. 이 질문을 통해서 우리가 알 수 있는 것이 있다. 누가 자신의 자녀를 엉망으로 만들었는지 물으심으로써 하나님은 자신의 책임감을 확실히 보여 주신다는 것이다. 물론 하나님은 벌써 알고 계셨다. 그러나 하나님은 우리의 보호자이자 우리의 행복에 대해서 관심을 갖는 아바로서 자신을 보여 주셨다. 하나님은 본질적인 질문을 하신다: "누가 네게서 빼앗아 갔느냐?"

하나님은 먹지 말라고 하신 나무의 실과를 아담과 하와가 먹었을 때 추가로 더 질문하셨다. 이것은 아담과 하와의 책임감뿐만 아니라, 하늘 아버지인 하나님을 높이는 우리의 책임감도 보여 주는 것이다. 또한 하나님은 필요하다면 사랑으로 우리를 징계하시는 하늘 아버지라는 것을 보여 준다. 이것이 좋은 부모를 만드는 것이다. 좋은 부모는 사랑하고, 공급하고, 보호하고, 훈련시키고, 가르치고, 심지어 필요할 때는 우리를 징계한다.

이와 같은 질문들로부터 우리는 누가 우리의 하늘 아버지인지, 무엇이 우리가 추구해야 될 우선 사항인지 그리고 그 보답으로 하나님을 사랑해야 하는지에 대해서 확실히 배울 수 있다.

하나님이 자녀를 부르셨을 때, 하나님은 자녀가 어디에 있는지에 더 많은 관심을 갖고 계셨다. 이것은 다른 무엇보다도 아담과 하와와 관계를 맺고 교제를 나누기 원하시는 하나님의 마음을 보여 준다. 아담과 하와의 죄 때문에 이 역동적인 관계가 변했다는 것을 하나님은 아신다. 하지만 이것이 우리에게 말하는 것은 하나님이 우선적으로 중요하다는 것이다. 하나님과의 관계는 하나님이 우리에게 주신 규정과 혜택보다 더 중요하다. 하나님이 물으셨던 두 번째 질문에서 우리는 그것을 알 수 있다.

아바의 질문은, 우리는 그분께 속한 소중한 존재라는 심오한 진리를 보여 준다. 무엇보다도 먼저, 이 질문들은 하나님이 우리의 아빠이심을 보여 준다. 그 다음으로 우리를 위해서 공급하시고 보호하시는 것을 포함해서 하나님의 많은 혜택들을 이해하게 된다.

우리가 하나님을 더 자세히 알기 위하여 탐구할 때, 광야에 있던 이스라엘 자녀들이 무엇으로 아바를 슬프게 했는지를 절대 잊어서는 안 된다. 이스라엘 자녀들은 자주 애굽으로 돌아가려 했고, 하나님이 그들에게 주신 것으로 기뻐하는 대신 하나님께 배은망덕함을 보였다. 이스라엘 자녀들은 하나님과의 관계를 우선시하지 않고 하나님의 도움이나 혜택을 먼저 구하는 경향이 있었다. 이스라엘 자녀들은 삶에서 가장 중요하다 여겨지는 것들을 하나님께 구했다. 이들은 하나님과 개인적으로 친밀한 관계를 갖는 바람을 보여 주기 전에 개인적인 유익을 바랐고, 하나님에게 무언가를 받으려고만 했다. 시편 기자는 모세와 이스라엘 자녀들의 차이를 이렇게 기록하고 있다: "그의 행위를 모세에게, 그의 행사를 이스라엘 자손에게 알리셨도다"(시 103:7).

이것은 아바이신 하나님과 친밀한 관계를 맺고 있는 당신과 나 그리고 이 땅에 태어난 모든 사람에게서 하나님이 원하시는 것이다. 당신이 당신을 향한 하나님의 사랑을 느낄 때, 나는 아바가 당신에게 더욱더 드러나기를 기도한다. 하나님의 말씀을 절대 잊지 말라. 하나님은 질문을 통해서 피조물들을 향한 자신의 사랑을 보여 주셨다: "네가 어디에 있느냐?" 이것은 우리를 보살피시는 하늘 아버지의 사랑의 외침이다: "나는 너의 하늘 아빠가 되고 싶다. 너의 삶에 나의 복을 붓노라. 나는 그냥 너를 만들어 낸 창조주가 아니라 너의 하늘 아바, 바로 너의 아빠다."

하나님은 오늘도 여전히 우리를 부르신다는 것을 절대 잊지 말자. 우리가 하나님의 이름을 부르며 눈을 뜨는 순간, 그분은 우리 옆에서 날마다 기다리고 계신다는 것을 절대 잊지 말자. 아, 우리 아바는 얼마나 놀라우신가! 만약 지금 세상 사람들이 하나님을 볼 수만 있다면 하나님을 더욱 확실히 사랑하게 될 것이다. 사람들을 향한 하나님의 사랑의 마음과 연민을 그들이 이해해야 되는데, 사람들은 왜 이해하지 못하는 것일까?

하나님이 그저 창조주이거나 전능한 하나님만은 아니라는 것을 사람들이 알지라도, 진짜 하늘 아버지는 사람들에게 자신이 누군지 보여 주기를 원하신다. 그러나 이 일이 일어나기 위해서는 실제 본보기가 되는 이 세상의 아버지를 이해해야만 한다. 이것이 아바 아버지는 거만한 창조주가 되려는 하나님이 아니라, 자신이 창조한 사람들에게 하늘 아빠가 되셨다는 것을 아는 것이 매우 중요한 이유다. 하나님은 피조물인 당신과 나에게 영원히 전념하신다!

진짜 아버지의 특성

우리가 하나님의 특성을 이해할 때에야 비로소 하나님이 우리에게 얼마나 많이 전념하시는지를 알 수 있다. 그러나 때로 이것은 애매하거나 나쁜 영향을 끼칠 수도 있다. 하나님에 대한 분명하지 않은 오해는 하나님과 우리의 관계를 방해한다. 그 이유는 우리가 살면서 경험한 부모의 사례들 때문이다. 오늘날 우리는 자녀와 아버지 사이에 깨어진 관계를 본다. 애석하게도 이것은 현실적인 문제로서, 하나님에게 상처와 실망과 버림받은 감정을 포함하는 지독한 고통에 사람들이 직면하도록 만든다. 덧붙여서 말하자면, 이것은 또 사람들이 아바 하나님이 가지신 아버지로서의 훌륭한 특성을 완전히 이해하지 못하도록 만든다.

하나님이 누구신지, 언제 우리가 처음 깨달았는지, 진짜 아버지는 어떠한지를 유일하게 완전히 이해한 사람이 있다. 하나님이 성경을 통해서 우리에게 보여 주신 그 예가 있다. 우리가 그 예를 볼 때, 이 세상 아버지들의 나쁘고 해로운 예는 하나님이 누구신지를 결코 반영하지 못한다는 것을 이해할 필요가 있다. 이것은 아바의 성경적인 예를 통해서 진짜 아버지를 이해하도록 돕는다. 왜냐하면 우리가 이해할 때 그것은 모든 상처와 실망과 우리가 하나님을 완전히 신뢰하지 못하게 하는 감정이 치유되도록 도울 것이기 때문이다.

아버지의 세속적인 특징의 일부를 생각해 보자. 아버지들이 어떻게 더 친숙한 방법으로 아바를 보여 주는지 알아보자. 심지어 예수님도 말씀하셨다. 만약 우리가 예수님을 보았다면, 우리는 예수님의 아버지를 본 것이다(요 14:9을 보라). 그렇다면 이 세상의 아빠 또는 아버지의 역할은 무엇일까? 첫째, 우리는 사랑으로 시작해야 한다. 왜냐하면 이 세상의 아버지에 대해서 말할 때 모든 것은 그 시작과 뿌리를 사랑에 두고 있기 때문이다. 이것은 말과 행동과 돌봄과 아버지의 삶 가운데 자녀에게 우선순위를 두기 위해서 시간을 내는 것으로 표현된다.

둘째, 이 세상의 아버지의 역할은 자녀들과 강의나 교육을 능가하는 정기적인 대화의 중요성을 이해하고 필요를 찾아내는 것이다. 그것은 아버지가 자녀의 필요와 소망과 원하는 것을 이해하고 들어주기 위한 시간을 요구한다.

셋째, 아버지는 자녀들을 위해서 시간 여유가 있고 다가가기 쉬워야 한다. 우선순위와 초점이 자녀라는 것을 보여 주어야 한다. 아버지가 너무 바쁘다고 자신의 스케줄에서 자녀를 제외시켜서는 안 된다. 자녀는 아버지 삶의 일부이자 일상이 되도록 해야 한다.

넷째, 아버지는 자녀들이 자신의 품과 면전에서 항상 안전함을 느끼도록 보호하고 공급한다. 아버지는 자녀들이 우리 주변에 있을 때 두려워하지 않도록 도울 것이다. 오히려 아버지 뒤에 있을 때 평화를 누릴 것이다. 아버지의 책임은 열심히 일하는 것이다. 아버지는 자녀들에게 가능한 한 가장 좋은 것을 공급하기 위해서 일한다.

마지막으로, 아버지는 무엇이 옳은 것이고, 무엇이 하나님의 뜻에 순종하는 삶인지 본을 보여야 한다. 이것은 자녀들이 아버지를 존경하도록 도울 것이다. 하나님에 대한 가치관과 사랑을 어느 정도 갖게할 것이다. 그리고 옳고 그른 것을 알게 할 것이다.

이 세상의 특성과 책임감, 이런 모든 것들보다도 우리는 하늘 아버지인 아바의 속성을 확실히 알 수 있다. 물론 하나님은 진짜 아버지의 완벽한 이미지가 되신다. 이 세상의 아버지의 역할은 하나님 다음으로 모델이 되는 것이다. 하나님은 확실히 우리를 사랑하실 것이다. 우리와 의미 있는 대화를 나누기 위해서 하루 종일 시간을 내실 것이다. 하나님은 우리가 날마다 헌신하는 것을 제한하지 않으실 것이다. 하나님은 우리와 연락하고, 함께 웃고, 매일 자신의 특성과 속성을 보여 주기 원하신다. 하나님은 우리와 함께 보내는 시간에 흥미를 갖고 계신다. 하나님은 우리가 살아가는 삶의 모든 영역에서 우리를 위해서 공급하시고, 뿐만 아니라 우리가 접하는 모든 상황에서 우리를 보호하신다. 우리가 하나님과 함께하는 순간은 항상 유용하고 아주 소중하다. 하나님은 우리가 자신에게 집중하기를 고대하신다. 또한 하나님은 우리를 돕기 원하시는 위대한 스승이고 위로자이시다. 하나님은 날마다 우리의 결정할 것들을 알려 주시고, 우리의 삶을 도와주신다. 하나님은 하늘에 계신 진짜 우리 아바이시다!

단언하건대, 하나님은 우리를 사랑하시고, 우리에 대해서 만족하는 분이라는 것을 보여 주신다. 자녀에게 좀처럼 긍정하지 않거나, 어떤 조언이나 충고 없이 무조건적인 지지를 보여 주는 이 세상의 아버지와 하나님은 같지 않다. 다시 말하면, 우리 의견에 동의한다는 것이 우리가 잘하고 있다는 것을 의미하는 것은 아니라는 것이다.

이것은 하늘에 계신 우리 아빠인 아바의 방법이 아니다. 하나님은 우리에게 교만하고, 수치스럽고, 소심하고, 인색하신 분이 아니라 지지하시는 분이시다. 하나님은 자신의 아들인 예수님이 오셨을 때 이것을 보여 주셨다. 이 세상에서 행하신 예수님의 사역에 대한 흥분과 긍정적인 말을 잠시 동안 생각해 보라. 우리가 하나님의 동의와 지지에 대해서 들을 수 있도록 하늘에서 말씀하신 아바의 예를 우리는 안다. 영광스런 하늘 아버지인 하나님은 말씀하셨다: "잘했어, 아들아. 나는 네가 괜찮다고 생각한다."

이것은 예수님이 사역을 시작하실 때 나타난다: "하늘로부터 소리가 있어 말씀하시되 이는 내 사랑하는 아들이요 내 기뻐하는 자라 하시니라"(마 3:17). 뿐만 아니라 사역 중에도 보여 준다: "말할 때에 홀연히 빛난 구름이 그들을 덮으며 구름 속에서 소리가 나서 이르시되 이는 내 사랑하는 아들이요 내 기뻐하는 자니 너희는 그의 말을 들으라 하시는지라"(마 17:5).

누구나 지지가 필요하다. 특히 아버지의 지지가 더욱 필요하다. 이것이 예수님이 이 세상에서 사역을 시작하실 때 아버지로부터 지지를 받으셨던 이유다. 특히 예수님은 자신이 끊임없이 부당하게 비난받고 고소당할 때 지지가 필요하셨다. 아바는 이것을 아셨다. 그리고 예수님의 정당성이 입증되길 원하셨다. 하나님은 모든 사람들이 그것을 알기를 원하셨다. 영광스런 아버지가 말씀하셨다: "이보게 사람들아, 얘가 내 아들이야. 그의 말을 들어!"

하나님은 그렇게 우리를 지지하기 원하시고, 가장 사랑하는 아바에게 인정받고 있다는 것을 우리가 알도록 하신다! 이것이 바울이 에베소서에서 다음과 같이 쓰고 있는 이유다: "이는 그가 사랑하시는 자 안에서 우리에게 거저 주시는 바 그의 은혜의 영광을 찬송하게 하려는 것이라" (엡 1:6).

만약 당신이 이 세상의 아버지에게 지지를 많이 못 받고 있다면, 나머지는 하늘 아버지가 당신을 지지하실 것을 보장하신다. 결국 하나님이 당신으로 말미암아 즐거이 부르며 기뻐하시리라! 스바냐는 하나님에 대하여 다음과 같이 말했다: "너의 하나님 여호와가 너의 가운데에 계시니 그는 구원을 베푸실 전능자이시라 그가 너로 말미암아 기쁨을 이기지 못하시며 너를 잠잠히 사랑하시며 너로 말미암아 즐거이 부르며 기뻐하시리라 하리라" (습 3:17). 하나님이 부르시는 노래는 당신을 지지하고 사랑하는 노래다.

이것은 아바가 우리를 엄청나게 지지하신다는 느낌을 준다. 우리는 특별하다. 우리는 하나님에게 사랑과 인정을 받고 있다. 그리고 하나님은 전 세계와 눈에 보이는 것, 그리고 보이지 않는 모든 피조물들이 우리가 하나님의 자녀라는 것을 알기를 원하신다. 하나님은 당신을 지지하시고 인정하신다!

우리 아바 아버지의 특징

하나님은 우리를 자신의 자녀로서 지지하신다. 사랑이 무엇인지, 그리고 사랑이 어떻게 정의되는지 우리가 이해할 때 하나님의 사랑은 우리에게 드러난다.

역사 이래 인류는 진정한 사랑이 무엇인지 알기 위해 노력했다. 세상 사람들의 정의를 진정한 사랑이라고 인류는 오해했다. 심지어 사랑의 방식으로 제공되는 진정한 사랑을 경험한 후에도 사람들은 여전히 진정한 사랑을 모르고 살아간다. 아픔, 마음의 고통, 실망을 겪는 중에도 사람들은 여전히 진정한 사랑이 무엇인지 이해하지 못한다. 그래서 사람들은 외로운 삶과 실패한 관계로 계속해서 살아간다. 이렇게 몇 차례 실패를 거듭한 후에 사람들은 마침내 사랑하기를 포기하고, 결국엔 진정한 사랑이 무엇인지 완전히 이해하지 못하게 된다. 어떤 사람들은 이 사랑을 경험하지 않고서는 더 이상 살 수 없을 것처럼 느낀다. 사람들은 하나님께 질문한다. 그리고 사람들은 자신에게도 질문한다. 결국 어떻든지 간에 모든 사랑으로부터 자신을 차단한다. 이것은 불행하게도 하나님이 누구신지에 대해서 사람들에게 뜻밖의 이야기로 이어진다. 결국에는 사람들이 하나님에게 버림받았다고 느끼게 된다. 그것은 사람들에게 사랑에 대한 참된 본보기가 없기 때문이다. 실제로 진정한 사랑이 어떤 것인지, 그리고 진정한 사랑이 어떻게 정의되는지 알기 위한 유일한 방법은 아바 하나님의 계시를 받아들이는 것이다.

성경은 우리에게 하나님은 사랑이시라고 말씀한다: "사랑하지 아니하는 자는 하나님을 알지 못하나니 이는 하나님은 사랑이심이라"(요일 4:8). 만약 하나님이 사랑이시라면, 당신을 위한 아바의 사랑을 더 잘 이해할 수 있는 사랑의 정의와 특성을 살펴보자. 그리고 하나님이 당신을 어떻게 대하실지도 살펴보자.

우리가 아바를 계속해서 보여 줄수록 나는 분명히 많은 것을 이해하게 될 거라고 확신한다. 사랑은 깊이 생각해야 할 놀라운 속성이 있다. 아마도 어떤 사람에게는 하나님의 계시가 이해하기 힘들거나 받아들이기 어려울 것이다. 이것은 사람들이 이 세상의 아버지와 함께 경험한 결과일 수 있다. 이 경험은 더 좋거나 더 나쁠 수도 있다. 만약 사람들이 자신의 육신의 아버지와 관계가 없었거나 아버지가 엄했고 자신을 학대했다면, 그것은 하나님을 아바로 또는 사랑으로 받아들이기를 어렵게 만든다. 이것은 좀 특별한 경우지만 사실이다. 그러나 만약 우리가 사랑이 어떤 것인지 잠깐 볼 수 있고 훌륭한 하늘 아빠를 묘사할 수만 있다면, 우리는 하나님이 정말로 누구신지 알 수 있을 것이다. 그리고 하나님은 심지어 상처받은 경험조차 지우시는 분이라는 것도 알 수 있을 것이다.

사실 고린도전서 13장은 진실한 마음과 특징을 보여 준다. 그리스도인들은 이것을 본받아야 할 뿐만 아니라 하늘 아바의 특징과 사랑의 특성도 보여 주어야 한다! 하나님은 사랑이시라는 것을 기억하라. 그래서 하나님이 누구신지를 이렇게 묘사한다. 하나님은 당신의 삶 가운데 함께하실 것이다! 예를 들면, 이번 장의 일부는 아바의 특징을 비교할 수 있도록 사랑에 대한 정의를 내린다. 여기에 고린도전서 13장의 몇 가지 예가 있다.

- 하나님의 사랑은 오래 참습니다.
- 하나님은 인내하십니다.
- 하나님은 시기도, 질투도 하지 않으십니다.
- 하나님은 자랑하지도, 오만하지도, 자만하지도, 무례하지도, 교만하지도 않으십니다.
- 하나님은 이기적이지도, 자기의 유익을 구하지도, 성내지도, 분개하지도 않으십니다.
- 하나님은 원한을 품지 않으십니다. 그리고 하나님은 항상 용서하십니다.
- 하나님은 우리를 최고로 믿으십니다. 그리고 하나님의 사랑에는 결코 실패란 없습니다.

하나님의 특징은 우리를 사랑하는 것인데, 하나님이 우리를 어떻게 대하실지 몇 가지 예를 통해서 알 수 있다. 당신에게 꽤 많이 드러내시는 아바를 당신이 보게 해 달라고 나는 기도한다. 만일 누군가가 하나님이 어떻게 보이냐고 묻는다면, 나는 하나님이 너무나도 사랑처럼 보인다고 대답할 것이다. 하나님은 사랑 그 자체이시기 때문이다.

당신은 확신을 가지고 이렇게 대답할 수 있을 것이다: "하나님은 사랑이 충만하십니다. 하나님은 결코 변하지 않으시고, 신실하시고, 우리와 의사소통하기를 갈망하십니다. 하나님은 언제나 우리를 지켜보시고, 우리의 모든 필요에 신경 쓰십니다. 우리는 하루 종일 하나님과 소통할 수 있습니다. 하나님은 주무시거나 졸지 않으시기 때문입니다. 하늘 아버지는 나와 친하게 지내십니다. 하나님은 자신의 손바닥에 나의 형상을 새겨 넣으셨습니다. 하나님은 내 머리에 머리카락이 얼마나 많은지도 아십니다. 그리고 나의 모든 필요를 공급해 주십니다. 하나님은 내가 태어나기 전부터 나를 아셨습니다. 하나님은 내가 굉장하게, 그리고 훌륭하게 만들어졌다고 선언하십니다. 하나님과 함께하면 추한 것이란 없습니다. 하나님은 그렇게 신실하시고, 결코 변함이 없으십니다."

이제 당신은 하나님이 보이기 시작했는가? 하나님의 소망은 아바인 자신을 당신에게 드러내시는 것이다. 이 책의 장들을 펼치고 우리의 여정을 계속하자.

이제 하나님께 달려갈 시간이다! 하나님이 당신의 삶 가운데 나타나시게 할 준비가 됐는가? 우리는 성경을 통해서 하나님이 어떤 분인지 검토할 것이다. 그리고 이 책의 나머지 부분을 통해서 더 다양한 방법으로 하나님이 드러나시도록 할 것이다! 나는 당신이 마음으로

"아바, 아버지!"라고 부르게 될 것을 안다.

각주

1. 이 기사는 데이비드 알소브룩(David Alsobrook' s) 웹 사이트에서 찾아볼 수 있다.
   http://www.davidalsobrook.com

2. 스티븐 미식의 "아람어 원본의 예수님의 말씀"(The Words of Jesus in the Original
   Aramaic)을 보라. 웹 사이트에서 구할 수 있다.
   http://www.davidalsobrook.com

CHAPTER 2

아바의 자녀 구하기

"여호와 하나님이 아담과 그의 아내를 위하여 가죽옷을 지어 입히시니라"(창 3:21).

Rescuing the Children of Abba

에덴동산을 열심히 살펴보고 인간이라 불리는 새롭게 창조된 존재를 연구하는 가운데 적의 마음속에 사악한 음모가 자리하기 시작했다. 루시퍼(Lucifer) 또는 사탄(Satan)이라 불리는 타락한 천사는 호기심이 넘쳐났다. 이 두 존재는 뭐지? 타락한 천사는 생각했다. 하나님은 왜 그들에게 특별히 다르게 행동하시지? 아담과 하와에게 무엇 때문에 그렇게 흥분하시지? 사탄은 오랜 시간 동안 예민하게 주목했다. 하나님의 형상으로 창조된 이 두 사람을 집중하고 있었다. 질투의 씨앗은 루시퍼 안에 쌓여 갔고, 그것은 결국 깊은 뿌리를 내렸다.

아바의 자녀에 대한 질투

그러나 어둠의 지배자를 더 놀라게 하는 것이 있었다. 하나님은 평상시와 다르게 행동하셨다. 당신은 이렇게 말할지 모른다: "다르다고?" 맞다. 하나님은 특별히 다르게 행동하셨다. 하나님은 이 두 사람에게 특별한 사랑과 소망과 친밀함을 보여 주셨다. 전에는 이런 식으로 표현한 적이 한 번도 없으셨다. 사실 인간의 죄 사함과 관련된 예수 그리스도를 통해서 보여 주신 복음이나 특별한 사랑의 신비를 천사들은 이해할 수 없다. 그들은 왜 하나님이 자신의 하나밖에 없는 아들을 이 세상에 보내셔서 온 인류를 위해서 십자가에서 죽게 하셨는지 이해할 수 없다(벧전 1:12을 보라).

우리가 알고 있는 아버지를 천사들은 이해하지 못한다. 그 이유는 천사들은 아바와 자녀와의 친밀함을 경험해 보지 못했기 때문이다. 천사는 하나님을 아바라고 부를 수 없다고 성경은 보여 준다. 이 호칭은 오직 하나님의 형상대로 창조된 자녀들을 위해서 마련되었다. 그리고 자녀들은 후에 양자의 영으로 인해서 하나님과 다시 화목하게 된다: "너희는 다시 무서워하는 종의 영을 받지 아니하고 양자의 영을 받았으므로 우리가 아빠 아버지라고 부르짖느니라"(롬 8:15). 이것이 하나님과 우리의 관계가 어떤 피조물보다도 매우 특별하고, 유일하고, 다른 이유다. 우리는 참으로 뛰어나다. 왜냐하면 우리는 하늘 아버지의 자녀이기 때문이다!

왜 그때 루시퍼가 에덴동산에 모습을 드러냈을까? 루시퍼는 가족을 위한 하나님의 강한 소망을 증오했다. 그리고 주님이 자녀들과 깊은 사랑과 영적 교감을 나눈 사실을 증오했다. 성경은 가족을 위한 아바의 소망에 대한 이야기를 설명한다. 그리고 성경은 하나님이 예수님을 통해서 이 가족을 얻기 위해 긴 시간을 보내셨음을 보여 준다. 하나님은 가족을 너무나도 원하셨다. 자녀를 위한 집으로 이 세상을 창조하시고, 이 땅에서 가족이 계속 이어지도록 에덴동산에 자리 잡게 하셨다. 이사야는 선언한다.

> "대저 여호와께서 이같이 말씀하시되 하늘을 창조하신 이 그는 하나님이시니 그가 땅을 지으시고 그것을 만드셨으며 그것을 견고하게 하시되 혼돈하게 창조하지 아니하시고 사람이 거주하게 그것을 지으셨으니 나는 여호와라 나 외에 다른 이가 없느니라"(사 45:18).

하나님은 이 세상의 첫 번째 가족(눅 3:38을 보라)과 아담 속에 자녀의 후손(창 5:1을 보라)이 시작되도록 아담을 아들로 만드셨다.

루시퍼는 가족을 위한 이 소망을 경멸했다. 루시퍼는 자신이 인간과 같이 하나님의 형상으로 창조되지 않았다는 단순한 사실을 혐오했다. 루시퍼는 인류를 향한 하나님의 행동과 인간이 보유한 것을 자신은 보유하지 못했다는 사실 때문에 질투하기 시작했다. 질투가 루시퍼의 마음속에 자리 잡았다. 그렇게 된 이유는, 루시퍼는 아주 교만했고, 하나님보다 더 경배받기 원했기 때문이다. 루시퍼는 주님을 경배하는 아담과 하와를 좋아하지 않았다. 그리고 하나님이 자녀들에게 사랑을 보여 주시는 것도 좋아하지 않았다. 루시퍼는 오로지 자기 자신만을 위해서 사랑을 원했기 때문이다. 또한 이것이 루시퍼가 우리와 아바의 친밀한 관계와 사랑을 싫어하는 이유다. 그런 이유로 루시퍼는 우리의 삶에서 사랑이 충만하지 못하도록 방해하고, 사랑을 중단시키기 위해서라면 무슨 짓이든 한다. 루시퍼는 주님 대신에 자신이 사람의 찬양을 받기 원하기 때문이다.

동산에 개입한 루시퍼는 하나님의 임재로부터 아담과 하와가 분리되게 했고, 아담과 하와의 삶에 개입하게 되었다. 또한 루시퍼는 아담과 하와는 피조물을 통치하고 자기는 통치하지 못한다는 사실을 싫어했다. 그래서 그는 많은 후손에게 경배 받으려는 사악한 계획을 만들어 냈다. 그리고 아담과 하와에게만 주어진 통치권을 얻었다.

사탄의 질투에 관해서는 좀 더 살펴보아야 한다. 루시퍼는 주님의 주된 관심이 무엇인지 인식했다는 것을 우리는 알고 있다. 하나님은 루시퍼가 이전에 경험했던 것보다 특별하고 독특한 장소에서 다른 행동과 대화를 보여 주셨다. 아바가 하늘 아빠처럼 행동하시는 것을 루시퍼는 이해할 수 없었다!

결국 하나님은 새로운 책임을 갖게 되셨다. 그분은 자녀에게 시간을 내어 집중하셔야만 했다. 이것이 참된 아버지가 하신 일이다. 일단 부모가 자녀들에게 어떻게 행동하는지 생각해 보라. 부모는 자녀들 때문에 바쁘고, 흥분하고, 완전히 헌신하게 된다. 그들은 종종 어느 누구도 이해하지 못하는 아기들의 말을 포함해서 다양한 감정들을 오직 자녀들에게만 표현한다.

그러나 마귀는 하나님과 아담과 하와 사이의 가족 관계를 이해하지 못했다. 마귀는 똑같은 시험을 통해서 아담과 하와의 정체성이 아주 다르다는 것과 변화된 것을 인지했다. 루시퍼는 아바와 자녀들 사이에 나눈 가족과 하나님의 자녀에 대한 이야기, 그리고 하나님이 어떻게 아담과 하와의 아버지가 되었는지에 관한 대화를 우연히 엿듣게 되었던 것 같다.

루시퍼가 아담과 하와를 죄에 빠지게 하고 하늘에 계신 아버지의 임재로부터 멀어지도록 만들었을 때, 이것이 루시퍼가 동산에서 이와 같이 말했을 것으로 보이는 이유다. 루시퍼는 말했다: "하나님과 같이 되어 선악을 알 줄 하나님이 아심이니라"(창 3:5을 보라). 문제는 아담과 하와는 이미 하나님의 형상과 하나님의 모양대로 만들어졌다는 것이다(창 1:26을 보라). 루시퍼는 아담과 하와가 이미 소유했고 그렇게 된 것을 가지고 그들을 유혹했다. 아담과 하와는 이미 하나님과 같이 되었다. 아담과 하와는 하나님의 자녀였다. 그리고 하나님은 아담과 하와의 아버지셨다. 아담과 하와는 하나님의 형상으로 창조되었다.

아바의 자녀를 향한 질투로 인한 루시퍼의 의도는 더 많은 것을 보여 준다. 루시퍼는 아담과 하와가 하나님의 형상으로 창조되었고 하나님과 한 가족이 되어 그 관계를 즐겼다는 사실을 분명히 좋아하지 않았다. 루시퍼는 하나님과 같이 되기를 원했다. 하나님의 아들 중 하나와 같이 되기를 원했다. 그러나 루시퍼는 그 목적으로 창조되지 않았다. 루시퍼는 그와 같은 방법으로는 결코 하나님과 관계할 수 없었다. 이것은 루시퍼에게 인간을 향한 질투와 증오를 일으켰다. 결국에는 그것이 하나님과 동행하는 우리를 공격하고, 사람들이 예수 그리스도를 통하여 아바를 알도록 하는 것을 어렵게 만들었다.

오늘날 사회와 역사를 통해서라도 잠시 동안 생각해 보라. 마귀는 아버지이신 하나님께 질투와 화를 냈고, 마귀를 배척하는 자녀들이 있다는 것을 우리는 안다. 예수님은 마귀를 거짓의 아비라고, 그리고 종교적인 사람들에게 말씀하실 때는 살인자라고 부르셨다: "너희는 너희 아비 마귀에게서 났으니 너희 아비의 욕심대로 너희도 행하고자 하느니라 그는 처음부터 살인한 자요 진리가 그 속에 없으므로 진리에 서지 못하고 거짓을 말할 때마다 제 것으로 말하나니 이는 그가 거짓말쟁이요 거짓의 아비가 되었음이라" (요 8:44).

사탄은 낙태를 통해서 아기들을 죽인다. 사탄은 가정과 결혼 생활을 깨뜨린다. 사탄은 가족 구조를 싫어한다. 성도착을 통해서 남자와 여자의 출산을 그르치게 한다. 동성 간의 결혼과 동성애자의 거짓말을 홍보한다. 사탄은 아이들이 그들을 돌보거나 양육하기 위한 아버지 없이 사생아로 태어나도록 조장한다. 사탄은 살인자요, 거짓말쟁이다.

이와 같은 것들이 왜 사탄의 초점과 공격의 중심에 있는 것일까? 그 이유는 사탄이 가족 구조를 싫어하기 때문이다. 그런 증오의 기원은 아담과 하와가 함께 동산에 살던 때로 돌아간다. 루시퍼 속에서 질투와 교만과 하나님에 대한 증오가 발견된다. 특히 아바, 곧 하늘 아버지와 부자 관계를 받아들이고 이해한 사람에게 증오를 드러낸다.

만약 당신이 죄로 인한 이런 모든 행위들과 인종과 사회의 고통을 주목한다면, 주로 아버지 노릇의 부족함, 육아의 부족함, 건강하고 도덕적인 삶이 필요한 가족 구조의 부족함을 다뤄야 한다. 사람의 마음과 사회가 이렇게 다양한 상황이 된 근원은, 인간이 사랑의 하나님의 계시 없이도 살아간다는 사실을 중심으로 다루기 때문이다. 하나님은 유일하게 아버지가 없는 아바, 아버지로 알려져 있다. 사람들은 예수 그리스도와 개인적인 관계를 통해서 하나님의 자녀가 된다는 사실을 완전히 이해하지 못한 채 살아간다. 마귀는 이것을 안다. 그리고 인간이 하나님 같이 창조되었다는 사실을 싫어한다. 마귀는 타락하기 전에 자신의 악한 의도를 거만하게 알렸다. 마귀는 가장 높은 자 같이 되길 원한다고 말했다: "가장 높은 구름에 올라가 지극히 높은 이와 같아지리라 하는도다" (사 14:14).

이것이 마귀가 예수님에게 삶을 드린 우리를 싫어하는 이유다. 그리고 현재 우리는 그리스도 예수 안에서 새로운 피조물이다. 마귀는 우리가 하나님의 형상으로 창조되었다는 이 사실을 좋아하지 않는다.

그러나 더 중요한 것은, 마귀는 우리가 아바의 영적인 가족으로 입양되었다는 것을 좋아하지 않는다. 우리는 주님에게 특별하다. 우리가 하나님께 우리 자신을 드릴 때 하나님은 막중한 책임감을 갖게 되신다. 이것이 우리가 두려워하거나, 실망하거나, 하나님을 섬길 때 승리가 없다는 생각을 하지 말아야 하는 이유다. 우리는 턱을 치켜들고, 어깨를 세우고, 하나님께 사랑받는 자녀로서 명예심을 가지고 살아갈 필요가 있다.

적은 인간을 멸망시키는 자신의 임무를 잘 감당한 것으로 알았다. 이것은 기억해야 할 중요한 것이다. 마귀는 아버지 하나님과 하나님의 사랑받는 자녀들의 순수한 이미지와 구조를 왜곡하고 파괴하기 위해서 일했다. 사람은 그리스도 안에서 새로운 피조물이 된다. 루시퍼는 이 새로운 피조물을 질투했다. 예수 그리스도를 통한 구원 때문에 우리는 아바 아버지와 자녀로서 다시 화목하게 된다. 그리고 우리는 지금 그리스도인이라고 불린다!

아들이 타락했다

이것이 마귀가 하나님과 아담과 하와 사이의 상호 관계를 계속해서 주시했던 이유다. 마귀는 아담과 하와의 관계와 의사소통하는 방법을 지적했다. 마귀는 어떤 희생을 치르더라도 주님을 망가뜨리고,

이 유일한 관계를 분리시키기로 결심했다. 마귀는 이 가족 구조를 공격하고, 이 세상에 태어나게 될 모든 사람들에게 영향을 끼치기 위해서 자신의 임무에 더 충실했다.

그러나 이렇게 되기 위해서는 이 사악한 뱀에게 계획이 필요했다. 무엇으로 방해하면 하나님이 인류와 유지하고 계시는 밀접한 관계를 끝낼 수 있을까? 마귀가 오늘날 하는 것처럼 가족 구조를 공격하는 것이 마귀의 전략이었다. 이 경우, 마귀는 여자를 유혹하기 위해서 하와에게 갔다. 그리고 마침내 하와의 남편을 유혹했다. 만약 마귀가 자신의 사탄적인 음모에 아담과 하와를 빠뜨렸다면 그들과 아바 사이의 가족 구조에 막대한 영향을 주었을 것이고, 하늘 아버지와의 연합도 깨어졌을 것이다. 이 계획은 아담과 하와에게 영향을 주지 못했다. 그러나 몇 세기에 걸쳐 다가올 모든 세대에게는 영향을 줄 것이다. 그리고 루시퍼와 아바와 하나님의 자녀들 사이의 전쟁에도 영향을 줄 것이다.

이 세상의 가족들을 계속해서 분리하고 나눈다. 가족 중 한 명을 다른 사람들로부터 나눈다. 그러나 특별히 하나님으로부터 가족들을 나눈다. 만약 사탄의 계획이 성공했다면, 그 후에 아담과 하와는 전에 했던 것처럼 하늘 아빠와 더 이상 접촉하지 못했을 것이다. 아담과 하와 사이에 담이 생기고, 역동적인 그들의 관계는 급격히 재정립되었을 것이다. 그가 더 좋아한 것은, 만약 자신의 전략이 성공한다면, 루시퍼는 이 세상에 태어나는 모든 사람들의 아버지가 되고, 예수 그리스도를 통해서 아바와 다시 화목할 때까지 모든 사람의 관계에 영향을 미치게 될 줄 알았다.

만약 아담과 하와가 루시퍼의 유혹에 속았다면, 루시퍼는 이 세상의 신이 되었을 것이다. 그리고 하나님의 피조물들과 하나님과 다시 화목하게 된 자녀들 사이에 어마어마한 차별이 있었을 것이다. 이 일이 어떻게 일어날까? 이 세상에 태어난 모든 사람은 여전히 하나님의 피조물이다. 그러나 그들이 예수님으로 인해서 다시 아바와 화목하기 전까지 그들은 어쩔 수 없이 하나님의 영적인 자녀들이 아니다. 이 화목은 예수 그리스도를 마음과 삶에 영접함으로 일어난다. 사람들이 자신의 삶을 하나님께 맡길 때, 그들은 다시 아버지와 화목하게 된다. 바울은 이것을 다음과 같이 요약했다: "모든 것이 하나님께로서 났으며 그가 그리스도로 말미암아 우리를 자기와 화목하게 하시고 또 우리에게 화목하게 하는 직분을 주셨으니"(고후 5:18).

아담과 하와를 죄에 빠지게 하는 것과 아바와 자녀 사이를 분리시키는 것이 마귀의 계획이었다. 마귀는 오늘날에도 우리에게 똑같이 시도한다. 만약 마귀가 우리의 주의를 빼앗고 우리를 죄로 유혹할 수 있다면, 이것은 우리 마음의 고통과 아픈 삶을 초래할 것이다. 그 이후, 마귀는 하늘 아버지와 우리의 관계에 영향을 미치기 위해서 분리와 무가치하다는 감정이 생기게 할 수 있을 것이다. 마귀는 어떤 희생을 치르더라도 우리의 일생을 통해서, 심지어 우리가 태어나기 전부터 아바와 우리가 연결되는 것과 사랑에 빠지는 것을 방해하기 위해서 우리가 임신되는 순간에 어떤 일이든 시도할 것이다.

마귀의 지속적인 목표는 가족 구조를 공격하는 것이다. 예를 들면, 마귀는 오늘날 우리가 보는 가정과 교회 가족의 다른 견해를 추구한다. 마귀는 우리가 하늘 아버지와 분리되도록 무엇이든지 할 수 있다. 마귀는 그렇게 되도록 방법을 찾을 것이다. 마귀는 사람들의 마음속에 하나님의 실체와 특성에 관해서 거짓말을 넣을 것이다. 주님을 거짓말쟁이로 만들고, 우리를 향한 하나님의 사랑과 돌봄과 관계에 대해서 신빙성을 잃게 만들 것이다. 마귀는 우리의 삶에 모든 부정적인 예를 사용할 것이다. 그 부정적인 예들은 우리에게 상처를 주고, 우리를 화나게 하고, 우리가 하나님을 탓하도록 고생하는 삶을 살게 하고, 하나님은 어떻게 해서든지 우리에게 화를 내신다는 생각을 갖도록 할 것이다.

적은 우리의 가정이 분열되도록 끊임없이 일한다. 몇 가지만 말하자면, 마귀는 우리가 이혼하게 하고, 우리를 학대하고, 우리가 아버지 없는 삶을 살게 하고, 피해자로 성장하게 한다. 만약 마귀가 우리의 가정을 깨뜨리는 데 성공하지 못한다면, 마귀는 우리가 탈선하도록 십 대가 될 때까지 기다려서 하늘 아버지에게 반역하고 하늘 아버지 없는 삶을 살게 한다. 만약 그런 일을 못하게 되면, 마귀는 우리가 강팍해져서 주님께 대항하도록 우리의 결혼 생활과, 자녀와, 가족을 분열시키기 위한 전략을 세운다. 그래서 우리는 더 이상 하나님과 동행하지도 않고 하나님을 섬기지도 않게 된다. 이것은 우리가 우리의 벌거벗은 몸을 가릴 것을 찾는 동안 우리가 아바와 연결되지 못하도록 만들려는 것이다. 무화과나무 잎으로 아담과 하와가 자신을 가렸을 때, 두 사람은 매우 좋아했다.

우리는 종종 자신의 상처와 고통을 가리기 위해서 똑같이 시도한다. 만약 내가 기술한 이런 종류의 각본을 마귀가 사용할 수 없다면, 마귀는 이 세상의 사랑을 사용할 것이다. 그리고 마귀는 우리를 탈선하게 만들고, 우리가 초점을 잃어버리도록 모든 것을 사용할 것이다. 마귀는 우리의 마음과 정신을 이 세상의 온갖 쾌락으로 가득 차게 할 것이다. 그래서 우리는 마음속에 있는 빈 공간을 발견할 수 없고, 결국엔 아바를 위한 삶을 살 수 없게 될 것이다. 오늘날 교회에 출석하지 않는 사람들이 점점 더 많아진다. 하지만 그 사람들은 성경을 읽고, 기도하고, 하나님을 섬기는 데 진실로 모든 관심을 기울인다. 이것이 어떻게 진실인지 생각해 보라. 만약 그 사람들이 주님을 섬기기로 결정했다면, 그것은 자기 방식이지 주님의 표준을 따르는 것이 아니다. 하나님과 함께하는 사람들의 삶은 잘해야 편안한 정도이고, 아바가 누군지 정말로 아는 사람이 매일 열정적으로 추구하는 삶보다는 부족하다. 이것이 에덴동산에서 아담과 하와에게 사건이 일어난 때부터 이 세상에 태어난 사람들을 공격하기 위해서 사탄이 증오를 가지고 전략적으로 일했던 이유다. 사탄은 하늘 아버지를 원하지 않았고, 서로 화목하려는 하나님의 피조물도 원하지 않았다. 사탄은 아바와 이 세상 사람들이 분열되기를 끊임없이 원했다.

교활한 뱀의 말을 듣고 아담과 하와가 주님께 불순종했을 때 어떻게 됐을지 잠시 생각해 보라. 사탄은 자신의 명백한 승리를 기념했다. 사탄은 아담과 하와가 무화과나무 잎으로 만든 옷을 입고 하나님에게서 숨은 것을 보고 조롱했다. 아들은 타락했고, 마귀는 고도로 계산된 자신의 음모를 즐겼다. 마귀는 사람들에 대한 권리를 가졌다. 마귀는 아담과 하와를 원했고, 타락한 자녀들로 인해서 아바의 마음에 상처 주기를 원했다.

하지만 마귀는 하나님에게도 역시 계획이 있었다는 것을 알지 못했다. 아담과 하와의 죄는 주님을 놀라게 하지 못했다. 그리고 마귀는 술책으로 주님을 이기거나 주님보다 더 현명하지 못했다. 이 사악한 계획은 인간과 하나님의 관계를 확실히 재정립했다. 그러나 그것은 역시 타락한 아들 때문이다! 맞다. 아들은 타락했다. 아담과 하와가 아니라 모든 인류가 죄로 인해서 타락한 자손이 되는 것이다.

"아들이 타락했다." 이 말은 마치 이 세상 도처에서 울음이 메아리 치고 창조된 모든 것에게 퍼지는 것 같았다. 당신은 울려 퍼지는 소리를 들어 본 경험이 있을 것이다. "아들이 타락했다. 아들이 타락했다." 나는 궁금하다. 천국의 모든 것들이 물러서서 아바가 하신 일을 보기만 했을까? 지옥과 악마의 무리들은 만족감으로 비웃었을까? 아바는 슬펐지만 놀라지는 않으셨다. 이 세상의 기초를 만드시기 전에, 아담과 하와가 죄를 범하기도 전에 아바는 이미 방법을 강구해 놓으셨다: "곧 창세 전에 그리스도 안에서 우리를 택하사 우리로 사랑 안에서 그 앞에 거룩하고 흠이 없게 하시려고"(엡 1:4).

이 계획은 하나님이 만드신 이 세상의 가족과 앞으로 탄생할 모든 인류 및 하늘에 있는 많은 가족들을 포함하는 영원하고 완전한 구원에 대한 것이다. 하나님은 그때 잃어버린 아들(son)을 위해서 아들(Son)을 내어 주셔야만 했다. 이것은 거룩한 계획이 틀림없다. 주님이 창조하신 가족 구조를 공격했음에도 불구하고 마귀는 승리를 차지하지 못했다. 하나님은 타락한 자녀를 위한 계획을 내놓으셨다. 그 계획이란 모든 가족들과, 이미 나뉜 사람들과, 깨진 사람들과, 피해를 당한 사람들과, 죄로 인해서 하나님과 분리된 사람들을 위해서 일하는 것이다. 하나님의 아들은 인류가 다시 하나님과 화목하도록 하셨다. 그것은 아바가 잃어버린 자녀들을 영원히 구하는 계획이었다!

아바의 자녀 구하기

우리는 가끔 하나님이 정말로 우리를 위해서 존재하시고, 우리를 대적하는 누구든 또는 무엇이든 처리하실 수 있음을 잊어버린다. 믿어지지는 않지만 하나님은 우리를 향한 사랑에 빠져 계신다. 그것을 증명하기 위해서 자신의 피를 쏟으셨다. 그러나 적은 아직도 우리를 설득하기 위해 노력한다. 하나님은 우리를 돌보지 않으시고, 좋은 것만 선택하시고, 다른 사람들에게 마음의 고통과 비극을 나누어 주신다고 말이다. 마귀는 자신의 손가락으로 실패한 사람들과 우리에게 상처 준 사람들을 가리킨다. 그러고는 곧바로 이렇게 말한다: "봐, 하나님은 역시 너에게 실망하실 거야."

사탄은 우리가 사는 동안 하나님의 말씀과 사랑 및 우리를 위한 목적을 뒤늦게 알게 한 다음에 비판하도록 만들기 위해서 일한다. 사탄은 모든 것을 그날의 기분에 의존하도록 사람들을 설득하지만, 하나님은 우리에게 자신의 선하심을 보여 주실지 여부와 때를 결정하신다. 그러나 우리를 위한 아바의 사랑을 항상 기억해야 한다. 그 사랑은 우리가 이해한 것보다 훨씬 크고, 하나님의 신실하심은 영원히 지속될 것이다. 이것이 사실이란 것을 어떻게 알 수 있을까? 우리는 하나님의 계획 때문이라는 것을 안다. 하나님은 우리를 도와주신다!

우리는 하나님이 우리를 도와주신다는 것을 잠시라도 잊어서는 안 된다. 나는 힘들었던 시기를 지나던 때를 기억한다. 엎친 데 덮친 격으로 여기저기서 공격을 받았을 때, 나는 그저 포기하고 싶었다. 그때 하나님은 말씀하셨다: "아들아, 포기하지 마라. 내가 너를 도와주고 방어해 줄게. 너는 나의 선함과 신실함을 보게 될 거야. 이제 내 안에서, 그리고 나의 말씀 안에서 쉬어라!"

　당신에게도 역시 동일하게 진실하신 하나님을 찬양하라! 하나님은 당신을 도와주신다! 아담과 하와가 죄로 인해서 타락하고 하나님에게서 숨던 그날, 우리는 아바의 잃어버린 자녀들을 구하기 위한 하나님의 계획을 알 수 있다. 하나님은 아담과 하와를 도와주셨다. 하나님은 아담과 하와와 우리들에게, 그리고 오랜 세월 동안 태어나게 될 모든 사람들에게 헌신적인 아버지시다. 심지어 우리가 하나님을 미워하거나 거절할지라도 말이다.

　하나님은 이 세상에 들어온 죄가 다시 하나님의 자녀들에게 돌아오기 전에 하나님과 다시 화목하게 되는 놀라운 계획을 갖고 계셨다. 그래서 하나님은 아담과 하와의 아버지가 되셨다. 아담과 하와는 자신들 사이에 아무것도 없어지지 않고 아무것도 깨지지 않은 상태로 하나님의 자녀가 되었다. 그런 이유로, 예수님이 이 세상에 아기로 오셨을 때 가브리엘 천사는 그것을 말했다: "땅에서는 평화와 사람들을 향한 선하신 뜻이로다"(눅 2:14을 보라). 하나님은 피조물들이 아들 됨을 통해서 되돌아오도록 자신의 해답을 보내셨다! 이 관계에서 잃어버린 것이나 깨어진 것은 없다. 예수님이 온 인류를 위해서 모든 대가를 지불하셨기 때문이다! 인간이 처음으로 죄를 범한 그 즉시, 이 계획은 하나님의 사랑받는 자녀들이 하나님과 다시 올바른 교제를 하도록 했다.

만약 인류가 자신의 죄로 인한 결과와 형벌을 받게 된다면, 하나님은 자신의 위대한 사랑을 나타내는 해결책을 제안하셨을 것이다. 우리는 종종 하나님이 남자와 여자와 이 세상을 저주하셨을 때를 생각한다(창 4장을 보라). 우리는 하나님이 자신의 자녀를 벌주는 늙고 못된 아버지와 같다고 생각한다. 그러나 하나님은 현재나 미래에도 항상 우리 편이시다. 물론 하나님께 순종하지 않으려는 아담과 하와의 악한 선택 때문에 하나님이 취하신 의로운 행동이 있다. 그러나 또 하나님은 아담과 하와가 범한 죄의 결과로 지금 아담과 하와와 이 세상이 어떻게 됐는지를 그들에게 알려 주신다.

물론 하나님은 우리를 징계하신다. 그리고 우리 때문에 생긴 결과가 지금도 있고 미래에도 있을 것이다. 우리는 성경이 말하는 최고의 삶을 알고 있다. 성경은 우리에게 하나님과 사람 앞에서 거룩한 삶을 살기 위해서 순결하고 노력하는 삶을 살라고 말한다. 우리는 죄의 삯은 사망이라는 것을 절대 잊지 말아야 한다(롬 6:23을 보라). 이것은 우리가 세상적인 삶에서 벗어날 필요가 있다는 의미다. 그리고 우리는 이 시대의 악을 구별해서 경외함과 순수함으로 하나님을 섬겨야 한다. 이것이 하나님이 늘 바라시는 방법이다. 우리가 이렇게 하는 것은 우리 자신의 유익을 위해서다.

아담과 하와의 죄 가운데 우리를 향한 하나님의 사랑을 나타내시는 것은 타락한 인간에게 계획을 제시하시고, 우리의 창조주일 뿐 아니라 아바로서 하나님의 마음을 보여 주셨다는 사실이다! 하나님의 모든 자녀들이 하나님께 다시 돌아오도록 하는 유일한 방법은 독생자를 내어 주시는 것이다. 이 계획이 마귀에게는 신비하게 들렸다: "내가 너로 여자와 원수가 되게 하고 네 후손도 여자의 후손과 원수가 되게 하리니 여자의 후손은 네 머리를 상하게 할 것이요 너는 그의 발꿈치를 상하게 할 것이니라 하시고"(창 3:15).

마귀는 영광의 주님을 자기가 십자가에 못 박지 않았다는 것을 알았다. 만약 마귀가 예수님을 십자가에 못 박았다면, 그때 하나님은 다시 한 번 아담과 하와의 아버지로서 피조물에게 접근하실 수 있으셨을 것이다. 만약 아담과 하와가 하나님께 돌아가 구원받기 위하여 그분의 아들을 불렀다면, 이것은 모든 인류에게 적용될 수 있었을 것이다. 또 이것은 아담과 하와가 다시 하늘나라 가족이 되게 했을 것이고, 즉시 하나님을 "아바 아버지"라고 부를 수 있게 했을 것이다.

하나님은 왜 타락한 인간을 걱정하실까? 하나님은 우리에게 아버지가 되시고, 부당한 죄를 범하면 우리를 버린다고 약속하셨기 때문이다. 그래서 하나님의 의로움과 정의를 통해서, 아버지로서 인류의 행복을 위해서 항상 전념하고 헌신하신다는 것을 보여 주셔야 했다. 이것이 죄와 마귀로부터 잃어버린 자녀들을 구하기 위해서 하나님이 계획을 갖고 계셔야 했던 이유다.

다시 말하면, 이 계획은 하나님의 아들인 예수님을 보내 주신다는 것과 모든 인류의 죄 때문에 예수님이 죽어야 한다는 약속이 반영된다. 우리는 아담과 하와가 죄를 범했을 때 모든 인류와 이 세상이 마귀와 죽음과 죄의 종이 되었다는 사실을 반드시 기억해야 한다. 그러나 하나님은 죄로부터 인간을 구원할 예수님을 보내 주신다는 약속을 통해서 즉시 개입하셨다. 예수님은 아버지를 보여 주시기 위해서 이 세상에 오셨다. 그리고 화해를 통해서 하나님이 다시 우리의 하늘 아바가 되게 하셨다.

예수님은 제자들을 임명하셨다. 온 세상으로 나아가 사람들에게 다가가서 하늘 아버지의 계획인 구원의 복음을 전하라고 하셨다. 그 계획은 아담과 하와에게만 주신 것이 아니라 이 세상의 모든 사람들에게 주신 계획이다. 하나님은 죄를 지은 사람들을 용서해 주셨고, 용서를 통해서 피조물에게 다시 아빠의 마음을 전하셨다. 그것은 천국에 계신 하나님께 자녀의 자격으로 돌아갈 수 있는 기회를 인류에게 주신 것이다. 하나님은 그리스도인인 우리가 사람들에게 다가가야 한다고 말씀하신다. 그 이유는 아바의 사랑과 마음을 보여 주기 위해서, 사람들의 하늘 아버지가 되고 싶은 하나님의 영원한 소망을 나누기 위해서다. 하나님은 자녀들이 집으로 돌아오기를 오래 기다리셨고, 모든 자녀들이 영원히 자신과 함께 있기를 원하셨다. 십자가에서 아들의 피를 흘리는 희생을 통해서 하나님은 모든 대가를 치르시고 자녀들을 구하셨다.

하나님은 이 세상이 만들어지기 훨씬 전에 우리를 돕기 위한 준비된 계획을 갖고 계셨다고 내가 이미 언급했다. 사실 예수님의 온몸은 매를 맞았고, 채찍질을 당했고, 상처를 입었고, 피를 흘렸고, 침 뱉음을 당했고, 십자가에 못 박혔다. 그러나 예수님이 우리를 도와주신다는 것을 증명하기 위해서, 하나님은 우리에게 다시 예수님을 주셨다! 하나님은 왜 이와 같이 하셨을까? 한 명의 아들이 타락했다. 그러나 한 명의 아들이 아니라, 이 땅에 태어나는 인간의 후손 전체가 하늘에 계신 창조주요, 아버지로부터 분리되고 타락한 것이다.

이 계획이 경이로운 이유는 우리의 죄를 제거하고, 하나님의 이름을 부르는 사람들을 용서하기 때문이다. 아바의 이 계획은 적의 전략보다 위대하다. 잃어버린 사람들이 하나님께 돌아가도록 하기 위해서 예수님이 간구하고 구원하셨을 때 이 전략은 분명해졌다(눅 19:10을 보라).

아바의 덮어 주심

당신, 나, 인간의 후손 전체에 영원토록 영향을 미치는 계획을 하나님은 갖고 계셨다. 이것을 알면 대단히 즐겁고 편안하다. 하나님은 선하시고 신실하신 아버지시다. 하나님의 사랑은 더 위대해서, 아담과 하와가 죄를 범했을지라도 하늘 아빠로서 자신의 마음을 보여 주섰다. 하나님은 두 팔로 아담과 하와를 감싸서서 그들에게 전념하시는 것을 보여 주셨다. 하나님은 자신이 만든 구원의 계획 가운데 아들을 약속하셨을 뿐만 아니라, 하나님의 사랑의 두 팔로 짐승의 가죽 옷을 지어 아담과 하와를 감싸 주셨다: "여호와 하나님이 아담과 그의 아내를 위하여 가죽옷을 지어 입히시니라"(창 3:21).

어쩌면 당신은 이렇게 생각할지 모른다: '하나님이 어떻게 사랑의 두 팔로 자녀를 감싸셨을까?' 이것을 이해하기 위해서 우리는 이 가죽옷이 무엇을 상징하는지 알아보아야 한다. 그리고 왜 하나님이 이 방법을 선택해서 아담과 하와를 덮으려고 하셨는지도 알아보아야 한다. 그것은 예언적인 행동으로, 예수 그리스도의 피 흘림을 통한 구원의 예시다. 다시 말하면, 그것은 아담과 하와와 미래의 모든 후손을 하나님이 두 손으로 덮어 주시는 사랑의 행동이다. 하나님은 아담과 하와의 죄와 수치를 덮어 주시기 위해서 이와 같이 하셨다. 그리고 훗날 아담과 하와의 죄를 '보상하는 피'라고 불리는 그것을 하셨다(레 16:34을 보라). 우리는 오늘날에도 아바가 자신의 사랑을 우리에게 똑같은 방법으로 알려 주신다는 것을 깨달을 필요가 있다. 그러나 세상 죄를 제거하고 죄로 인한 우리의 벌거벗음과 수치를 덮어 주시는 하나님의 어린 양의 경우는 제외된다. 그 이유는 예수님이 "세상 죄를 지고 가는 하나님의 어린 양"(요 1:29)이기 때문이다.

하나님은 어떻게 이 세상의 죄를 제거하셨을까? 하나님은 바로 짐승의 가죽으로 그렇게 하셨다. 하나님은 동산에서 아담과 하와를 위해서 짐승의 가죽을 제공하셨다. 하나님은 십자가 위에서 흘리신 예수님의 피를 통하여 자신의 사랑과 용서를 제공하신다. 이것은 우리가 죄를 지을 때마다 아바에게 용서를 구할 수 있다는 것을 의미한다. 그리고 그럴 때 신실하신 하나님은 우리의 죄를 용서해 주시고, 모든 불의에서 우리를 깨끗하게 하신다는 것을 의미한다(요일 1:9을 보라). 하나님은 그때 아담과 하와를 덮어 주셨다. 하나님은 우리를 덮어 주신다. 예수 그리스도의 피를 통해서 우리를 용서하시고, 우리를 인정하시고, 우리를 깨끗하게 하시고, 우리를 지지하시고, 우리를 돕기 위하여 하나님은 사랑의 두 팔로 우리를 감싸 주신다!

가죽 옷은 아담과 하와의 죄를 처리할 때 나타내셨던 아바의 마음을 다시 한 번 보여 준다. 인간이 죄로부터 구원받기 위해서 필요한 처음과 마지막 희생을 하나님이 사랑으로 제공하셨다는 것을 보여 주는 것이다. 알다시피, 아담과 하와가 죄를 범했을 때 그들은 하나님의 영광에 이르지 못했고, 하나님의 임재를 잃어버렸다. 그때 그들과 아바 사이가 분리되었다. 그 이유는 아담과 하와가 죄가 되는 행동에 전념했기 때문이다.

하지만 아바는 무엇을 하셨을까? 하나님은 자신의 신실하심과 아담과 하와에 대한 사랑을 보여 주시기 위하여 가죽 옷으로 그들을 덮어 주기 시작하셨다. 사랑이 많은 어떤 아버지가 자녀에게 하는 것처럼, 하나님은 잇따라 아담과 하와에게 죄가 되는 행동의 결과에 대해서 말씀하신다(창 4장을 보라). 하나님은 이어서 아담과 하와가 불순종한 지금의 삶이 무엇과 같게 될지, 그리고 장래 자신과 그들의 관계가 어떻게 더 변화될지를 설명하신다. 하나님은 계속해서 아담과 하와에게 땅과, 자식을 낳는 고통과, 일과 노동하는 삶으로 인해서 얼굴에 땀을 흘려야 하는 이 세상의 저주에 대해서 말씀하신다. 이 모든 것은 아바가 원래 의도했던 것과는 거리가 멀다. 그러나 인간에게 선택이 주어졌다: 하늘 아버지의 영광을 택할 것인가, 택하지 않을 것인가? 어쨌든 하나님을 놀라시게 할 것은 아무것도 없다. 그리고 이런 선택이 주어졌을지라도 아담과 하와가 영광의 아버지인 하나님을 원할 수 있었다는 것을 보여 준다. 그들에게는 관계를 결정하기 위한 선택, 그리고 하나님이 삶에 어느 정도까지 개입하시도록 할지 선택할 자유의지가 있었다.

하나님의 사랑 안에서 죄가 되는 행동으로 인한 아담과 하와의 수치심이 제거되도록 하나님은 그들을 떠나지 않으셨다. 그리고 아바는 무엇인가를 하셨다. 진짜 아버지는 항상 무엇인가를 할 것이다. 자녀를 비난하기보다, 던져 버리기보다, 비하하기보다는 오히려 아버지가 힘겨워하고 잘못한 자녀들을 두 팔로 감싸듯이 하나님은 자신의 사랑으로 자녀들을 감싸 주신다. 이와 같은 이유로 아담과 하와가 죄를 범한 즉시 그들을 짐승의 가죽으로 감싸셨다.

이 가죽 옷은 앞으로 도래할 강력한 것을 영원히 상징했다. 첫째, 아담과 하와는 사랑의 감정을 회복했고 아바를 인정했다. 아담과 하와가 죄를 범하기 전에 그들 모두는 하나님의 임재라는 경이로운 옷을 입고 있었다. 그러나 아담과 하와가 죄를 범한 그때 그들은 벌거벗었고 수치스러웠다. 무화과나무 잎을 엮었던 이유는 자신들의 수치를 숨기기 위해서였다(창 3:8~10을 보라). 하나님 아버지가 주신 가죽 옷은 훗날 이스라엘의 속죄를 위해서 짐승이 제물이 되었으며, 이 희생 제사를 통해서 하나님의 임재의 덮개로 복원되었다.

피가 뚝뚝 떨어지는 짐승으로 만든 옷을 아담과 하와에게 주신 것은 뜻을 이루신 것이다. 하나님의 독생자가 모두를 위해서 피를 흘리고 죽기 전까지 아담과 하와는 자신의 죄를 임시로 가리는 것을 준비했다. 하나님의 어린 양인 예수님이 행하신 것은 이와 같다. 이 세상의 죄를 제거하고 아바의 자녀로 창조된 모든 잃어버린 사람들을 구원하셨다. 아담과 하와는 아바의 사랑과 은혜와 덮어 주심을 보여 준다.

하나님이 아담과 하와에게 사랑을 보여 주셨듯이, 나는 당신도 똑같이 격려받기를 원한다. 하나님은 사랑을 보여 주실 것이고, 게다가 당신을 용서하실 것이다. 우리가 죄를 범하고, 실수하고, 하나님에게 실망을 안겨드린 것처럼 느껴질 때, 하나님은 사랑과 두 팔로 우리를 감싸 주시고, 자신에게 되돌아오도록 거기에 그대로 계신다. 당신은 실패자가 아니다. 하나님은 당신을 발견하실 수 없거나 당신의 죄를 용서하지 않으시는 그런 나쁜 분이 아니시다. 당신은 아바의 자녀다. 그리고 하나님의 사랑 없이는 결코 죄책감을 씻을 수도, 회복할 수도 없다. 예전의 당신보다, 또는 당신이 했던 것보다 언제나 더 좋게 만들어 주신다.

아바가 덮어 주신 예

성경에는 주님의 사랑과, 덮어 주심과, 아담과 하와의 경우처럼 짐승의 가죽 같은 옷을 통해서 우리의 삶에 하나님의 용서와 돌봄심을 보여 주는 몇 가지 예가 있다.

오염된 피

에스겔 16장에서 우리는 죄를 용서하시고 아바의 잃어버린 자녀를 구원하시는 하나님의 아름다운 예언적 그림을 본다. 에스겔 16장을 통하여 볼 때, 우리의 피는 모두 오염되었다. 그 이유는 아담의 죄 때문이다. 결과적으로 우리는 모두 천성적으로 똑같은 죄를 가지고 있다. 이것은 이 세상에 태어나는 모든 사람들은 죄로 인해서 오염된 피를 지니고 있는 보균자들이란 의미다. 그 이유로 예수님이 동정녀의 몸에서 태어나셔야만 했다. 그리고 아바의 잃어버린 자녀들의 오염된 죄 많은 피를 위해서 예수님이 피를 흘리셔야만 했다.

하지만 에스겔 16장은 하나님의 사랑이 지나가고 오염된 피가 삶을 지배하고 있음을 보여 준다. 그러나 더 좋은 것은, 훗날 일어날 예수님을 통한 죄의 용서를 보여 준다. 하나님은 에스겔을 통하여 말씀하셨다: "내가 네 곁으로 지나갈 때에 네가 피투성이가 되어 발짓하는 것을 보고 네게 이르기를 너는 피투성이라도 살아 있으라 다시 이르기를 너는 피투성이라도 살아 있으라 하고" (겔 16:6).

에스겔을 더 읽다 보면 하나님이 아담과 하와를 덮어 주실 때 사용하셨던 짐승의 가죽 옷으로 우리를 덮어 주시는 똑같은 예언적 그림을 본다. 하나님은 예루살렘을 자신의 옷으로 감싸신 것을 보여 주신다. 이것은 예수님과 예수님이 흘리신 피를 통해서 구원과 새 언약을 베푸신 유대인과 이방인 모두를 위한 예언이다.

> "내가 네 곁으로 지나며 보니 네 때가 사랑을 할 만한 때라 내
> 옷으로 너를 덮어 벌거벗은 것을 가리고 네게 맹세하고 언약
> 하여 너를 내게 속하게 하였느니라 나 주 여호와의 말이니라"
> (겔 16:8).

다시 한 번 말하자면, 이것은 아담과 하와가 죄를 범하여 그들의 피가 오염된 날 무슨 일이 있었는지에 대한 아름다운 그림이다. 이것은 역시 모든 인류는 구세주가 필요한 똑같은 상태임을 보여 준다! 두 가지 예는 모두 사랑과 용서 및 하나님과 다시 화목하도록 덮을 것을

제공하시는 아바를 보여 준다!

요셉의 옷

아버지 야곱이 요셉에게 채색 옷을 입혔는데, 이 역시 죄를 덮는 것에 대한 훌륭한 예다(창 37:3을 보라). 요셉의 형제들은 이 옷과 요셉이 아버지에게 받는 호의를 질투했다. 그래서 어느 날 요셉이 형제들을 살피기 위해서 왔을 때 형제들은 요셉을 구덩이에 던져 버렸다. 형제들은 요셉의 옷을 취한 후 염소를 죽여 그 옷에 피를 떨어뜨리고는 요셉이 죽은 것처럼 보이게 만들었다. 그러고 나서 그 피 묻은 옷을 아버지에게 가져갔다.

> "그들이 요셉의 옷을 가져다가 숫염소를 죽여 그 옷을 피에 적시고 그의 채색옷을 보내어 그의 아버지에게로 가지고 가서 이르기를 우리가 이것을 발견하였으니 아버지 아들의 옷인가 보소서 하매"(창 37:31~32).

다시 한 번 말하자면, 이것은 오늘날의 아바를 우리에게 보여 준다. 어떻게? 이것은 요셉과 같은 사람이 많기 때문이다. 하나님은 우리에게 축복과 호의의 옷을 주셨다. 우리는 하나님의 형상으로 창조되었다. 이것은 우리에게 엄청난 호의를 지닐 수 있도록 하신 것이다. 하지만 우리는 미움 받고, 경멸당하고, 죄의 구덩이 속에서 죽어 가고, 절망하고, 지옥의 구덩이에 빠질 운명이다.

이것은 또한 요셉과 같은 사람들이 잘못한 것이 없을지라도 학대 당하고 속임 당하는 사람으로 비유될 수 있다는 것을 알려 준다. 바꾸어 말하면, 삶은 분명하지 않다. 어떤 사람은 다른 사람, 특히 가족이나 사랑하는 사람들의 분명하지 않은 행동으로 인한 희생자가 된다. 그러나 하나님이 동산에서 제공하셨던 짐승의 가죽이나 염소의 피가 떨어진 요셉의 옷은 어떤 구덩이 속에 빠진 우리와, 우리에 대해서 들리는 어떤 거짓말과, 우리에게 행해지는 어떤 것이 있다 하더라도 지옥과 절망의 구덩이 밖으로 나오도록 하는 길을 오늘날 예언적으로 보여 준다. 그것은 예수님의 피 흘림을 통해서 그리스도인인 우리가 그 옷을 입었고, 우리의 죄가 용서받았음을 입증한다. 이것은 현재 우리가 예수님의 피 흘림을 통해서 아바에게 속해 있고, 적은 더 이상 우리에게 힘쓰지 못한다는 것을 보여 준다!

지금 우리는 하나님이 말씀하셨고, 그리스도 예수 안에서 하나님의 의로 알려진 영적인 의의 예복을 입고 있다. 우리의 죄나 수치는 문제가 되지 않는다. 우리의 죄가 영원히 말끔하게 지워지도록 우리는 덮는 것을 제공받았다. 하나님은 자신의 두 팔로 우리를 감싸시고, 우리는 하나님에게 사랑받고 인정받는다!

노아와 그의 수치를 가리기 위한 옷
성경은 우리에게 노아에 관해서 말해 준다. 그는 홍수 이후에 포도주를 마시고 취하여 잠이 들었다. 노아의 세 아들 중에 하나인 함이 노아의 벌거벗은 모습을 보았다. 그리고 가서 그의 두 형제 셈과 야벳에게 말했다. 셈과 야벳은 노아의 벌거벗은 모습을 폭로하고 죄에 가담하기보다는 오히려 정중하게 뒷걸음쳐 들어가서 아버지의 벌거벗음을 가렸다: "셈과 야벳이 옷을 가져다가 자기들의 어깨에 메고 뒷걸음쳐 들어가서 그들의 아버지의 하체를 덮었으며 그들이 얼굴을 돌이키고 그들의 아버지의 하체를 보지 아니하였더라"(창 9:23).

덮는 이 행동은 우리 모두에게 중요하다. 그 이유는 셈의 혈통인 아브라함을 통해서 이스라엘 사람들이 아바의 아들이 되는 선택을 받았기 때문이다. 메시아는 아브라함과 셈으로 이어지는 같은 혈통이었다. 메시아는 자신의 피를 흘려서 우리의 벌거벗은 죄를 근본적으로 덮을 수 있도록 하셨다.

같은 방식으로, 노아가 그랬던 것처럼 우리는 실수를 하거나 정말 죄를 범할 수 있고, 우리의 삶을 엉망진창인 상황 그리고 곤란한 상황으로 만들 수 있다. 아마도 우리는 우리가 무엇을 했는지, 우리가 어떤 종류의 사람인지를 모든 사람에게 알리는 것이 자신의 사명인 줄 아는 함과 같은 사람들을 알지도 모른다. 하지만 그런 모든 것 가운데, 아바는 아들을 통해서 우리의 벌거벗음과 과거의 삶과 수치에 옷을 입혀 주셨다. 우리는 그리스도 안에서 덮여지고, 용서받고, 새로운 것을 제공받고, 풍성한 삶을 살게 된다! 이것이 아바가 잃어버린 아들을 구원하신 방법이다!

좀 더 설명하자면, 당신과 나를 위한 아바의 사랑을 예수님이 성경에서 말씀하신 다른 예가 있다. 그것은 하나님이 아담과 하와에게 가죽 옷으로 자신의 사랑을 보여 주신 것과 직접적으로 관련이 있는 말씀이다. 하나님은 오늘날에도 자신의 사랑을 우리에게 보여 주신다. 탕자의 이야기에서 우리를 위한 하늘 아버지의 사랑, 특별히 우리가 놓친 또 다른 격려의 예를 발견한다. 이 이야기는 사랑의 두 팔로 우리가 가지 못하도록 우리를 감싸시는 하나님의 강렬한 추구를 보여 준다. 우리는 하나님에게 진짜 특별하다!

아바에게 달려가기

예수님이 누가복음 15장에서 말씀하시는 탕자의 이야기에서 우리는 다루기 힘들고 자신의 가족을 떠난 잃어버린 아들을 본다. 탕자는 자신의 가족과 분리된 채, 자신의 삶 가운데 아버지의 중요함을 모른 채 살아 왔다. 탕자는 마음의 공허함을 채우기 위하여 계속 노력했다. 그러나 쓸모없었다. 탕자는 대가를 치른 뒤에야 비로소 자신의 가족과 가장 중요한 아버지를 포함한 모든 것이 소중하다는 것을 깨달았다. 그리고 탕자는 집으로 돌아가기를 바랐다. 대다수의 사람들이 이 이야기를 좋아하는 것 같다. 그렇지 않은가? 이제 이 젊은 탕자는 무엇을 할까? 그는 자신의 깨어진 삶의 한복판에서 아버지에게 돌아가기로 결심했다. 예수님은 이 이야기에서 이 부분을 다음과 같이 말씀하신다.

> "이에 스스로 돌이켜 이르되 내 아버지에게는 양식이 풍족한
> 품꾼이 얼마나 많은가 나는 여기서 주려 죽는구나 내가 일어
> 나 아버지께 가서 이르기를 아버지 내가 하늘과 아버지께 죄
> 를 지었사오니" (눅 15:17~18).

　사람들은 이 이야기를 통해 이 이야기가 아바를 어떻게 보여 주는
지, 피가 떨어진 짐승 옷에 대한 예언적 상징이 무엇인지를 더 잘 이
해할 수 있다. 하늘 아버지가 창조하신 다루기 힘든 이 아들은, 자신
의 삶이 죄와 음탕함으로 인해서 아버지와 멀어진 모든 아들을 상징
한다. 탕자가 스스로 끝낼 때까지는 회개가 아니다. 탕자가 집으로 돌
아온 것이 회개다. 탕자가 무엇을 기대했는지는 확실하지 않다. 그러
나 탕자는 돌아가기로 결정했다. 그리고 자신의 아버지와 화해했다.

　탕자가 돌아올 때 그는 저 멀리에 있는 아버지를 보았다. 그리고
이 이야기에서 아바를 상징하는 그 아버지는 잃어버린 아들을 보았
다. 아버지는 아들을 만나기 위해서 뛰어간다. 그리고 아들의 목을 안
고는 입을 맞춘다.

> "이에 일어나서 아버지께로 돌아가니라 아직도 거리가 먼데
> 아버지가 그를 보고 측은히 여겨 달려가 목을 안고 입을 맞추
> 니 아들이 이르되 아버지 내가 하늘과 아버지께 죄를 지었사

오니 지금부터는 아버지의 아들이라 일컬음을 감당하지 못하 겠나이다 하나"(눅 15:20~21).

하나님 없는 삶은 성취감이 없고 축하할 가치가 없다는 것을 깨달 은 후 잃어버린 자녀들이 아바의 사랑스런 두 팔로 돌아온 장면은 얼 마나 놀라운가! 잠시 동안 이 멋있는 사랑과, 연민과, 용서와, 하나님 이 우리를 받아 주심을 보라. 하나님은 자녀에게 달려가셨다! 농담하 느냐고? 아니다! 하나님은 우리에게 **달려오셨다.** 나 역시 이 사실을 좀 처럼 믿을 수 없다. 하지만 이것은 예수님이 이 이야기 속에서 아바의 본성이 어떤 것인지를 정확히 보여 주신 것이다. 하나님 없이 사는 것 은 공허하고 의미 없지만, 그런 삶을 살기로 결정한 아들을 위해서 하 나님은 모든 것을 다 동원해서 쫓아가실 것이다. 하늘에 계신 아빠를 상징하는 탕자의 아버지처럼 탕자를 사랑할 사람은 아무도 없다. 한 때 당신이 마음속에 이런 결정을 했다면 조심하라. 그 이유는 당신을 받아 주시기 위해서 두 팔을 벌리고 달려오시는 사랑의 창조주요, 아 바이신 하나님의 발자국 소리를 당신은 듣게 될 것이기 때문이다.

우리가 잘못하여 우리의 길을 갈지라도 하나님이 우리에게 손을 뻗치시는 것은 놀랍다. 못 믿겠지만, 사랑이 많은 행위 안에서 우리를 향한 하나님의 마음에 대하여 한층 더 심오한 계시를 본다. 잃어버린 아들을 안아 준 뒤 아버지가 한 일을 우리는 알고 있다. 아버지는 즉 시 아들에게 옷을 입히고 돌아온 것을 축하했다: "아버지는 종들에게 이르되 제일 좋은 옷을 내어다가 입히고 손에 가락지를 끼우고 발에 신을 신기라"(눅 15:22).

아, 얼마나 기쁜가! 죄인 하나가 회개했을 때의 천국의 축하! 당신과 내가 마침내 우리의 삶에서 하나님을 원하고, 예수 그리스도를 통해서 구원받고 아버지께 달려가기로 결정했을 때의 축제. 마침내 우리가 하나님을 부를 때 천국에서 벌어지는 모두의 흥분, 그리고 우리 아바의 얼굴에 띤 미소! 하나님은 예수님이 이 이야기에서 설명하시는 아버지와 정확하게 같으시다. 하나님은 우리가 돌아오면 행복과 축하 같은 것으로 충만하시다.

탕자에게 입혀진 옷과 하나님의 멋있는 계획이 완전히 똑같은 예언적 그림이라는 것을 알면 흥분된다. 아담과 하와가 죄를 범한 후 짐승의 가죽은 그들을 덮었다. 거의 같은 방식으로, 이 아들은 아바에 의해서 덮여졌고, 하나님과 떨어진 삶에서 구원받았다!

아바의 입맞춤

예수님이 말씀하신 이 이야기는 우리에게 아바를 보여 주는 감동이 있다. 자신의 백성을 향한 하늘 아버지의 놀라운 행동이 있다. 하나님과 같은 이 아버지는 아들이 돌아오는 것을 보았을 때 반응했다. 아버지가 아들에게 달려갔을 뿐만 아니라, 아들의 목을 안고 반복해서 입을 맞췄다고 성경은 우리에게 말한다(눅 15:20을 보라).

이 입맞춤에 대해서 잠시 동안 생각해 보라! 이것은 제멋대로인 모든 자녀들에게 하는 하늘 아빠의 입맞춤이다. 입맞춤과 같은 애정은 단지 잃어버린 죄인들을 위해서만 준비된 것이 아니다. 하나님은 자신의 사랑과 애정을 우리에게 보여 주시는 것을 두려워하지도, 부끄러워하지도 않으신다. 우리는 그냥 하나님에게 다가갈 필요가 있고, 우리의 삶에서 날마다 그분을 추구할 필요가 있다. 그리고 그것에 답하여, 하나님은 우리에게 애정과 자비를 보여 주신다.

입맞춤과 같은 표현은 충동적으로 하나님을 찾거나, 하나님을 완전히 배반하지는 않았다는 평범한 마음으로는 이해하지 못한다. 계속해서 죄의 삶을 사는 사람들은 이 표현이 이해되지 않는다. 죄의 삶을 사는 사람들은 하나님과 함께 순수하고 충만한 삶을 사는 사람들과 나뉜다는 것을 안다. 이 표현은 성경을 통해서 하나님을 추구하고, 천국과의 관계를 추구하고, 기도의 삶을 추구하는 데 실패한 사람들인 중립적인 사람들과 불신앙의 사람들이 흔하게 얻을 수 있는 게 아니다. 만약 우리가 하나님을 원한다면, 우리가 하는 일을 통해서 하나님께 우리의 소망을 반드시 표현해야 한다. 하나님이 우리가 헌신하고 하나님을 진짜 원하는 것을 아실 때, 하나님은 그에 대한 자신의 입맞춤과 사랑을 우리에게 아낌없이 주신다.

하나님은 자기 자신을 도울 수 없으시다. 그 이유는 제멋대로인 아들에게 했던 아버지와 같이 우리에게 풍성한 복을 허락하시는 것이 하나님의 본성이기 때문이다.

> "아버지는 종들에게 이르되 제일 좋은 옷을 내어다가 입히고 손에 가락지를 끼우고 발에 신을 신기라 그리고 살진 송아지를 끌어다가 잡으라 우리가 먹고 즐기자 이 내 아들은 죽었다가 다시 살아났으며 내가 잃었다가 다시 얻었노라 하니 그들이 즐거워하더라"(눅 15:22~24).

이것은 당신과 나에게 어떤 의미일까? 그것은 아바가 우리를 적의 손에서 구하신다는 의미다. 우리는 잃어버렸었다. 그러나 지금 우리는 발견했다. 우리는 하나님이 자신의 사랑과 지지와 용납의 입맞춤을 우리에게 하시도록 할 필요가 있다. 우리는 지금 하나님의 사랑과 은혜와 용서로 옷 입고 있다. 하나님 앞에서 순수한 생활은 우리의 존경과 사랑의 표현이다. 우리는 하나님께 매일 구해야 한다. 하나님은 우리에게 신실하시다. 그리고 우리는 반드시 하나님께 신실해야 한다. 지금이 바로 우리 아바에게 달려갈 시간이다!

우리에게는 오직 우리를 기다리시는 좋으신 하늘 아버지가 있다! 그렇다. 하나님은 우리를 기다리시고, 지켜보시고, 달리시고, 따라다니신다. 하나님의 사랑의 입맞춤을 조심하라! 하나님이 자신의 사랑의 두 팔로 당신을 감싸시듯 적들은 당신에게 격렬하게 달려들 것이다. 하나님은 자신의 사랑을 당신에게 아낌없이 주신다. 당신은 그것을 후회하지 않을 것이다. 그리고 하나님의 사랑의 품에서 다시는 나오고 싶지 않을 것이다.

CHAPTER 3

그분은 하나님, 그리고 아바다

"나의 아버지는 하나님이시고 나는 그분을 높일 것이다"(출
15:2, 저자가 다른 말로 바꾸어 표현함).

He is God and Abba

주님의 마음은 흥분으로 가득하다. 예전에 아브람이라는 이름을 가진 태양을 숭배하는 토속 신앙인이 있었다. 아브람에게 다가가기 위해서 그 당시로 가 보자. 아바는 아브람을 열심히 지켜보고 계셨다. 하나님은 아브람에게 특별한 일을 맡기시기 위하여 그를 지켜보시면서 여러 차례 말씀하셨다. 특별한 일이란 이 세상에서 유일한 계획을 수행하는 것이다. 그 특별한 일은 민족과 다가올 세대와 똑같이 이 시대를 사는 우리에게도 영향을 미친다. 그것은 하늘나라의 신비를 전하고, 아바의 잃어버린 모든 자녀들이 하나님께 돌아오도록 하는 것이다. 주님이 이전에 아브람에게 어떤 것을 말씀하셨을지라도, 하나님은 자신을 더 공식적으로 소개하시기 위해서 아브람의 인생에서 이 순간을 기다리셨다. 아브람의 이름을 아브라함으로 바꾸는 것과 똑같이, 하나님이 자신을 소개하시고 그에게 자신의 계획을 나타내시는 진지한 순간이 되었다(창 17:5을 보라).[1]

이 세상의 모든 가족을 구원하시기 위한 하나님의 약속된 아들을 낳는 전략의 일환으로, 하나님은 자신과 언약의 관계에 동의하는 이 세상 사람이 필요하셨다. 물론 하나님은 아브라함이 대답하기도 전에 벌써 결과를 아셨다. 하지만 아직도 선택은 이 사람의 손 안에 있었다. 아담과 하와가 함께했던 에덴동산에서 하나님이 밝히신 계획이 이어지도록 아브라함은 자신의 마음과 삶을 개방했을까? 아니면 사는 내내 자기 자신의 길을 가고, 자신의 뜻대로 행하는 것을 선택했을까? 주님은 이 계획을 신중하게 계산하셨다. 이 계획을 이루기 위하여 주님의 마음과 소망에 동의하고 순종할 누군가가 필요했다. 하나님은 아브라함을 선택하셨다. 그런데 왜 그를 선택하셨을까?

아브라함과 아바

하나님은 역사 이래로 언제나 이 세상 사람들을 사용하셨다. 하나님이 일하실 때 대리자인 인간 없이 스스로 행동하시는 것은 보기 드물다. 하지만 아브라함에게는 독특한 특성이 있었다. 성경이 말하는 '우리 모든 사람의 조상'인 아브라함은 주님이 이 세상에서 찾고 계시던 사람이었다(롬 4:16을 보라). 아브라함은 자신의 삶을 하나님께 드렸다. 대신에 주님은 하나님의 가족의 회복을 위하여 아브라함을 이 세상의 아버지가 되게 하셨다. 아바는 이 가족을 시작하기 위하여 선택할 친구, 잃어버린 피조물들을 구하는 데 도울 수 있는 친구를 찾으셨다. 이 세상에 하나님의 거룩한 자녀들이 태어나도록, 약속된 메시아인 하나님의 아들이 훗날에 태어나도록, 인류가 다시 하나님과 화목하도록 도와주는 친구여야 했다.

그러나 하나님은 어떻게 이 친구를 찾으실까? 하나님은 자신에게 완전히 순종할 친구가 필요하셨다. 이런 친구를 찾고 계실 때, 하나님은 아브라함을 보셨고, 좋아하셨다. 주님은 비전을 가지고 아브라함에게 가서서 자신을 보호자요, 공급자로 소개하셨다. 아브라함이 지금은 늙었고 자녀도 없는 상황에서, 아브라함은 공급자라고 소개한 주님을 향해서 자신에게 무엇을 줄 것인지 질문으로 반응했다.

> "이 후에 여호와의 말씀이 환상 중에 아브람에게 임하여 이르시되 아브람아 두려워하지 말라 나는 네 방패요 너의 지극히 큰 상급이니라 아브람이 이르되 주 여호와여 무엇을 내게 주시려 하나이까 나는 자식이 없사오니 나의 상속자는 이 다메섹 사람 엘리에셀이니이다"(창 15:1~2).

당신은 아브라함의 대답이 현명하다고 말할 수 있지 않을까? 만약 하나님이 비전을 가지고 자신을 우리에게 소개하셨다면, 그리고 이 경우에서처럼 자신이 우리의 공급자라고 말씀하셨다면, 우리 또한 즉시 소중한 것을 요구했을 거라고 나는 확신한다. 아브라함도 정확히 그렇게 했다. 아바는 하나님, 그리고 아버지인 자신에게 돌아오도록 창조된 모든 인류를 원하시는 동시에 아들을 원하셨다.

당신은 이 장면을 상상할 수 있는가? 두 명의 아버지: 이 세상의 가족을 원하시는 아들 아빠와 이 땅에서의 가족을 원하는 아브라함. 하늘 아빠와 아브라함 모두의 마음속에 있는 강한 소망이 결실을 맺기 위해서 합의에 들어가는데, 둘은 완벽하게 어울렸다. 하지만 합의는 쉽지 않았다. 하나님은 아브라함에게 순종할 것을 요구하셨다. 아브라함은 하나님에게 자신을 도와달라고 요구했다. 90세 노인인 아브라함은 하나님 없이는 자녀를 낳을 수 없었기 때문이다.

하나님과 아브라함의 거룩한 계획이 훗날 이루어지도록 언약에 합의할 때 아주 놀랍고 아주 신성한 일이 일어나기 시작했다. 언약이란 말은 '당신이 중요하게 약속한 사람이나 단체와 합의하는 것' 이라는 단순한 의미다. 하나님은 약속하셨다. 하나님도 역시 이 세상에서 약속할 사람이 필요하셨다!

하늘은 어두워지고, 하나님은 아브라함에게 자신이 누군지 보여주시기 위해서 오셨다. 하나님은 아브라함에게 반으로 쪼갠 암소를 포함해서 특정한 짐승을 쪼개서 희생의 피를 만들도록 요구하셨다(창 15:9~10을 보라). 이것이 왜 필요했을까? 아바가 아담과 하와를 위해서 제공하셨던 가죽 옷을 기억하는가? 성경은 그것을 **가죽 옷들**(하나 이상을 의미함)이라고 부른다. 두 개의 가죽 옷들 중 한 개는 아담을 위하여, 또 다른 한 개는 하와를 위하여 존재한다는 결론은 확실하다. 하지만 더 나아가 보면 이것은 사람들이 예수님의 피 흘림을 통해서 회개하는 하나님의 계획을 상징화 한다.

이제 아브라함은 이 계획의 일부분이 되었다. 그러나 하나님과 아브라함 사이에 언약은 반드시 맺어져야 하고, 깨져서는 안 된다. 이 짐승들이 쪼개지고 땅 위에 피가 떨어지자 아브라함은 깊은 잠이 들었고 주님이 나타나셨다. 하나님은 연기 나는 화로와 타는 횃불로 아브라함에게 나타나셨다. 그리고 하나님은 두 개로 쪼개진 희생제물 사이로 걸어가셨다(창 15:17을 보라).

여기서 보여 주신 하나님의 놀라운 사랑! 하나님은 인간과 합의한 언약을 맺으셨다. 하나님은 자신과 화목하려는 거룩한 계획의 일부가 된 아브라함을 믿으셨다. 그 계획은 인류를 축복하고 아바의 창조물들이 다시 회복되도록 하는 계획이었다. 인류가 예수님을 통해서만 하나님께 요구해야 되는 계획이었다.

두 개로 쪼갠 것은 잃어버린 인간에게 다가가는 아바의 또 다른 증거다. 이것은 우리에게 짐승의 가죽 옷을 다시 한 번 상기시킨다. 그러나 훨씬 더 나아가, 우리는 하나님의 아들이신 예수님을 절대 잊어서는 안 된다. 예수님은 하나님의 어린 양으로 십자가에 매달리셨고, 십자가 위에서 자신의 피를 흘림으로 하나님의 궁극적인 계획을 이루셨다. 그리고 이 피는 죄를 용서하기 위해서 우리의 삶에 적용된다. 예수님은 두 강도 사이에서 십자가에 매달려 죽으셨다. 이와 같은 이유로 아브라함이 짐승을 쪼갰다. 이것은 하나님이 아브라함과 맺은 언약을 상징한다. 새 언약은 온 인류와 맺어졌다. 예수님의 피가 쏟아진 것은 하나님이 아브라함과 함께 계시던 이 순간과 매우 유사하다. 예수님은 우리를 위해서 값을 지불하셨다. 그래서 우리는 하나님 아버지와 언약을 맺을 수 있다. 짐승들을 반으로 쪼개서 하나님과 아브라함 사이에 함께 맺은 피의 언약은 예언적인 예시다. 십자가에서 일어난 일은 이 예언적인 예시가 성취된 것이다!

우리는 또한 이 언약에 있어서 이스라엘이 홍해를 건넌 사건을 절대로 잊어서는 안 된다. 바다는 둘로 나누어졌으며, 그들을 인도하는 구름 기둥과 불 기둥이 있었다. 이런 모든 예를 통해서, 만일 우리가 하나님을 받아들인다면, 우리에게 모든 인간을 구원하시려는 굉장한 하늘 아빠가 있다는 결론을 내릴 수 있다. 성경을 통한 예시는 다시 하늘 아버지가 되시기 위하여 모든 사람들에게 생명을 돌려주시려고 하나님이 신중하게 계산하신 약속된 멋진 계획이었다!

하지만 이런 모든 사람들 중에 왜 아브라함이 선택되었을까? 그 이유는 하나님의 마음의 초점이 가족에게 있기 때문이다. 에덴동산에서 하나님을 향한 불순종을 선택하고 적의 음성을 들은 아담과 하와에 의해서 하나님은 인간이라는 가족을 잃어버리셨다. 그러나 아바는 포기하지 않으셨다. 하나님은 아브라함을 추구하셨고, 아브라함에게 필요한 것은 하나님의 계획에 동의하는 것이었다!

이 일이 어떻게 일어났을까? 기억하라! 하나님과 아브라함은 함께 합의하기로 했다. 하나님과 아브라함은 언약을 맺었고, 함께 요구와 조건에 동의했다. 그 언약을 이루기 위하여 아들(son)을 위한 아들(Son)이 필요했다. 하나님은 인류를 위해서 자신의 아들(Son)을 내어 주셔야만 했다. 그리고 아브라함은 이 세상의 계획을 수행하기 위해서 기꺼이 자신의 아들인 이삭을 드려야만 했다.

하나님은 자신과 관계를 맺을 언약의 사람이 필요했다. 이 언약의 관계는 서로 합의하였다. 하나님은 자신을 포함해서 가지고 계신 모든 것을 아브라함에게 내주셨다. 그리고 하나님은 온 세상을 위해서 아브라함의 씨로 인하여 앞으로 태어나게 될 아들도 약속하셨다. 그 대신, 아브라함은 이 계획을 이행하기 위해서 자신의 하나밖에 없는 아들 이삭을 포함해서 자기가 소유한 모든 것을 아바에게 드렸다.

그러나 만약 언약이 진짜 합의된 것이라면, 언약 관계에서 반드시 이루어져야만 하는 중요한 부분이 아직까지 남아 있다. 주님은 심적 고통과 아브라함에게 가장 귀한 것을 요구하셨다. 아브라함에게서 태어나기 위해서 24년을 기다린 약속된 아들 이삭을 제단 위에서 제물로 바치라고 요구하셨다. 정말? 당신은 아마도 놀랐을 것이다. 누가 자신의 아들을 제물로 바치겠는가? 특히 오랫동안 기다렸던 당신의 외아들이라면? 하나님은 무슨 생각을 하고 계신 걸까?

"여호와께서 이르시되 네 아들 네 사랑하는 독자 이삭을 데리고 모리아 땅으로 가서 내가 네게 일러 준 한 산 거기서 그를 번제로 드리라"(창 22:2).

그러나 이 일에 아브라함은 터럭만큼도 상관하지 못했다. 그 이유는 하나님이 언약한 계획을 성취하시기 위하여 무엇을 요구하시든지 아브라함은 주님께 복종하기로 약속했기 때문이다. 아브라함은 믿음이 충만했고, 하나님을 완전히 확신했다. 아브라함은 심지어 외아들 이삭을 주님께 희생제물로 드리기 위하여 예배하러 가면서 다시 돌아올 것을 종들에게 말했다: "너희는 나귀와 함께 여기서 기다리라 내가 아이와 함께 저기 가서 예배하고 우리가 너희에게로 돌아오리라 하고"(창 22:5).

어떤 믿음, 어떤 신뢰, 어떤 순종. 하나님이 이 세상에서 자신의 목적을 이루시기 위하여 사용하시는 그릇으로 이 사람을 선택하신 것은 놀랄 일이 아니다. 이것이 하나님이 아브라함에게 바라시는 것이다. 하나님이 아브라함에게 외아들을 달라고 요구하셨다면, 그 다음에 아바는 예정한 때에 희생제물이 되신 독생자 예수님을 반드시 주셔야 했다는 것을 당신은 알고 있다. 이 언약은 서로에게 순종이 필요하도록 만들어진 합의다. 한 사람에게 필요했던 것이 다른 사람에게 요구되고 요청되었다!

하나님이 아브라함을 선택하신 이유는 사랑과 순종으로 훌륭한 행동을 한 사람이기 때문이다. 아바가 아브라함에게 그런 요구를 하신 유일한 이유는 아들을 죽이는 사람을 보기 위한 욕망 때문이 아니었다. 그 이유는 아바가 이 세상에 아들을 주시기 위해서 합법적인 방법으로 법을 통과시킬 사람이 필요했기 때문이다. 이것은 예수 그리스도가 시간을 거슬러 창조된 아바의 모든 자녀를 돕기 위해서 합의한 언약대로 하나님에게 일하실 수 있는 권리를 부여하였다. 하나님에게는 단지 자신의 마음을 가진 사람이 필요하셨다. 죄의 근본적인 대가를 지불하기 위하여 자신의 아들을 포함해서 모든 것을 줄 수 있는 사람, 하나님의 소망을 보여 주는 사람이 필요하셨다. 아브라함이 이와 같이 행할 그 사람이었다. 아브라함이 바로 하나님이 이 계획을 수행하시기 위하여 눈여겨보신 그 사람이었다.

이것은 사소한 일이 아니다. 이것은 올바른 선택과, 믿음과, 순종의 마음을 가진 적임자를 요구한다. 헌신적인 아버지 아브라함이 합의한 언약에 의하여 기꺼이 자신의 아들을 드렸다면, 그 다음엔 아바 역시 기꺼이 자신의 아들을 반드시 주셔야 했다는 것을 당신은 알고 있다. 그리고 그 일이 정확하게 일어났다! 아브라함이 이삭을 희생제물로 바치던 그날 그를 주의 깊게 보면, 하나님은 아브라함의 믿음과 순종의 마음을 인정하셨다는 것을 우리는 알 수 있다.

> "아브라함이 이에 번제 나무를 가져다가 그의 아들 이삭에게 지우고 자기는 불과 칼을 손에 들고 두 사람이 동행하더니"(창 22:6).

이것은 골고다까지 십자가를 지신 예수님에 대하여 기록한 사도 요한이 언급한 설명과 예언적으로 비교할 수 있다(요 19:17을 보라). 이것은 우리가 읽은 창세기 22장 6절의 아브라함과 이삭, 요한복음 19장의 아바와 예수님 사이의 예언적인 병행구다. 두 예를 통해서 보면, 아버지와 아들이 희생제물을 드리기 위하여 함께 간다. 이것은 우리를 향한 하나님의 사랑에 대한 놀라운 계시다. 그래서 이것이 어떻게 연결될까?

자신의 등에 십자가를 지고 나른 아바의 아들과 똑같이, 자신의 등에 희생제사에 쓸 나무를 진 아브라함의 아들 이삭이 있었다. 아브라함과 이삭은 희생제사를 위하여 나무를 나를 때 함께 연합되어 있었다. 그리고 아버지 하나님과 예수님도 그러셨다. 성경은 아브라함과 이삭이 함께 갔다고 언급한다: "아브라함이 이에 번제 나무를 가져다가 그의 아들 이삭에게 지우고 자기는 불과 칼을 손에 들고 두 사람이 동행하더니"(창 22:6).

이것은 예수님이 십자가에 못 박히기로 되었던 장소까지 십자가를 지셨을 때 그곳에서 정확하게 일어났다. 거기에 예수님과 아바가 함께 계셨다. 아버지와 아들 예수님이 함께 십자가를 지셨고, 모든 사람들을 위하여 근본적이고 최종적인 희생제물이 되셨다! 이 놀라운 사랑의 행위와 하나님의 계획을 성취하는 것이 아바의 마음과 특성을 나타낸다는 것을 당신은 알고 있다. 예수님이 등에 나무 십자가를 지신 것은 아바가 지도록 하신 것이다. 이삭이 등에 나무를 진 것은 아브라함이 지도록 한 것이다. 두 예를 보면, 예수님과 이삭은 기꺼이 자신의 생명을 희생제물로 드렸다.

우리가 이미 언급한 것과 같이 아브라함은 우리 모두의 아버지가 되기 위하여, 그리고 이 세상에서 이 계획이 이루어지도록 돕기 위하여 하나님이 신중히 선택하셨다. 이것은 하나님이 이 일의 적임자로 아브라함을 선택하신 중대한 이유다. 그는 창조된 모든 것에 관심을 갖는 하늘 아빠의 이 계획을 수행하는 데 동의했다.

다시 말해서, 하나님은 자신이 선택하신 사람의 마음에서 특별한 것을 기대하셨다. 하나님은 믿음과, 사랑과, 아들을 드리는 아브라함의 순종을 기대하셨다. 하지만 여기에 뭔가 특별한 것이 또 있다. 아브라함은 기꺼이 순종했고, 하나님과 합의한 언약의 조건에 따라 이삭을 드렸다. 왜냐하면 아브라함은 하나님께 순종하기 원하는 품성과, 믿음과, 마음을 가졌기 때문이다. 주님이 한층 더 흥미를 가지신 것이 있는데, 아브라함이 하나님이 소유하신 아버지와 같은 성격과 인품을 가지고 있다는 사실이다. 우리는 창세기 18장 19절에서 아브라함의 특징을 알 수 있다.

> "내가 그로 그 자식과 권속에게 명하여 여호와의 도를 지켜 의와 공도를 행하게 하려고 그를 택하였나니 이는 나 여호와 가 아브라함에게 대하여 말한 일을 이루려 함이니라"

아브라함이 우리 모두의 아버지로 불릴 수 있을까? 아바는 아브라함에게서 아버지의 특징을 보셨다. 아브라함이 이 세상에서 하나님의 품성과 속성을 진짜로 보여 주는 전형적인 예가 된다는 사실이다. 아브라함은 주님을 즐겁게 해 드리는 아버지의 특징을 가지고 있었다. 이것은 중요했다. 왜냐하면 하나님은 진짜 아버지를 보여 주는 사람을 찾을 필요가 있었기 때문이다. 이 세상에서 아바의 마음과 뜻을 나타내는 사람이 필요했다. 이것이 아브라함이 선택받은 이유다.

아브라함은 주님의 방법으로 자녀에게 지시하는 가정적인 남자였다. 아브라함은 자녀에게 주님 앞에서 무엇이 옳은 것인지를 가르쳤다. 아브라함은 아바의 속성을 가졌고, 그 속성을 나눴고, 가정과 자녀들 앞에서 그 속성을 실천했다. 아브라함이 선택받은 것은 놀랄 일이 아니다. 그리고 아브라함은 여러 민족의 아버지라 불리게 되었다 (창 17:5을 보라).

하나님은 거대한 사랑의 소유자이시고, 아브라함과 관계를 맺은 분이시다. 성경은 우리에게 아브라함은 하나님의 친구라고 말한다. 실제로 소돔과 고모라의 결과에서 아브라함을 생각해 보라(창 18장을 보라). 이 세상에서 아브라함은 그 당시 사람들에게 하나님을 개인적으로 보여 주기에 가장 적합한 존재였다. 그러나 이것은 이스라엘의 지극히 높으신 아바를 보여 주기 위해서 예수님이 태어나시기 전까지만이었다. 이 세상 사람들은 알았고, 이해하게 되었다.

아바 그리고 하나님의 장자 이스라엘

하나님은 인류에게 자신을 더 개인적이고 친밀하게 보여 주기를 간절히 원하셨다. 하지만 하나님은 예수님이 자신을 아바로 보여 주시기 전까지 기다리셔야만 했다. 이 일이 일어나기 전까지 인간은 그저 그분을 하나님으로만 알았다. 하나님이 아브라함과 하나님을 아버지의 형상으로 알고 있는 후손들과 언약을 맺기 전까지는 아니라는 것이다. 통합해서 말하면, 아직 개인의 하늘 아버지는 아니라는 것이다.

하나님의 소망은 사람들 각자에게 개인의 아버지가 되는 것이었다. 대신에 하나님은 협력관계와 협정을 결정하셔야 했다. 민족의 아버지가 되시려는 하나님의 계획을 이루시기 위하여 하나님이 선택하신 사람은? 유대인과 이방인 모두에게 개인의 아바로 알려지기 위한 하나님의 근본적인 계획을 이끌 사람은? 하나님은 자신의 약속을 성취하시기 위하여 언약의 사람인 아브라함의 손자 야곱을 선택하셨다. 하나님은 야곱의 이름을 이스라엘로 바꾸셨다(창 35:10을 보라). 그리고 아브라함을 통하여 큰 민족을 이루기 위한 하나님의 약속이 계속되게 하셨다(창 12:2을 보라). 계획의 일부분인 구원받고 선택받은 민족이 되도록 하나님은 이스라엘을 선택하셨다. 기억하라. 이것이 아브라함이 첫째로 선택받은 이유다. 그리고 지금은 이스라엘이 선택받은 이유다. 이 혈통은 강력한 민족이 되었고, 여러 민족을 이루어 하나님의 아들과 협력하게 되었다. 하나님이 장자로 부르셨고, 그들은 그렇게 되었다!

다시 말해서, 이 관계는 예수 그리스도를 통하여 모든 인류의 대가를 지불하기 전까지 제한되었다. 대가 지불 이후에 유대인과 이방인 모두 일괄적으로 약속에 접붙여진 것이다. 우리는 지금 최고의 기회를 가지고 있다. 우리에게는 아버지 되시는 하나님과 다시 화목할 수 있는 특권이 있으며, 이것은 우리가 하나님을 아바로 부를 수 있는 존재, 곧 하나로 통합된 가족이 되었다는 것이다(갈 3:13~14을 보라)! 이것이 이스라엘이 하나님을 단지 민족 전체의 하나님으로만 아는 이유다. 제사장들은 이스라엘 민족과 하나님 사이의 중재자였다. 그 이유는 죄의 값이 예수님을 통해서 아직 지불되지 않았기 때문이다.

인류에게 개인의 아바가 되시고 자신의 피조물들을 다시 얻고 싶으신 하나님의 소망 때문에, 하나님은 훗날 이스라엘 민족과 언약하신 계획을 수행하셨다. 하나님은 이스라엘의 하나님과 아버지가 되셨다. 그리고 이스라엘은 하나님의 장자가 되었다. 이것이 무엇을 의미하는 것일까? 이것은 하나님이 이스라엘의 아버지가 되셨음을 의미한다. 하나님이 아브라함과 이삭과 야곱의 혈통으로 난 민족인 그들을 보살피시고, 보호하시고, 훈련시키시고, 사랑하시는 것을 의미한다. 이스라엘 민족은 하나님께 접근하는 것이 제한되었다. 그들은 오직 자신들을 대신하는 중재자를 통해서만 하나님께로 나아갈 수 있었다.

이것이 이스라엘이 하나님을 자기 민족의 아버지로 알았던 이유이고, 하나님이 이스라엘을 장자라고 부르신 이유다: "너는 바로에게 이르기를 여호와의 말씀에 이스라엘은 내 아들 내 장자라"(출 4:22). 하나님은 백성들에게 직접 말씀하지 않으시고 모세를 통하여 자신이 이스라엘의 아버지가 될 것이고, 그들을 돌보실 것이라 말씀하셨다: "너희를 내 백성으로 삼고 나는 너희의 하나님이 되리니"(출 6:7). 다시 말해서, 이것은 그분이 이스라엘 백성들에게 있어 하나님으로만 제한된 관계, 즉 아직까지는 개인의 아바나 하늘 아버지가 아니라는 것을 말해 준다.

특별히 유대 문화에 있어서 '장자'의 자격은 가족과 혈통으로 맺어진 사람들과 관련이 있으며, 이들에게는 가족의 상속권이 주어졌다. 성경을 통하여 에브라임, 다윗 그리고 우리의 주 예수님에게 이 자격이 주어졌다. 물론 우리는 예수님이 아바의 '독생자'라는 것을 안다. 이것은 예수님이 이 자격을 수행하시기 위하여 육체로 이 땅에 오신 하나님이셨다는 것을 의미한다. 그렇기 때문에 예수님은 모든 피조물의 주님이시며, '장자'라고 불린다(골 1:15을 보라).

성경의 어떤 구절에서 에브라임과 다윗을 장자라고 언급할 때, 이 때는 그들의 타고난 권리와 가족에 대한 책임의 맥락에서 말해야 한다. 그러나 우리가 하나님의 장자로서 이스라엘을 논할 때, 우리는 이것이 이스라엘을 향한 하나님의 사랑과 그분의 다정한 애정을 언급한다는 것을 기억해야 한다. 이것이 호세아가 이스라엘 민족에 대하여 말한 이유다: "이스라엘이 어렸을 때에 내가 사랑하여 내 아들을 애굽에서 불러냈거늘"(호 11:1).

장자의 자격은 또한 애굽의 바로에게 속박 당하던 이스라엘 민족을 언급한다. 하나님 아버지는 자신의 아들인 이 민족이 자유롭게 되기를 원하셨다. 이것은 모세와 바로 사이에 있었던 장자와 관련된 토론에서 발견할 수 있다. 만약 바로가 백성들을 못 가게 한다면 바로의 장자와 사람과 짐승을 포함해서 애굽의 모든 처음 난 것이 죽게 될 것이다. 그 이유는 애굽이 장자인 이스라엘 민족을 억압하고 속박해서 붙들고 있었기 때문이다: "내가 네게 이르기를 내 아들을 보내 주어 나를 섬기게 하라 하여도 네가 보내 주기를 거절하니 내가 네 아들 네 장자를 죽이리라 하셨다 하라 하시니라"(출 4:23).

이와 같은 아브라함과 출애굽에 관한 성경의 이야기를 통하여 우리는 아바가 이스라엘 백성을 얼마나 사랑하셨는지 이해하게 된다. 그리고 그것을 그들의 후손인 이삭과 야곱에게 이행하셨다는 것 또한 알게 된다. 장자는 하나님이 주시는 중요한 지위다. 이것은 대단한 명예다. 장자는 아버지의 유산에서 두 배의 몫을 받는다. 아버지가 두 배의 몫을 주기 위하여 다른 아들과 상의할 필요도 없다. 누구든지 장자로 선택되면 그는 나머지 가족들로부터 대단한 총애와 존경을 받는다.

이것은 막내로 태어나서 왕이 된 다윗의 경우다. 다윗이 가족 중

막내로 태어났을지라도 그는 장자의 권리를 받았다. 그 이유는 다윗이 아바에 의해서 왕이 되도록 선택받았기 때문이다. 나머지 가족들은 그 지위를 존경해야만 했다.

> "내가 내 종 다윗을 찾아내어 나의 거룩한 기름을 그에게 부었도다 … 그가 내게 부르기를 주는 나의 아버지시요 나의 하나님이시요 나의 구원의 바위시라 하리로다 내가 또 그를 장자로 삼고 세상 왕들에게 지존자가 되게 하며" (시 89:20, 26~27).

이것은 다윗이 태어난 순서로 볼 때 그를 장자라고 언급한다는 의미가 아니다. 막내로 태어난 그에게 있어 이것은 오히려 총애와 신분으로 볼 때 장자라는 의미다. 같은 방식으로, 하나님은 자신의 아들로 이스라엘 민족 전체를 선택하셨다. 주님은 이스라엘이 하나님으로부터 대단한 총애와 명예와 지위를 부여 받은, 다른 민족과 백성들보다 더 뛰어난 자신의 '장자'라고 모세에게 말씀하셨다. 이스라엘은 하나님의 계획을 수행하기 위하여, 모든 사람들이 하나님과 다시 화목하도록 하기 위하여 그리고 그 후에 개인적으로 하나님을 아바로 알도록 하기 위하여 하나님께서 따로 구별하신 민족이다.

하나님이 "이스라엘은 나의 장자다"라고 말씀하셨을 때, 하나님은 이스라엘 민족 전체가 자신과 가깝고 친밀한 관계일 뿐만 아니라, 자신에게 명예도 인정받을 것을 의미하셨다. 그러나 아바와 이스라엘 사이의 관계에 대해서 이해해야 할 중요한 것이 있다. 이스라엘이 하나님의 장자였을지라도, 그들은 하나님을 개인의 아바로 알지 못했고, 단지 이스라엘 전체의 하나님으로만 알았다는 사실이다.

친구라는 개념은 모세 때에야 비로소 갖게 되었다. 그 전까지는 하나님을 더 친밀하고 개인적인 수준으로 생각한 적이 없었다. 모세가 하나님의 친구가 된 것처럼, 이스라엘이 하나님과 사람 사이의 개인적인 사귐을 알게 된 것은 단지 이 시간뿐이었다(출 33:11을 보라).

모세는 여전히 이스라엘 민족에게 관심을 갖고 하나님과 사람 사이에서 중보자로 행동했다. 백성들은 하나님이 임재의 구름 가운데서 모세에게 말씀하시는 것을 목격하면서 자신의 장막에 있었다. 하나님은 모세가 여전히 필요하셨고, 자신 앞에서 백성들을 대표하는 제사장도 여전히 필요하셨다. 백성들이 하나님께 접근하는 것이 계속해서 제한되었다. 모세를 통하지 않고는 개인적으로 하나님에게 접근할 수 없었다. 모세는 사람이 친구에게 말하듯 하나님과 대화를 나눴다. 사람이 하나님 아바 또는 하늘 아버지에게 말한 것이 아니라, 친구에게 말한 것이다!

나는 당신이 하나님은 이스라엘 백성 전체의 아버지셨고, 개인적으로 당신 한 사람의 아버지가 되신다는 것을 알기를 격려한다. 우리는 성경을 통해서 나타나는 아바를 계속해서 보게 될 것이다. 그렇게 할 때 우리는 이해하게 될 것이다. 이스라엘의 삶에서 하나님이 그들

개인의 아버지가 되시는 것은 아담과 하와가 죄를 범한 이후에 제한 되었지만, 당신과 나는 더 이상 제한받지 않는다. 우리는 하나님이며 아바이신 하나님에게 개인적으로, 그리고 완전히 다가갈 수 있다.

다음 장에서 우리는 예수님이 어떻게 아바를 보여 주셨는지 살펴 볼 것이다. 전체적으로가 아니라 개인적으로, 친밀함으로, 사랑으로 우리를 보살피시는 것을 통하여 살펴볼 것이다. 사실 하나님은 우리 머리에 머리카락이 얼마나 많은지 아실 정도로 그렇게 우리 가까이에 계신다. 그리고 하나님은 우리가 하는 모든 일을 상세하게 알려 주신 다. 주님을 하나님으로, 그리고 예수님보다는 오히려 아버지로 알고 있는 사람들과 오늘날 예수님 때문에 하나님을 아바로 알고 있는 우 리는 다르다. 하나님을 친밀한 아바로 알지 못하도록 우리를 분리하 는 것은 더 이상 없다. 이것이 우리가 균형을 유지하며 하나님과 함께 하는 삶 가운데 두 가지 핵심적인 계시를 갖는 것, 그리고 하나님과 건강한 관계를 맺는 것이 중요한 이유다!

그분은 하나님, 그리고 아바다

하나님은 이 세상에서 개인의 아버지로 알려지기 원하셨다. 그것 은 이 영역에서 우리가 하나님의 마음을 이해하도록 도와준다. 그것 은 또 우리의 기독교적인 세상살이에서 필요한 두 가지의 계시를 우리에게 보여 준다. 두 계시는 우리를 도울 것이다. 그것은 하나님이 이스라엘이 이해하기 원했던 것과 동일한 계시다. 그분은 우리의 하나님, 그리고 우리의 아버지라는 이해다.

이것을 이해하는 것이 왜 중요할까? 그 이유는 사람들이 하나님을 사랑의, 친밀함의, 개인의 하늘 아버지가 아닌 단지 전능하신 하나님으로만 알고 있기 때문이다. 사람들이 너무 자주 주님에 대하여 누설해서, 하나님은 오로지 능력 있고, 전능하고, 위엄이 있고, 의로우신 하나님으로만 알도록 제한되었다. 사람들은 하나님을 전능하신 분으로 묘사한다. 하지만 그것이 그분을 너무 강하거나 접근하기에는 두려운 분으로 생각하게 만들었다. 그러나 지금 우리는 성경의 많은 예를 통해서 주님의 아버지 되시는 성품을 살펴보고 있다. 사람들이 하나님과 접촉할 때 그들은 두려워한다. 그 이유는 사람들이 전에 만났던 어떤 것보다도 하나님은 위대하고 능력이 있으시기 때문이다. 하지만 사람들은 하나님은 접근 불가능하거나, 오히려 까다롭거나 신경질적이라고 너무 자주 생각한다.

사람들이 계시를 기독교적인 삶에서 날려 버리거나 하나님에 대해서 실망을 느낄 때 이것은 특별히 사실이 된다. 그들은 자신의 아바이신 하나님에게 달려가는 것을 꺼린다. 오히려 아담과 하와가 에덴동산에서 했던 것처럼 하나님에게서 숨는다. 그들은 성경 읽기와 기도와 교회에 가는 것을 중단한다. 그들은 자신의 느낌이나 상황이 어떤

지에 대해서 하나님은 상관하지 않으신다고 믿는다. 때때로 사람들은 자신들이 어떤 것을 받을 만한 자격이 있는지를 생각한다. 어쨌든 그분은 하나님이고, 그들은 얻기 위해서 애쓴다. 일부는 주님을 절대로 섬기지 않거나 자신의 아버지이신 하나님께 가지 않는다. 그 이유는 어떤 사람이 주님에 대해서 잘못된 것을 말했기 때문이다. 그리고 또 어떤 사람은 당신은 매우 나쁘기 때문에 하나님은 당신을 원하지 않을 것이라는 믿음을 갖게 한다. 이것은 아버지 되시는 하나님에 대한 그들의 이해가 부족하기 때문이다. 그들은 자신의 삶을 하나님께 헌신하지 않거나, 언제나 수치스러운 기색을 띠며 걷고, 포기를 느낀다. 그러나 우리가 그분을 하나님이시자 아버지이신 분으로 알게 될 때, 우리는 올바르고, 영적이고, 건강한 균형 잡힌 삶을 살게 될 것이다. 그리고 균형은 우리가 바르게 살도록 도울 것이다.

물론 하나님은 우리가 그분은 하나님이시고, 하나님 옆에는 또 다른 사람이 하나도 없다는 것을 알기를 원하신다. 하나님이 자신의 보좌에서 일어나서서 이 세상에 오실 때, 성경은 우리에게 하나님의 임재로 산이 밀랍 같이 녹았고 땅이 흔들렸다고 말한다(시 97:5을 보라). 그분은 확실히 전능하시다. 그리고 하나님보다 더 큰 무언가는 없다. 그분은 가장 높으신 분이시다. 이것은 논쟁거리도 되지 않는다. 하지만 깊이 생각해야 될 필요가 있는 것은, 하나님이 우리에게 자신을 아버지로 부르라고 말씀하셨다는 것이다. 하나님은 우리가 그분을 사랑이 많으신 아버지로 알기를 원하신다. 그리고 하나님은 다정하고, 동정심이 있고, 인간적인 면도 있다는 것을 우리가 이해하길 원하신다. 하나님은 아바, 곧 하늘 아빠이시다.

하나님 그리고 아버지 모두로 존재하시는 하나님에 대한 이해를 분명히 하기 위해서 우리는 성경을 통해 이것을 살펴볼 필요가 있다. 홍해 사건 후에 모세와 미리암과 백성들은 바로와 그의 군대에 대한 하나님의 승리를 의미하는 노래를 불렀다. 그들은 주님에 대한 관심을 말했다: "나의 아버지는 하나님이다 그리고 나는 그분을 높일 것이다"(출 15:2, 개인적으로 바꾸어 말함).

그들은 자신의 아버지, 그리고 하나님이라고 그분에 대한 노래를 불렀다. 그러나 이스라엘 백성들이 이해하는 데 약간의 문제가 있었다. 이스라엘 백성들은 적으로부터 자신들에게 승리를 주신 것과 애굽에서 나오도록 하신 그분을 하나님으로만 알고 있었다. 출애굽기 15장의 나머지를 살펴보자. 이스라엘 백성들은 하나님의 승리에 대하여 노래했지만 하나님을 아버지로 이해하지는 못했다. 그들은 하나님을 충분히 이해하지 못한 것이다. 우리는 그 이유를 알고 있다. 이 노래를 부른 후 단 3일 만에 이스라엘 백성들은 물이 없는 사막에서 목이 말랐다. 그 결과 그들은 불평하고 모세에게 화를 내기 시작했다.

> "모세가 홍해에서 이스라엘을 인도하매 그들이 나와서 수르 광야로 들어가서 거기서 사흘길을 걸었으나 물을 얻지 못하고 마라에 이르렀더니 그 곳 물이 써서 마시지 못하겠으므로

그 이름을 마라라 하였더라 백성이 모세에게 원망하여 이르되 우리가 무엇을 마실까 하매"(출 15:22~24).

이스라엘 백성들의 마음은 괴로워져 갔고, 그들은 하나님께서 3일 전에 모든 기적을 통해서 그들의 요구를 어떻게 충족시키셨는지를 잊어버렸다. 그들은 전능하신 하나님을 그렇게 빨리 잊어버렸다. 또한 하나님이 자신의 아버지시라는 것을 이해하는 데 실패했다. 어쨌든 좋은 아버지는 자녀들을 사랑하고, 훈련시키며, 그들의 요구를 살필 것이다. 그리고 정확하게 이것을 하나님이 행하셨다. 하나님은 그들의 마음과 태도가 잘못되었다는 것을 보여 주시기 위하여 쓴물을 주셨다. 그 후 하나님은 이스라엘 백성들을 위하여, 그리고 그들의 필요를 위하여 공급하셨다. 그리고 그들의 여정 가운데 그들을 보살피고, 사랑하고, 도울 것이라고 약속하셨다(출 15:25~27을 보라). 이스라엘 백성들은 단지 하나님을 자신의 아버지로 믿기만 하면 되었다.

우리는 모세와 미리암과 백성들이 노래한 것으로부터 중요한 사실을 알 수 있다. 이것은 오늘날 우리가 아바 아버지와 어떻게 건강한 관계를 가질 수 있는지를 보여 준다. 이것이 하나님의 특성과 개성에서 필요한 두 가지 차이를 보여 주는 이유다. 첫째로, 그들은 "내 아버지의…"라고 노래했다. 이것은 우리 아버지이신 하나님을 하나님의 또 다른 놀라운 속성보다도 오히려 우리 개인의 아바로 알기 위한 것이다. 그들은 계속해서 노래했다: "…하나님이시니 내가 그를 높이리로

다!" 이것은 그분이 하나님이라고 한 처음 부분과 다르다. 물론 우리는 그분이 하나님이시라는 것을 안다. 그러나 우리가 하나님을 아버지로 알고 있을까? 우리는 하나님과 아버지를 나눌 수 없다는 것을 이해한다. 그 이유는 하나님과 아버지는 동일하시기 때문이다. 하지만 하나님의 속성을 보면, 우리 아버지이신 하나님에 대해서 계시하시는 것보다 하나님은 더 친밀한 우리 아버지시다.

사람들 대부분이 전능하고, 위엄이 있으며, 엄청난 하나님에 대한 계시를 가지고 있다. 그중 몇몇 사람들은 하나님을 자신의 아버지로 이해하지 못한다. 그중 몇몇 사람들은 하나님이면서 아바인 것에 대해 좀처럼 이해하지 못한다. 사람들은 주로 아바를 하나님으로 이해하지만, 하나님과 동일하다고는 이해하지 않는다. 그들은 종종 하나님을 그분의 전능하신 능력으로 우리의 기도에 응답하셔서 우리의 마음을 다 빼앗는 하나님으로 이해한다. 하나님이 어디에나 계시고 전능하시다는 사실 때문에 사람들은 그분을 하나님으로 알고 이해한다. 일부는 심지어 하나님은 변덕쟁이이고 어떤 기분에 의존하기 때문에, 하나님의 기분에 따라서 우리가 복을 받을 수도 있고 받지 못할 수도 있을 것이라고 믿는다.

이와는 반대로 아버지인 하나님에 대한 계시를 가지고 있는 사람들도 있다. 그들은 우리를 위해 보살피고 공급하기 원하시는 하나님의 다정함과 사랑의 측면을 안다. 하지만 그들이 세심하지 않다면, 그들은 하나님의 능력과 훈육과 우리가 섬기는 의로운 하나님으로서 죄를 싫어하심을 묵살할 수 있다. 어떤 사람들은 '하나님은 하나님이시다. 그리고 그분은 또한 아버지시다'라고 인정하게 될 것이다. 그러나 제한된 방식이지만, 이 세상의 아버지에 대한 이해에 근거한다. 만약 이 세상의 아버지가 선하다면, 하나님은 더욱 선하시다. 만약 이 세상의 아버지가 학대하고, 짜증내고, 안달하고, 무정하고, 변덕스럽고, 억지로 주고, 많은 관심이나 보살핌이 없는 사람이라면, 아버지인 하나님에 대한 그들의 관점을 흔히 이것과 관련짓는다. 이것이 바로 예수님이 아바를 보여 주시기 위해 오신 이유다. 이것은 오늘날 우리의 경험이나 관점에 근거하지 않고 하나님이 정말 누구신지 이해하는 데 있어 매우 중요한 요소다.

하나님의 본성에 대한 이 두 가지 면은 성경의 다른 곳에서 더 잘 알 수 있다. 성경은 그분을 하나님, 그리고 아바로 보여 준다. 성경은 하나님의 권세와 힘을 보여 줄 뿐만 아니라, 하늘에 계신 우리 아버지가 이 세상에 오신 자비를 통해서 하나님의 다정하신 면을 보여 준다. 하나님의 자비와 정의는 성경 곳곳에서 볼 수 있다.

하나님, 그리고 아바의 예들

그분이 하나님이면서 아바인 것을 더 잘 이해하기 위해서 몇 가지 예를 살펴보자. 한 예는 선지자 나단과 다윗이 다음번 왕위에 오를 아들 솔로몬에 대하여 대화한 부분에서 찾을 수 있다. 그것은 우리에게 주님은 하나님, 그리고 아버지이신 것에 대하여 보여 준다. 만약 솔로몬이 부당한 일을 저지른다면, 우리는 하나님이 그를 훈계하시는 정직하고 정의로운 아버지로서 행동하실 것을 안다. 하나님은 나단을 통하여 말씀하신다.

> "나는 그에게 아버지가 되고 그는 내게 아들이 되리니 그가 만약 죄를 범하면 내가 사람의 매와 인생의 채찍으로 징계하려니와 내가 네 앞에서 물러나게 한 사울에게서 내 은총을 빼앗은 것처럼 그에게서 빼앗지는 아니하리라" (삼하 7:14~15).

주님의 훈계를 가혹이나 학대의 인간적인 개념으로 혼동해서는 안 된다. 주님은 우리가 항상 사랑과 의로움 안에서 수정하고 모방하기를 원하신다. 하나님은 자신을 사랑하는 사람들을 꾸짖으시고, 앞으로도 꾸짖으실 것이다! 이것이 히브리서의 기자가 말한 이유다.

> "또 아들들에게 권하는 것 같이 너희에게 권면하신 말씀도 잊었도다 일렀으되 내 아들아 주의 징계하심을 경히 여기지 말며 그에게 꾸지람을 받을 때에 낙심하지 말라 주께서 그 사랑하시는 자를 징계하시고 그가 받아들이시는 아들마다 채찍질하심이라 하였으니" (히 12:5~6).

하나님이 자신의 자녀를 어떻게 훈육하시는지, 우리의 아바 그리고 전능하신 하나님을 우리가 어떻게 이해하는지에 대한 우리의 이해력은 중요하다. 우리는 다른 사람들과의 관계에서 부정적인 경험을 근본으로 삼아서는 안 된다. 하나님은 자신의 말씀과 우리의 삶에 개입하심을 통해서 자신을 나타내신다. 하나님은 우리의 아버지시다. 그리고 하나님의 모든 의도와 행동은 우리에게 은혜를 베푸시기 위함이며, 우리의 행복을 위한 것이다. 우리는 그것이 우리에 대하여 의롭고 명예로울 것이라고 확신할 필요가 있다. 그 이유는 우리가 그분을 아바, 그리고 우리의 전능하신 하나님으로 이해할 필요가 있기 때문이다.

그분이 하나님, 그리고 아버지라는 이해는 아버지의 마음이 단지 사랑과 편안함과 용서 중 하나를 의미하거나, 반대로 심판과 훈련과 징계가 하나님의 신성이라는 의미는 아니다. 아버지는 자녀를 훈육하고, 징계하고, 교육한다. 이것이 진짜 사랑이 많은 아버지의 역할이다. 그렇게 했는데도 실패했다는 것은 그들이 진짜 아버지로 행동하지 않았다는 의미다.

진짜 성경적인 사랑은, 하나님의 어떤 사랑은 맞서고, 훈육하고, 의분(義憤)을 낸다. 이것은 주님이 징계를 계속하신다면, 그것은 진짜 사랑의 본질 안에서 언제나 정당하게 행해지는 것을 의미한다. 이것이 우리가 하나님에게 훈육 받고 징계 받고 징벌 받을 때, 그리고 우리가 하나님에게 은총과 용서를 받을 때 하나님의 풍성한 사랑을 보여 주시는 이유다. 우리는 하나님의 선하심에 대한 확신 안에서 휴식할 수 있다. 우리의 삶에서 하나님의 어떤 훈육이나 징계는 항상 순수한 사랑과 우리가 가장 관심 있어 하는 것으로 행해진다.

예수님은 아버지를 나타내시는 데 있어 이런 균형 잡힌 사랑을 보여 주셨다. 예수님은 그것을 어떻게 행하셨을까? 그것은 보기 싫은 사람을 연민과 안락함으로 사랑하는 것이었다. 그러나 예수님은 또한 성전을 깨끗하게 하셨을 때 의분을 내셨다. 예수님은 그런 열심과 의분으로 동전 바꾸는 부정직한 사람들을 즉시 거리로 내쫓으셨다!

이와 같은 이유로 아버지로서 하나님의 행동은 딱딱하게 보였을지 모른다. 다시 말해서, 하나님은 항상 계속해서 사랑하시고, 우리의 삶에 필요한 훈육을 하실 것이다. 우리의 삶에서 요구되는 필요한 변화가 일어날 때, 우리는 하나님의 사랑을 두려워할 필요가 없다는 의미다. 이것이 우리의 아바이신 하나님이 사랑하시는 사람이거나 또는 우리가 하나님의 진짜 자녀가 아니어도 훈육하고 징계하시는 이유다. 히브리서 기자는 다시 말한다: "너희가 참음은 징계를 받기 위함이라 하나님이 아들과 같이 너희를 대우하시나니 어찌 아버지가 징계하지 않는 아들이 있으리요 징계는 다 받는 것이거늘 너희에게 없으면 사생자요 친아들이 아니니라" (히 12:7~8).

아바의 제대로 된 훈육은 우리의 하나님이신 그분을 진짜 경외하게 만든다. 하나님은 사랑이시지만, 또한 그 사랑으로 인해서 타오르는 불이시라는 것을 우리는 항상 기억해야 한다. 그렇지 않다면 하나님이 자녀를 사랑으로 훈육하실 때 하나님의 사랑이 별로여서 이처럼 행하시는 것으로 이해하게 될 것이다. 하나님의 사랑은 우리에게 위안을 준다는 것을 절대 잊지 말아야 한다. 그러나 또한 필요하다면 우리를 훈육하시고, 벌주시며, 흔들리지 않도록 하신다. 하나님은 좋은 아버지시다. 상황이 악화되었거나 우리가 낙담했을 때와 같이 우리가 어려움을 겪을 때 위안을 주신다. 하지만 하나님은 경이로운 하늘 아버지이시기 때문에 우리를 올려 주신다. 우리가 일어날 필요가 있을 때, 다시 시작할 때, 좌절을 느낄 때는 어떤가? 거듭 말하지만, 우리 아바는 우리를 위로하시기 위하여 거기에 계실 것이다. 그러나 또한 우리가 변화될 필요가 있을 때 우리를 훈육하고 벌주는 아버지의 징계를 우리에게 보여 주실 것이다. 아버지의 사랑의 훈육은 우리를 학대하고, 비난하고, 하나님께 접근하는 것을 두렵게 만들기 위한 것이 아니다. 그것은 우리의 마음에 아버지에 대한 건전한 경외심이 생기게 하고, 우리의 형상과 우리의 성격이 하나님을 나타내도록 개발시켜 준다!

그분이 우리 아바, 그리고 놀라운 우리 아버지 모두인 것을 우리가 알도록 도와주신다. 게다가 우리를 사랑으로 훈육하시고, 하나님의 은총과 사랑과 동정을 듬뿍 받고 있다는 것을 우리는 반드시 받아들여야 한다. 어떤 경우에도 우리는 하나님을 우리의 아바, 하늘 아빠,

우리를 가장 잘 아시는 분으로 신뢰해야 한다!

앞에서 읽은 사무엘하 7장 15절 말씀에서 하나님이 다윗 왕에게 예언자 나단을 통하여 아들 솔로몬에 대해서 말씀하셨을 때, 하나님은 자신의 은총이 솔로몬에게서 떠나지 않을 것을 보여 주심으로 아버지의 마음을 나타내셨다: "내 은총을 빼앗은 것처럼 그에게서 빼앗지는 아니하리라." 이것은 하나님과 아버지 모두의 완벽한 균형이다.

또 다른 예를 찾아볼 수 있다. 아담과 하와가 죄를 범했을 때 에덴 동산에서 하나님이 하신 것을 이해하면 주님이 어떻게 하나님, 그리고 아버지 모두이신지를 알 수 있다. 하나님은 아담과 하와의 죄악 된 행위의 결과와 염려로 인한 훈육의 필요성 때문에 그들을 동산에서 쫓아내셨다(창 3:24을 보라). 이것은 하나님의 의로움과 거룩함과 공정함을 보여 준다. 천사들이 생명나무를 지키는 것에서 우리는 다른 예를 찾을 수 있다. 아담과 하와가 자신의 죄를 영원히 해결 받지 못하게 될까 봐 그룹들이 생명나무를 지켰다. 이것은 하나님의 은총으로, 우리를 보호하시기 위한 하늘 아버지의 본성이다. 그분은 우리를 확실히 돌보셔서 우리가 행복하도록 만드신다.

하나님과 아버지 모두로 존재하시는 하나님에 대한 다른 몇 가지 예들을 살펴보자.

속죄소 위의 두 천사들, 그리고 하나님의 보좌

언약궤 맨 꼭대기에 있는 속죄소 양쪽에 천사들이 있다(출 25:19을 보라). 이것의 한쪽은 모든 것을 심판하시는 의로운 심판자이신 하나님을 묘사한다. 그리고 다른 한쪽은 아버지의 자비의 마음을 묘사한다. 이 속죄소는 하늘에 있는 하나님의 보좌를 이 땅에 묘사한 것이다. 그 장소는 아바가 모든 피조물을 심판하시는 하나님으로서 통치하시는 곳이다. 마지막 때에 우리는 하나님의 보좌 앞에 설 것이다. 그리고 하나님은 염소와 양을 나누실 것이다. 하나님으로서 자신의 공정함을 나타내셔서, 염소는 영벌에 들어갈 것이다. 그리고 하늘 아빠로서 자신의 사랑을 나타내셔서, 양들은 하늘나라에 들어가게 하실 것이다. 그 후에 우리는 거듭난 하나님의 자녀로서 천국에서 아버지와 영원히 살 것이다(마 25장을 보라). 이것은 아빠의 두 특성을 보여 준다. 그러나 불행히도 대부분의 사람들은 하나님의 심판의 측면만 알고 있다. 그리고 그분의 자비는 이해하지 못한다.

천사의 두 날개

하나님이 애굽에서 이스라엘 자녀들을 구해 내셨을 때, 하나님은 "내가 너희들을 구해 냈고, 독수리의 날개로 업어 나오게 했다"고 그들에게 말씀하셨다(출 19:4을 보라). 다시 말해서, 이 두 날개는 뚜렷하게 구별되는 두 역할이지만, 동일한 분으로 존재하시는 아바 아버지, 그리고 하나님을 묘사한다. 한쪽 날개는 공동체의 아버지로서 하나님을 묘사한다. 그분은 이스라엘 자녀들을 돌보시고 보살피시는, 그들이 어디에 있든 결코 신발과 의복이 해어지지 않게 하시는 인정 많으신 아버지시다(신 8:4을 보라). 하나님은 심지어 광야에서 만나라고 불렀던 거룩한 음식을 제공하셨다. 다른 한쪽 날개는 전능한 신, 전능하신 하나님을 묘사한다. 하나님은 자녀를 지켜 주셨고, 바로와 애굽 군대와 가나안의 거인들에게 자신의 전능함을 보여 주셨다.

이런 예들을 통해서 우리가 발견할 수 있는 것은, 그분은 하나님이신 동시에 우리의 아버지가 되신다는 사실이다. 이 둘 모두에 관한 지식은 좋은 것이며, 하나님과 동행하기 위해서는 필수적이다. 주님은 우리에게 자신이 누군지 보여 주시는 데 항상 열심이시다. 이것이 우리가 성경을 공부하고 하나님과 함께 시간을 보내야 할 필요가 있는 이유다. 그 결과로, 하나님은 우리가 알고 있는 것보다 훨씬 더 많이 우리에게 자신을 보여 주실 수 있으시다.

장엄하게 나타나심

하나님은 자신이 누군지 자녀들이 알았으면 하는 큰 소망을 갖고 계신다. 하나님은 자녀들에게 자신을 만나기 위한 준비를 하라고 말씀하셨다. 왜냐하면 하나님이 내려오셔서 자신을 소개하셨기 때문이다(출 19장을 보라). 하나님은 자신이 진짜 존재한다는 것을 이스라엘에게 보여 주시기 위하여 장엄하게 나타나셨다. 그러나 자신의 소망처럼 완전히 나타내지는 않으셨는데, 거기에는 제한이 있었다. 예수님의 피가 아직 자녀들을 구원하지 않았고, 이스라엘이 하나님과 화목하지 못했기 때문이다. 하나님이 이스라엘에게 접근하시는 것과 이스라엘이 하나님께 접근하기 위한 유일한 방법은 십자가 위에서 예수님이 피를 흘리시는 것이다. 그러나 그 계획은 아직도 진행 중이었다. 하나님에게는 백성들을 위하여, 이스라엘을 위하여 그리고 하나님을 알기 원하는 사람들을 위하여 함께 있고 싶은 큰 소망이 있었다.

하나님은 자신을 소개하실 때 사람들이 해를 입지 않도록 매우 현명하셔야만 했다. 그 이유는 예수님이 지불하셔야 하는 근본적인 희생제사가 아직 드려지지 않았기 때문이다. 만약 백성들이 하나님께 아주 가까이 갔다면, 그들은 죽었을 것이다(출 19:12을 보라). 주님은 사람들이 해를 입지 않도록 그들에게 영향을 미치는 범위를 정해 놓으셔야 했다. 그저 나의 상상이지만, 이것은 아바에게 있어 어려운 것이었을 것이다. 왜냐하면 하나님은 백성들과 더 친밀하게 지내시는 것 외에는 원하는 것이 아무것도 없으셨기 때문이다. 게다가 모세조차도 하나님과 이스라엘 사이에서 중보자로 행동했고, 그 또한 하나님과의 교제함에 제한을 받았다. 모세 역시 육신의 몸을 입고 있었기에 단순히 하나님의 얼굴을 바라보기만 해도 그는 확실히 죽을 수밖에 없었다. 하나님은 말씀하셨다: "네가 내 얼굴을 보지 못하리니 나를 보고 살 자가 없음이니라"(출 33:20).

이제 주님이 백성들에게 하나님, 그리고 아버지로 자신을 선보이실 시간이다. 백성들은 하나님을 만나기 위하여 3일을 기다렸다. 그것은 그들과 아바가 기다린 시간이었다. 마침내 그날이 되었고, 하나님은 나타나셨다. 하나님의 임재가 산에 임했을 때 그 결과로 진동, 번개, 천둥, 우박, 불이 있었다(출 19:16~18).

그분은 하나님, 그리고 아버지로 자신을 나타내셨다. 그러나 하나님의 장엄하신 나타나심으로 백성들은 놀랐다. 그리고 그들은 하나님에게 다가가는 대신 하나님의 임재로부터 멀어졌다. 백성들은 모세에게 그가 자신들을 대신해서 하나님을 만나러 갈 것을 요청했다. 그들은 매우 두려웠기 때문이다(출 20:18~21을 보라)!

하나님이 이스라엘에게 자신을 소개하러 오셨을 때 백성들의 반응은 오늘날 사람들과 매우 흡사하다. 그 이유는 사람들이 하나님의 임재를 두려워하기보다는 하나님의 능력을 두려워하기 때문이다. 백성들의 반응이 그랬던 이유는 하나님의 선보임이 달랐고, 자신들이 기대했던 것보다 훨씬 강력했기 때문이다! 백성들에게는 하나님이 어떤 분이시라는 선입관이 있었다. 그리고 하나님이 백성들에게 자신을 어떤 방식으로 나타내셔야 한다는 선입관이 있었다. 하나님인 동시에 아버지로 존재하시는 주님이 오실 때, 오늘날에도 사람들은 여전히 똑같이 행하고 있다.

사람들이 도망하거나 반항하는 것은 하나님의 임재 때문이 아니라 하나님의 능력 때문이다! 사람들이 자신의 삶에 하나님을 원하는 이유는, 하나님의 말씀과 성령을 통해서 우리에게 하나님 자신을 보여주시려는 하나님의 선택보다는 오히려 자신들이 편안해지기 위해서다. 사람들이 흔히 하나님의 임재는 편안해하지만, 하나님의 능력은 불편해하고 반대한다는 것을 당신은 주목해 본 적이 있는가? 어떤 사람들은 하나님의 임재를 느낄 때 '소름이 돋는다'고 한다. 또 다른 사람들은 하나님의 평강을 감지하고 편안함을 느낀다고 한다.

하지만 하나님이 엄청난 능력을 가진 전능한 하나님으로 자신을 나타내기로 선택하셨을 때는 또 다르다! 하나님은 오셔서 질병을 치유하시고, 악한 영들의 눌림에서 구하시고, 하나님의 전능한 표적과 기사와 권능을 보여 주신다. 이에 대한 결과로 사람들은 이스라엘 백성들이 그랬던 것처럼 보통은 도망가고, 아무것도 하지 않게 될 것이다. 그러나 하나님은 단지 자신을 더 많이 보여 주시고, 백성들과 평온하게 더 오래도록 함께하기를 원하시는 것뿐이다. 하나님은 사람들이 편안함을 느낄 때 최고로 임하신다. 그 당시 모세처럼 오늘날 사람들의 반응을 보는 것은 흥미롭다.

오늘날 사람들은 종종 두려워한다. 그리고 하나님께 반항하거나, 그분을 조롱하거나, 자신의 '것'이 없다고 즉시 변명한다(행 2:12~13을 보라). 애석하게도 이것은 우리가 성경 또는 사도행전에서 읽은 것과 같은 진짜 하나님의 능력이 나타난 것을 결코 본 적이 없는 사람들로 교회가 가득 찼기 때문이다. 현재 많은 교회들, 특히 미국의 교회들이 오늘날의 문화와 관련해서 힘든 것들을 버려 버렸다. 이제는 하나님의 진짜 능력이 그들 가운데 하나도 보이지 않는다. 그들은 모세 때 그랬던 것처럼 사람들이 교회를 떠나는 것을 두려워한다. 그들은 하나님을 환영하고 기쁘시게 하는 것보다 사람들을 기쁘게 하는 것에 더 관심을 갖는다. 어쨌든 그들은 하나님의 능력을 보여 주는 것은 자신들이 논하기에는 벅차다고 생각한다.

그러나 오순절 날 하나님의 능력이 나타나기 전까지 주님은 모든 민족과 족속 중에서 능력을 경험할 사람들을 만날 때까지 기다리셨다 (행 2:5을 보라). 하나님은 모인 사람들을 두려워하거나 그들이 무슨 생각을 하는지에는 관심이 없으셨다! 사람들은 하나님의 능력이 존재하는 교회를 떠나지는 않을 것이다. 대신에 그들은 구도자에게 친절한 교회로 달려가고, 방문자를 즐겁게 해 주는 교회를 찾는다. 사람들은 하나님의 능력이 입증되기 위한 공간을 만들지 않는다. 이런 형태의 예배 장소가 많지만, 주님의 능력이 나타나는 것을 흔히 볼 수는 없다.

애석하게도 우리가 사는 이 시대에 자신의 눈앞에서 치유나 구원의 기적을 목격한 사람은 거의 없다. 그러나 만약 지금의 문화와 교회에 무엇인가 필요하다면, 그것은 하나님인 동시에 아버지인 주님을 바르게 이해하는 것이다. 물론 그들에게는 아바의 사랑을 목격하는 것이 필요하다. 그러나 그들은 또한 절대적으로 하나님의 능력을 경험할 필요가 있다. 특별히 하나님이 치유와 인도와 구원을 위하여 갑자기 오실 때 하나님의 능력 행함으로 인하여 사람들이 놀라게 되는 것은 사실이다. 하나님을 제한하여 상자 안에 두어서는 안 된다. 사도행전을 보면 하나님이 사람들을 성령으로 충만하게 하시기 위하여 갑자기 임하셨다. 그리고 하나님의 능력인 표적과 기사와 권능과 치유가 나타났다.

성경은 하나님이 "급하게" 오셨다고 말한다(행 2:2을 보라). 다른 말로 하면, 하나님은 성령을 통해서 사람들 안에 계시려고 서두르셨다. 하나님이신 동시에 아버지이신 그분이 오시지 않고 보여 주시지 않는 일은 더 이상 없다. 그분은 아바로서, 전능자로서, 우리에게 강하신 하나님으로서 우리를 통하여, 그리고 우리를 위하여 자신을 보여 주실 수 있으시다! 하나님은 자신의 사랑과 능력을 이 시대 사람들과 사랑과 능력이 몹시 필요한 사람들에게 보여 주실 수 있으시며, 또 그렇게 하신다.

아바는 사람들에 의해서 제한받기를 원하지 않으신다. 그분은 하나님, 그리고 아바로 우리의 삶을 통하여, 그리고 우리의 삶 속에서 지금 보여 주기를 원하신다. 나는 우리가 하나님이 그렇게 되시도록 할 필요가 있다고 생각한다! 당신은 어떤가? 이것이 우리의 삶에서 하나님, 그리고 아버지에 대한 올바른 이해와 균형을 반드시 가져야 하는 이유다. 우리는 절대로 하나님을 제한해서는 안 된다. 그리고 상자 안에 두어서도 안 된다!

상자 안의 아바

주님은 하나님, 그리고 아버지로서 제한받는 것을 결코 원하지 않으신다. 그러나 요즘 사람들과 리더들과 교회들이 능력을 갖고 움직이길 원하시는 하나님을 제한하는 상자 안에 두는 경우가 많다. 하나님은 문자 그대로 상자인 언약궤 안에 계셨다. 그분은 백성들의 하나님, 그리고 아버지로서 그들과 함께 계시길 더 많이 원하셨다. 하나님은 상자 안에 자신의 임재가 들어 있도록 하셨다. 그것은 오래된 보통 상자가 아니다. 그것은 언약궤라 불린다. 하나님의 임재가 있는 상자 같이 생겼다(출 25:8, 22을 보라). 당신은 "하나님을 상자 안에 두지 말라"는 말을 들어 본 적이 있는가? 하나님은 제사장들에 의해서 옮겨지는 상자 안의 하나님이 되기로 하셨다. 하지만 하나님은 오늘날 상자 안의 하나님이 되는 것을 원하지 않으신다. 하나님은 자신을 능력 있는 하나님, 그리고 부드러운 아바로 나타내시기 위하여 자유롭게 되길 원하신다. 하나님은 우리 마음속에 있는 아빠가 되길 원하신다. 그리고 우리가 가는 어느 곳이든 우리와 함께 가길 원하시고, 우리 삶의 모든 면에 관여하기를 원하신다.

왜 하나님은 이렇게 하기를 원하셨을까? 그것은 하나님이 정말 즐겁고 친근한 방식으로 자신의 백성들과 함께하길 원하셨기 때문이다. 하나님 아버지는 자녀들과 함께하길 원하신다는 것을 이 책을 통해서 우리가 안 것과 같다. 그분은 이스라엘의 하나님, 그리고 아버지가 되신다는 것을 보여 주길 원하셨다. 이것은 성경을 통해서 표현되지만, 아담의 시대 이후에 확실하게 이해할 수 있다. 하나님은 아담과 함께하셨던 것처럼 백성들과 함께하시고 자신의 피조물들과 함께하시길 그토록 원하셨다. 그러나 죄로 인해서 그렇게 할 수 없으셨다.

하나님은 자신의 백성들과 함께하길 원하셨다. 그래서 하나님은 이 세대와, 아브라함과, 이삭과, 야곱과, 이스라엘과 함께한 모세를 통해서 자신의 계획을 실행하셨다. 다시 말하지만, 하나님은 구석에 놓이고 쉽게 잊히는 제한된 상자 안에 놓이길 원하지 않으셨다. 하나님은 아바로서 우리와 함께 걷고, 우리와 함께 계시기를 원하셨다. 하나님은 자신을 보여 주시기 위하여 사람을 선택하신 구약성경을 통해서 이것을 증명하신다. 하나님은 자신의 능력을 제한받는다 할지라도 자신이 누군지 진짜 보여 주고 싶어 하셨다.

친근하게 다가가서 관계를 맺을 수 있는 아바로 하나님 자신을 우리에게 개인적으로 보여 주시기 원하셨다는 것은 매우 놀랍다. 그리고 우리가 지금 예수님을 통해서 하나님께 완전히 다가갈 수 있다는 것은 경이롭다. 우리는 온 마음을 다해 하나님을 추구할 필요가 있다. 더 이상 하나님을 상자 안에 두지 말자. 하나님을 잊어버리지도 말자.

하나님을 우리의 삶과 마음에서 인정하자. 믿기 힘들겠지만, 만약 하나님이 단지 백성들과 함께하시기 위하여 자신의 임재를 기꺼이 상자 안에 두신다면, 그것은 당신과 나와 함께하시기 위한 하나님의 소망을 보여 주시는 것이다.

그분은 우리 하나님이시다. 그러나 더 좋은 것은, 그분이 우리의 아바라는 사실이다! 나는 지금이 우리의 일상생활 안에 하나님을 모셔 들일 시간이라고 생각한다. 하나님이 우리와 함께 걷고, 이야기하고, 우리 아바가 되시도록 하자. 나는 준비되어 있다! 당신은 어떤가? 그렇게 하자. 그리고 아바가 우리의 삶에서 보이도록 하자!

각주

1. 우리는 그의 바뀐 이름인 **아브라함**을 사용하여 그를 나타낼 것이다. 이 장의 나머지 부분에서 우리는 아바와의 믿기 힘든 관계를 살펴본다.

CHAPTER 4

아바를 보여 주시는 예수님

"세상 중에서 내게 주신 사람들에게 내가 아버지의 이름을 나타내었나이다" (요 17:6).

Jesus Revealing Abba

아바는 준비되셨다! 하나님의 아들이 하나님의 계획을 나타내기 위해서, 그리고 그 계획을 완성하기 위해서 이 땅에 태어날 시간이었다. 모든 인류에게 주실 어마어마한 하나님의 선물을 발표하기 위해서 천사들이 소집되었다. 한밤중이 되었을 때 천사들의 입술을 통해서 선포되었다: "지극히 높은 곳에서는 하나님께 영광이요 땅에서는 하나님이 기뻐하신 사람들 중에 평화로다"(눅 2:14을 보라). 양 떼를 지키던 목자들은 천국의 이런 엄청난 계시와 선포를 완전히 이해하지 못했다. 하나님의 어린 양이 모든 사람들을 구원하기 위하여 오셨다! 그것은 아주 친밀하고 아주 특별한 것이다. 하나님의 신비는 기대했던 것 이상으로 매우 다른 방법으로 나타났다. 이 발표를 하기 전에 놀라운 출생과 한 가족이 있었다. 그들은 이 계획이 이루어지도록 전능자에게 선택되었다. 마구간은 양 떼에게는 알맞지만 갓난아이에게는 그렇지 않다. 아바는 자신의 아들을 통해서 보이시기 위하여 예수님을 주셨다.

하나님이 이렇게 되도록 선택하신 것에 대해서 예언적으로 언급한 것들이 있다. 육체를 입은 하나님, 곧 하나님 자신의 아들이 이 세상의 가족이 되도록 맡아 줄 사람으로 아버지는 누구를 선택하셨을까? 그 누군가는 아브라함과 하나님 사이에 만들어진 언약을 지켜야 할 아브라함의 후손이어야만 했다. 그들은 신중한 사람들이어야 했고, 전략적으로 선택되어야만 했다. 우리가 보았던 아브라함의 특성, 이 세상의 아버지가 자신의 아들을 하나님께 실제로 바친 아브라함의 특성 중 얼마를 그들은 가져야 했다. 그들은 아바를 보여 주는 데 도움이 되는 사람들이어야만 했다.

어두운 시기라는 다른 차원의 것들이 있다. 모든 인류를 구원하러 온 참 빛을 위해서는 포기가 필요하다. 인간은 알지 못하던 것이 있었다. 하나님이 정확히 누구신지, 그리고 자신을 아바로 보여 주시길 원해서 완전히 새로운 차원으로 오시게 된 것을 이스라엘과 이 세상 사람들은 알지 못했다. 하나님은 자신이 창조하신 아들들이 예수님을 통해서 자신에게 돌아오기를 기다리셨다.

하나님은 자신과 자신의 계획을 가장 잘 보여 줄 사람으로 누구를 선택하셨을까? 그가 누굴까? 하늘나라에서 젊은 여자와 남자가 선택되었고, 아바는 믿기 어려운 계획을 수행할 그 둘을 주의 깊게 살펴보셨다!

앞으로 태어날, 그리고 거룩한 계획을 수행할 하나님의 아들을 맡을 이 세상의 부모로 마리아와 요셉이 선택되었다. 만약 아바가 창조하신 인간의 후손, 즉 잃어버린 가족을 구원하실 예정이셨다면, 하나님은 그렇게 하기 위해서 알맞은 가족이 필요하셨을 것이다. 아담과 하와 시대 이후로 하나님의 잃어버린 피조물인 유대인과 이방인 모두의 가족을 다시 얻기 위해서, 그리고 하나님의 아들을 주기 위해서 그분이 오실 시간이 되었다. 하나님이 오랫동안 기다리신 결과 다시 하나님의 가족으로 회복되었고, 하나님과 화목하게 되었다.

동정녀에게서 날 이 아이, 주신 바 된 아들이 태어날 시간이었고, 그분의 어깨에는 정사를 메었다(사 9장을 보라). 이것을 이루실 분은 평범한 아들이 아니었다. 그분의 이름은 기묘라, 모사라, 전능하신 하나님이라, 영존하시는 아버지라, 평강의 아버지라 불릴 것이다. 그분의 이름은 예수다! 예수님은 자신을 통해서 잃어버린 피조물인 사람을 구원하고 그들을 아바에게 돌아오게 할 분이다!

아바와 마리아

아바의 계획을 나타내는 한 음성이 마리아에게 들리기 전까지 그녀는 비범한 것을 기대하지 않았다. 그것은 주님으로부터 보냄을 받은 천사 가브리엘의 목소리였다. 하나님은 자신의 계획을 이루시기 위하여, 이 세상에 하늘나라의 가족을 확장하시기 위하여 그리고 근본적으로 자신에게 돌아오도록 하시기 위하여 그녀를 선택하셨다. 어쨌든 마리아가 무엇 때문에 아바의 관심을 받았을까? 성경은 마리아가 하나님의 마음과 본성을 보여 주는 이 세상 어머니의 전형적인 예가 되었다고 말한다. 마리아에게는 주님을 향한 믿음과 헌신과 사랑이 있었고, 무엇보다도 하나님의 말씀을 믿었다.

마리아는 주님 앞에서 순결한 삶을 살았다. 마리아는 하나님에게 선택된 동정녀였다. 하나님의 말씀을 들었을 때 마리아는 믿었다. 하나님의 말씀이 이루어질 것을 바랐다. 천사가 하나님의 계획을 마리아에게 알린 그 다음을 누가는 우리에게 다음과 같이 말한다: "마리아가 이르되 주의 여종이오니 말씀대로 내게 이루어지이다 하매 천사가 떠나가니라"(눅 1:38). 마리아가 천사 가브리엘에게 들은 그 말씀은 이 문제에 대해서 그녀가 의심이나 불신에 빠지지 않도록 하는 말씀이었다. 하나님은 마리아에게 명절을 의지하지도 말고 남자를 의지하지도 말라고 지시하셨다. 마리아는 하나님의 말씀을 의지했고, 그 말씀을 완전히 신뢰했다.

이것은 주님이 우리에게 원하시는 것과도 일치한다. 당신도 알겠지만, 마리아는 아바가 믿는 자인 우리에게서 찾고 있는 것을 보여 준다. 하나님은 순수하게 살아가고, 주님의 말씀에 계속 충실하고, 신의를 중히 여기는 사람들을 원하신다. 마리아에게는 그렇게 하지 않을 기회가 있었음에도 그녀는 들은 것에 충실했다. 마리아의 마음속에는 하나님의 계획에 대한 존경심이 있었기 때문이다.

마리아의 삶을 살펴보면 그녀에 대한 것을 더 많이 알 수 있다. 주님이 탄생하기 전인데도 가브리엘이 한 말을 믿었다. 예수님이 세상에서 하신 일들 중 일부인 그분의 사역을 마리아는 여러 차례 보았다. 마리아는 예수님이 십자가를 지고 골고다를 오르실 때 따라갔다. 그녀는 자신의 아들이 죽어 가고, 장사되고, 피 흘리고, 매 맞고, 십자가에 달려 죽을 때 심지어 나무 십자가 옆에 서 있기까지 했다. 나는 그녀가 아들의 고통을 보는 순간, 예수님이 태어난 지 8일 만에 성전에서 정결예식을 행할 때 시므온이 자신에게 예언한 말씀을 암송했을 것이라고 확신한다: "또 칼이 네 마음을 찌르듯 하리니" (눅 2:35).

마리아가 느꼈을 민감함을 아신 예수님은 십자가에서 어머니와 접촉하려는 매우 놀랍고 엄청난 일을 행하셨다. 이것은 예수님을 통해서 아바의 마음을 보여 주시는 아름다운 그림이다. 십자가에서 주님은 마리아의 장자로서 그녀를 공경했다. 유대인의 전통에 의하면 마리아는 확실히 돌봄을 받아야 한다. 예수님은 장자로서 가지고 있는 이 법적인 책임을 다하셨다. 예수님은 미망인인 마리아에게 필요한 모든 것을 확실히 책임지셨다.

오늘 우리가 더 깊이 알 수 있는 것이 있다. 아바는 예수님이 고통을 당하시는 중에도 마리아의 행복을 위해서 걱정하셨다는 것을 우리에게 보여 주신다. 똑같은 방식으로, 예수님은 우리의 행복, 우리의 고통, 우리의 상처를 돌보신다. 예수님은 고통과 괴로움을 당하시는 중에도 자신보다도 말로 다할 수 없는 상처를 받은 어머니의 감정과 행복에 더 관심이 있으셨다. 이것은 십자가에 달리신 동안에 요한에게 마리아를 부탁하시는 것을 통하여 알 수 있다.

> "예수께서 자기의 어머니와 사랑하시는 제자가 곁에 서 있는 것을 보시고 자기 어머니께 말씀하시되 여자여 보소서 아들이니이다 하시고 또 그 제자에게 이르시되 보라 네 어머니라 하신대 그 때부터 그 제자가 자기 집에 모시니라"(요 19:26~27).

만약 이와 같은 방식으로 어머니의 행복을 보살피신 예수님이 우리 또한 행복하도록 확실히 보살피실 것이라는 것을 알면 얼마나 편안할까. 예수님은 마리아에게 필요한 것을 자신 앞에 놔두셨음을 이렇게 보여 주셨다. 예수님은 아무 죄도 없으셨지만 우리를 위해서 십자가에 달려 돌아가셨다. 이것은 사실이다. 예수님은 우리에게 필요한 것을 자신 앞에 놔두셨음을 계속해서 증명하신다. 아, 우리 안에 계신 예수님은 얼마나 멋진 구세주이신가!

우리가 하나님이신 예수님과 더 친밀하기 시작할 때 우리는 편안해지고 용기를 얻게 된다. 우리 자신보다 먼저 하나님의 요구를 우선시하면, 예수님이 말씀하셨던 것처럼 이 모든 것을 우리에게 더하셨다(마 6:33을 보라).

우리는 예수님이 죽음에서 살아나신 이후에 다락방에서 아버지의 약속인 성령 충만을 기다린 마리아를 다시 본다. 왜? 다시 말하지만, 마리아는 자신이 들었던 예수님의 말씀을 믿었기 때문이다. 그리고 마리아는 신의를 중히 여겼다. 마리아는 예수님의 말씀에 순종했고, 하나님의 영을 갈망했다. 우리는 마리아처럼 신의를 중히 여기는 사람이 될 필요가 있다. 그리고 우리는 마리아의 삶에서 확실히 배울 수 있다. 우리가 아바와 동행하는 삶을 살려고 할 때, 우리는 마리아가 그랬던 것처럼 하나님의 말씀을 믿고 하나님께 영광을 돌릴 필요가 있다. 우리는 매일 성경을 읽고, 공부하고, 묵상할 필요가 있다. 그 결과 우리 주님인 예수님에게 영광이 되는 의로운 수준을 유지하게 된다.

왜 영광인가? 영광은 주님을 기쁘시게 하기 때문이다. 우리가 하늘 아버지에게 기도할 때, 예수님은 우리에게 그렇게 하라고 가르치셨다(눅 11:2을 보라). 영광은 강력하지만 오늘날 실종된 것이다. 우리가 말하는 영광이란 무엇일까? 그것은 진실과 정직과 모든 상황 속에서 올바르게 행동하는 것이다. 주님의 관심을 받는 영광에 대해서 잠시 생각해 보라. 십자가에서 돌아가신 후 예수님의 몸은 존경받는 사람인 아리마대 요셉의 무덤에 장사되었다(막 15:43을 보라). 거듭 말하지만, 예수님은 자신의 어머니를 사랑하는 요한에게 맡기셨다. 그 이유는 다른 사람들이 예수님을 버리는 동안에도 요한은 십자가를 바라보고 서 있었고, 예수님이 숨을 거두시기까지 그분을 영광스럽게 한 유일한 사람이었기 때문이다. 신성한 구세주이신 주님이 마리아의 태를 통해서 오시도록 그녀를 선택하신 이유를 우리가 아는 것은 어렵지 않다. 똑같은 방식으로, 우리는 우리 안에 계신 하나님의 임재를 전하는 것을 통해서 주님께 영광을 돌려야 한다. 그것은 우리 안에 계신 영광의 소망인 그리스도라는 것을 기억하라(골 1:27을 보라). 마리아는 영광을 돌렸다. 그리고 우리도 반드시 그래야 한다!

주님이 이 세상에서 자신의 계획을 완성하시기 위해서, 그리고 하나님이 함께하시는 것처럼 보이는 진짜 가족을 모방하기 위해서는 마리아뿐만 아니라 요셉도 필요하다. 하나님은 아이를 출산하기 위하여 단지 젊고 경건한 여자만 필요로 하신 것은 아니다. 예수님에게는 아버지도 필요했다. 이것이 하나님이 요셉과 마리아를 함께 살펴보신 이유다. 하나님은 이 세상에서 자신이 선택하신 가족으로 자신의 계획을 나타낼 사람들을 원하셨다.

그래서 마리아의 남편이 되고 이 세상에서 예수님의 아버지가 될 사람을 아바 아버지는 주목하셨다. 하나님은 아버지가 될 경건한 사람을 찾으셨다. 그것이 요셉을 발견하신 이유다!

아바와 요셉

단순한 사실은 하나님이 오늘날 우리에게 아바의 특성을 보여 주시기 위해서 요셉을 포함시키셨다는 것이다. 그것이 우리에게 어떻게 필요한지 보여 준다. 하나님은 하늘 아버지가 되길 원하신다. 그러나 이 세상의 아버지가 각자의 삶을 사는 것도 중요한 역할이라고 지적하신다. 성경적인 결혼에 의해서 진짜 가족을 이루려면, 그것은 아내가 아이를 임신하는 것을 포함해서 아버지가 필요하다. 그러나 이것으로 아버지의 책임 또는 역할이 끝난 것은 아니다. 아버지에게는 자녀의 양육과 자녀가 자립하도록 돕는 과정이 반드시 필요하다. 이제 우리는 성령으로 마리아의 태에 예수님이 잉태되신 실정을 이해한다.

> "예수 그리스도의 나심은 이러하니라 그의 어머니 마리아가
> 요셉과 약혼하고 동거하기 전에 성령으로 잉태된 것이 나타
> 났더니"(마 1:18).

예수님의 탄생에서 마리아와 요셉 사이에 성관계가 없었던 것은 확실하다. 하지만 아바가 선택하셔서 영광스러운 사람이 된 요셉의 선택이 필요하다. 요셉은 예수님을 양육할 이 세상의 아버지로서 필요한 역할을 수행했다. 요셉에게는 아바와 같은 특성이 있었다.

요셉은 아브라함과 매우 닮았다. 요셉은 진짜 아버지에게 필요한 확실한 특성과 인품을 갖고 있었다. 하지만 무엇보다도, 요셉에게는

아바와 같은 특성이 있었다. 요셉은 그냥 선택된 사람이 아니라 예수님에게 이 세상의 아빠인 아버지로 선택되었다. 이 땅에서 아바의 아들을 돌보기 위하여 선택된 요셉은 대단히 신중했다. 하나님은 자신을 아바, 아빠로 가장 잘 나타낼 사람을 원하셨다.

요셉은 선택받았다. 그 이유는 요셉이 하나님과 아버지의 마음과 특성을 모방했기 때문이었다. 아담과 하와가 죄를 범했을 때를 기억하는가? 누가 아담과 하와를 지켰는가? 누가 공급하고, 보호하고, 돌보고, 사랑과 희생으로 가득한 해결책을 제공했는가? 아바 아버지 말고는 없다. 같은 방식으로, 요셉은 특별히 예수님의 탄생에서부터 부활하실 때까지 이와 똑같은 일들을 해야 했다. 요셉은 헤롯 왕으로부터 예수님을 보호해야 했고, 예수님을 위해서 애굽으로 이동했으며, 핏줄이 같은 아버지가 아닐지라도 예수님에게 사랑을 보여 주었다.

성경이 요셉에 대해서 잠깐 언급하는 것을 볼 때, 그에게는 어떠한 수치심이 있었다고 우리는 확실히 결론지을 수 있다. 요셉의 정혼자가 누군가 딴 사람에 의해서 임신했을 때 그는 조용히 파혼하려고 했다: "그의 남편 요셉은 의로운 사람이라 그를 드러내지 아니하고 가만히 끊고자 하여"(마 1:19).

요셉은 의롭고 정직한 사람이었다. 마리아가 수치를 당하거나 결혼하지 않고 아이를 낳으면 안 되기 때문에 요셉은 그녀를 가만히 끊고자 했다. 그러나 주님의 천사가 요셉에게 경고를 한 후에야 그는 그렇게 하는 것을 그만두었다.

"이 일을 생각할 때에 주의 사자가 현몽하여 이르되 다윗의
자손 요셉아 네 아내 마리아 데려오기를 무서워하지 말라 그
에게 잉태된 자는 성령으로 된 것이라"(마 1:20).

하나님은 신의를 좋아하신다. 그리고 요셉은 그렇게 했다. 신의는
우리의 삶에서 항상 아바의 관심과 호의와 그분의 복을 받게 할 것이
다. 요셉이 선택된 이유는 신의의 삶을 살았을 뿐만 아니라 의롭고 정
직한 사람이기 때문이었다. 이것은 마리아에게 한 행동으로 알 수 있
다. 그리고 요셉은 친절하고 세심한 사람이라는 것을 보여 준다. 마리
아가 요셉에게 임신했다고 말했을 때 그가 치욕을 느낀 것은 매우 당
연하다. 요셉은 자기 아이가 아니라는 것을 알았다. 그리고 누가 봐도
분명한 마리아의 부정함은 공동체 안에서 사회적으로 심각한 망신을
당할 것을 알았다. 요셉에게는 마리아와 파혼할 권리가 있었다. 그리
고 유대인의 법에 의하면 그녀는 돌에 맞아 죽게 되어 있었다. 요셉의
처음 반응은 약혼을 파기하려는 것이었다. 하지만 의로운 남자였던
요셉은 마리아를 극도로 친절하게 대했다. 요셉은 마리아가 수치를
당하는 것을 원하지 않았다. 그래서 요셉은 조용히 행동하기로 마음
먹었다. 속이는 죄를 덮을 순 없지만, 명예와 의로움과 관련해서는 차
라리 그렇게 하는 것이 더 낫다. 이렇게 해서 하나님의 뜻이 요셉을
통하여 이 세상에 이루어졌다.

앞의 내용을 좀 더 쉽게 설명해 보자. 마리아가 주님을 임신했다고 요셉에게 말했을 때, 요셉은 출산을 못 하도록 마리아나 아기 예수님을 발로 차지 않았다. 꿈에서 하나님의 경고가 있은 후에도 요셉에게는 자유의지가 있었고, 주님께 불순종할 것을 선택할 수도 있었다. 그러나 예수님이 아직 태어나지는 않았지만, 아이의 신실한 아빠로 헌신하는 일이 요셉에게는 남아 있었다. 요셉은 이 아이를 친아들로서 보살피고, 양육하고, 일으켜 세워 주고, 공급하고, 보호하고, 사랑하고, 소중히 여겼다.

요셉은 이 세상에서 하나님의 아들을 입양했는데, 이것은 아바의 특성을 반영한다. 요셉은 아바를 모방하는 이 세상의 아빠가 되는 것에 동의했다. 당신은 "그렇게 말하는 당신도 똑같은 사람이다"라는 속담을 들어 본 적이 있는가? 아빠인 하나님은 요셉에게서 이것을 보셨다! 이 입양 과정은 나중에 거듭난 모든 사람들을 영적으로 입양하는 형태를 나타낸다. 우리는 예수님을 통해서 영적인 아들로 다시 태어나고 입양된다. 이것이 성령이 아버지에게 아들을, 그리고 하나님의 자녀들에게 하늘 아버지를 조화시켜서 "아바, 아버지"라고 부르짖게 하시는 이유다(롬 8:15을 보라). 그리고 이것은 요셉이 예수님을 받아들였고, 예수님을 자신의 아들로 입양한 것과 확실히 똑같다.

당신과 나는 하나님에게 정말 특별하다. 그리고 우리는 하나님의 존귀한 영적인 자녀로 입양되었다. 우리는 하나님에게 중요한 사람들이다. 그리고 하나님의 특성을 반드시 기억해야 한다. 우리는 하나님이 사람들을 편애하지 않으신다는 것을 알고 있다. 그러나 하나님의 임재와 관심에는 마치 자석처럼 우리를 끌어당기는 본질과, 특성과, 속성이 있다.

만약 하나님이 사람들을 선택하신다면, 하나님은 이 세상에서 위대한 일을 행하시고 자신의 뜻을 이루시기 위하여 우리를 선택하실 것이다. 우리는 하나님처럼 되는 것을 더 원하고, 하나님은 우리를 더 끌어당기신다. 하나님을 기쁘시게 하고 하나님처럼 되는 것보다 더 큰 소망이나 영광은 결코 존재하지 않는다. 어쨌든, 그분은 우리 하나님, 그리고 아바이시다. 이 세상에서 나를 높여 주시기 위해서, 그리고 하나님의 마음속에 있는 목적을 이루시기 위해서 나는 하나님의 소유 중 최우선에 있는 사람이라고 밝혀질 것을 나는 안다. 이것이 하나님이 바라시는 것이다.

나는 "세상아, 길을 비켜라. 삶 그 자체보다 아바, 그리고 아들인 예수를 원하는 사람이 여기 있다. 나는 요셉과 마리아처럼 모든 것을 기꺼이 희생할 것이다"라고 말할 준비가 됐다. 나는 내가 믿을 만한 사람이라는 것을 하나님이 아시기 원한다. 당신은 어떤가?

예수님은 아바를 보여 주시기 위하여 오셨다

마리아와 요셉은 아바의 목적을 수행했고, 주님과 가까이 지내는 것을 즐겼다. 마리아와 요셉이 어린 예수를 돌보면서 우는 소리를 듣고, 욕구를 보살피고, 그를 향해 미소 지었을 때 어땠을지 상상해 보라. 요셉은 사랑의 눈으로 예수님과 마리아를 보았을 것이고, 예수님이 처음 말하는 것을 눈앞에서 지켜보는 것과 같은 이런 애정 어린 경험의 순간들이 있었을 것이다! 이것이 아바가 정확히 원하셨던 것이고, 하늘나라 가족으로 거듭난 완벽한 그림이 된다. 마리아와 요셉의 닫혔던 마음이 예수님에게 진심으로 열렸던 것을 본 것처럼, 하나님은 우리의 닫혔던 마음이 열리길 원하신다. 마리아와 요셉은 하나님과 개인적인 접촉과 하나님과 함께 시간을 보낸 그런 사람들이 아니다. 그러나 하나님은 인간의 친밀한 사랑이 더욱 필요하셨다. 이것이 당신과 나에게 하나님이 원하시는 것이다. 하나님은 사람들 각자가 하나님과 함께하는 친밀한 시간을 원하신다.

예수님께 다가갈 시간이다. 많은 사람들이 주님을 그저 창조주로만 이해한다. 사람들은 하나님에 대한 생각에 몸을 떤다. 그리고 예수님의 능력과 거룩함을 두려워한다. 이것이 사람들이 주님께 다가가는 것을 두려워하는 이유다. 사람들은 예수님에게 보살핌과 개인적인 사랑의 일환으로 예수님의 아바를 보여 달라고 요구한다. 예수님은 하늘 아빠인 하나님을 보여 주시기 위해서 이 세상에 보내졌다. 그리고 그것은 예수님이 하셨던 것과 정확히 일치한다. 아버지를 향한 기도에서 예수님은 말씀하셨다: "내가 아버지의 이름을 그들에게 알게 하였고 또 알게 하리니 이는 나를 사랑하신 사랑이 그들 안에 있고 나도 그들 안에 있게 하려 함이니이다"(요 17:26). 이 구절에서 예수님을 나타내는 이름은 무엇인가? 그것은 아버지 또는 아바의 이름이다.

이렇게 아바로서 자신을 나타내시는 것은 매우 특별하다. 하나님은 이 영광을 가진 자신의 독생자, 곧 예수님이 되길 원하셨다. 창조의 날에 "태초에 하나님이 천지를 창조하시니라"(창 1:1)라고 왜 선포하셨는지 당신은 생각해 본 적이 있는가? "태초에 '아바'가 천지를 창조하셨다"고 말할 수 없다는 것을 주목하라. 하나님이 자신의 형상으로 사람을 만들기 원하셨던 다른 때는 어떨까? 거듭 말하지만, 아바의 이름은 언급할 수 없다. 하지만 하나님 이름은 언급할 수 있다. 무슨 차이가 있을까? 하나님은 존재하실지라도 자신을 아버지 또는 아바로 말씀하지 않으셨다. 하나님은 자신의 아들 예수의 이름으로 영광받기를 원하셨다!

예수님이 이 세상에서 일을 시작하시기 전까지 하나님이 아바로 보이는 일은 전혀 일어나지 않았다. 그래서 아바를 진짜 보여 주신 것이 이해될 수 있었다. 이것이 당신이 구약성경을 읽을 때 하나님을 아버지로 언급한 구절이 매우 드물다는 것을 알게 되는 이유다. 구약성경에서 아버지(father)란 단어는 540번 이상 나타난다. 그러나 하나님을 아버지(Father)로 언급하는 부분은 매우 적다. 하지만 신약성경에서 아버지(father)란 단어는 300번 나타난다. 그리고 그중 256번을 하나님을 아버지(Father)로 언급한다. 킹제임스성경(the King James Version)에는 대문자 F로 되어 있다. [1]

신약성경에서 아버지(Father)가 많이 나오는 이유는 예수님이 하나님을 보여 주시기 위하여 오셨기 때문이다! 많은 예언이 기록된 구약성경에서 하나님은 끊임없이 이스라엘에게 자신은 이스라엘의 아버지라는 것을 상기시키셔야 했다. 그러나 이스라엘은 하나님을 잊어버렸다. 예수님이 태어나신 이후에도 유대인들은 하나님이 소망하셨던 것처럼 하나님을 찾지 않았다. 유대인들에게 아버지(Father)라고 말하는 것이 허용되었지만, 그들은 아버지라는 단어를 좀처럼 언급하지 않았다.

구약성경에서 하나님은 확실한 아바로, 개인의 하늘 아빠로, 아버지로 자신을 진짜 보여 주실 수 있는 능력을 제한받으셨다. 예수님이 하나님을 보여 주실 때까지 하나님은 아바로, 아빠로, 아버지로 보여 주실 수 없으셨다. 주님이 십자가에서 돌아가시기 전에 인류는 죄 때문에 완전히 이해할 수도 없었고, 하늘 아버지에게 가까이 갈 수도 없었다. 사람들은 오직 예수님을 통해서만 개인적으로, 그리고 친밀하게 아바에게 가까이 갈 수 있다. 이것이 예수님이 빌립에게 말씀하신 이유다: "내가 곧 길이요 진리요 생명이니 나로 말미암지 않고는 아버지께로 올 자가 없느니라"(요 14:6).

인간이 하나님께 나아가기 위해서는 자신의 죄를 대신 속죄할 중보자가 필요하다. 예수님이 죽으시고 다시 부활하신 이후에 인간은 예수님의 피 흘림을 통해서 자신의 죄를 용서받았다. 이것은 지금은 우리가 하늘 아바이신 하나님께 직접 나아갈 수 있다는 것을 의미한다. 이것은 우리가 하나님께 기도할 때 누군가가 필요하지 않다는 것이다. 왜냐하면 예수님이 모든 죄를 위해서 대가를 지불하였기 때문이다. 예수님은 하나님과 사람 사이에 중보자가 되셨다. 친밀한 방식으로 하나님과 동행하는 삶을 살기 위해서 아담이 죄를 짓기 전과 같이 사람들이 하나님께 나아갈 수 있도록 하셨다.

예수님이 이 세상 사람들에게 오신 이유는 아바를 보여 주시기 위해서, 그리고 사람들이 하나님께 돌아오도록 하나님의 사랑과 소망을 그들에게 말씀하시기 위해서다. 예수님은 사람들이 하나님을 아버지라고 부르는 것이 괜찮고, 그들이 기도할 때 어떻게 해야 하는지를 가르치셨다(눅 11:2을 보라).

예수님이 자신은 아바, 하늘 아빠인 하나님을 나타낸다고 말씀하셨을 때 사람들의 귀에는 이것이 이상하게 들렸다. 이것은 그 당시 바리새인들과 종교 지도자들 사이에서는 진짜 특별한 것이었다. 이것은 바리새인들과 종교 지도자들을 분노하게 했고, 그들은 신성 모독으로 예수님을 비난했다. 예수님은 하나님이 누구신지에 대해서, 그리고 자신이 아바의 진짜 아들인 것에 대해서 바리새인들과 종교 지도자들과 여러 차례 대화를 나누신 것을 알 수 있다(요 8장을 보라).

예수님과 바리새인들에 관해서 우리가 1장에서 언급한 것으로 되돌아가야 하는 이유가 있다. 우리가 전에 언급했던 데이비드 알소브룩의 "왜 예수님은 하나님을 '아빠'라고 불렀나?" 기사와 관련이 있을 것이다. 종교 지도자들은 예수님이 아바를 보여 주시는 것을 싫어했다. 예수님이 자신은 하나님의 아들이라고 말씀하셨을 때 그들은 이것이 신성 모독이라며 예수님을 비난했다. 그리고 더 나아가 바리새인들은 예수님을 십자가에 매달아 죽였다. 알소브룩은 다음과 같이 쓰고 있다.

> 예수님이 하나님을 "아빠"(Daddy)라고 부르는 골치 아픈 버릇은 배우지 못한 목수가 단지 하나님을 경멸한 것이 아니라, 거의 모든 종교 지도자들을 분노하게 한 것이었다. 예수님은 하나님을 신성 모독했다! 하나님을 "아바"라고 부름으로 예수님은 하나님에 대하여 독생자가 주장할 수 있는 친밀함을 주장했다. 예수님은 자신이 신의 자식임을 주장했다! 이것은 예수님을 여러 차례 재판받게 했고, 마침내 십자가에 매달려 죽게 했다. 어떤 사람이 하나님의 아들이라는 것은, 예수님이 살았던 당시에 유대인 지도자들에게는 생각할 수 없는 것이었다. 예수님이 "아바"를 반복해서 사용한 것으로 미루어 볼 때 이것은 다른 사람들에게 방해가 되었다. 사실 이스라엘의 모

든 사람들은 국민적 정서상 하나님을 자신의 "아비누"(Abinu, 우리 아버지-옮긴이)라고 주장했다. 야훼가 예언자들을 통해서 말씀하셨다: "애굽에서 나올 때 나는 나의 아들이라고 불렀다." 그들은 그분의 '아들'을 특정한 개인이 아니라 민족 전체라고 믿었다.

랍비들은 오랫동안 기다렸던 메시아가 하나님의 아들이라는 것을 아예 가르치지도 않았다. 대신에 그들은 로마를 전복시킬 왕을 확실히 기다렸다. 그러나 자연적으로 임신하고 출산한 메시아는 아니었다. 예수님, 그리고 나사렛의 마을 사람들은 예수님의 아버지가 요셉이 아니라는 것을 알았다. 마가복음 6장 3절을 아람어로 살펴보면 예수님이 '마리아의 사생아'로 표현되어 있다. 단지 선택된 몇 명만이 성령과 동정녀 탄생에 의한 예수님의 신성한 비밀을 알았다(신 23:2). 예수님은 부당한 오명을 받으며 계속해서 그렇게 살았다.[2]

예수님이 이 세상에 오셨을 때, 그분은 아버지를 보여 주는 사역을 시작하셨다. 그리고 예수님은 자신이 하나님의 아들이라고 선언하셨다. 예수님이 가장 먼저 하신 것은 자신의 아버지, 곧 아바를 보여 주신 것이다. 예수님은 하나님을 보여 주시기 위하여 오셨다. 그리고 예수님은 정확히 그 일을 하셨다. 유대인의 풍습에, 만약 어떤 사람에 대한 권리가 누구에게 있는지 알기 원한다면 그 사람의 아버지가 누군지 물어서 알아내는 것이 있다. 이것이 당신이 성경의 인물들 중 몇 명의 이름이 다윗의 아들, 이새의 아들, 요나의 아들, 세베대의 아들과 같이 언급된 것을 볼 수 있는 이유다.

아이의 신원(身元)은 아버지에 의해서 정해진다. 이것은 아버지가 자녀의 이름을 지어 줄 때 생긴다. 세례 요한이 태어났을 때 아버지 사가랴가 전통에 따라 자신의 이름으로 요한에게 이름을 지어 주려고 했던 것을 기억하는가? 그러나 하나님은 다른 계획을 갖고 계셨다. 아기 이름을 요한이라고 짓기 위하여 천사를 보내셨다. 사가랴는 말 못하는 자가 되어 전통에 따라 아들의 이름을 짓지 못했다. 오히려 하나님이 목적하신 대로 이름을 지었다(눅 1장을 보라).

오늘날까지도 이것은 이 세상 아버지의 역할이다. 그 역할은 자녀에게 신원을 주고, 지지하고, 보호하고, 특별한 이름으로 부르고, 사랑하는 것이다. 이것은 하나님 나라에서도 똑같다. 이것은 천국에서의 아버지와 아들들의 원칙을 보여 준다. 천국은 아버지에 대한 계시와 이해에 의해서 통치 받는다. 그리스도 예수에 의해서, 하나님 아버지를 통해서 우리의 신원이 생긴다! 절대 잊지 말라. 아바는 당신의 이름을 특별하게 말씀하시고, 당신이 자신에게 소중하다고 말씀하신다. 당신의 이름이 어린 양의 생명책에 기록된 순간 하늘나라에서 대단히 기뻐하는 것은 당연하다: 아바의 잃어버린 자녀가 돌아왔다! 당신은 하늘 아빠에게 대단히 사랑받는 사람이다. 그리고 하나님은 당신의 이름을 속삭이는 것을 좋아하신다. 당신은 그 소리를 들었는가? 당신의 이름이 하나님의 마음과 입술에 닿아 있다. 당신의 이름은 하나님 아버지에게 특별하기 때문에 사랑과 지지를 받는다.

예수님이 살면서 행하신 것은 자신의 아버지인 아바를 보여 주신 것이다. 만일 사람들에게 보낸 하나님의 아들을 그들이 영접한다면, 예수님은 역시 사람들에게 아버지를 보여 주실 것이다. 하나님이 아들과 특별한 관계인 것처럼, 예수님은 사람들이 이런 밀접한 관계를 경험하기 원하신다. 예수님은 많은 사람들에게 바로 이것을 들으라고 말씀하셨다: "내 아버지께서 모든 것을 내게 주셨으니 아버지 외에는 아들을 아는 자가 없고 아들과 또 아들의 소원대로 *계시를 받는 자* 외에는 아버지를 아는 자가 없느니라"(마 11:27, 이탤릭체는 저자 강조).

예수님이 하늘 아버지에 대해서 말씀하셨을 때, 대부분은 아바를 보여 주시는 것에 대해서 언급하셨다. 이것이 성인에게는 이상하게 보였다. 그러나 예수님은 진짜 사람 중에 사람이었다고 당신은 말할 수 있다. 예수님은 목수 지망생 정도가 아니라 그 이상으로 여겨졌던 목수였다. 사람들은 예수님에 대해서 말했다: "이는 그 목수의 아들이 아니냐 그 어머니는 마리아, 그 형제들은 야고보, 요셉, 시몬, 유다라 하지 않느냐 그 누이들은 다 우리와 함께 있지 아니하냐 그런즉 이 사람의 이 모든 것이 어디서 났느냐 하고"(마 13:55~56).

예수님은 오로지 나무로만 작업했던 목수 그 이상이셨다. 사실 목수에 해당하는 실제 헬라어는 **텍톤**(tekton)이다. 이 단어는 기능공이나 일반적인 건축가를 나타낸다. 이것은 예수님에게는 자신의 주변에 있는 소재를 활용하는 기술이 있었다는 것을 의미한다. 하지만 이것은 예수님이 성장했던 곳이 나사렛이기 때문에 용이하지 않았다. 왜냐하면 그곳은 나무보다는 비교적 석회암이 더 많았기 때문이다. 그래서 예수님은 아마도 석공의 근력뿐만 아니라 치유자의 손을 갖고 계셨다고 쉽게 결론을 내릴 수 있다. 하지만 예수님은 겟세마네 동산에서 절망적이었던 그 시간에, 마치 다친 아이처럼 괴로워하며 아빠에게 부르짖으셨다. 예수님이 하늘 아버지를 부르셨을 때 그분이 외친 말을 당신은 떠올릴 수 있다: "아빠 아버지여 아버지께는 모든 것이 가능하오니…" (막 14:36).

이것은 약한 사람을 상징하는 것이 아니라, 아바가 누군지, 하나님이 누군지, 하나님이 왜 이 땅에 보내셨는지를 아는 사람을 상징하는 것이다. 하지만 예수님은 겟세마네에서 아버지에 대한 애착과 감정과 마음을 보여 주셨고, 어려울 때 하늘 아버지를 부르셨다. 오늘날 어떤 사람들은 그렇게 하는 것은 약하다고 생각하거나, 마음의 감정이나 취약성을 보여 주는 것은 계집애 같다고 배웠다. 그러나 예수님은 그렇지 않으셨다. 예수님은 아바가 누군지, 그리고 하나님이 자신을 얼마나 필요로 하시는지를 완전히 이해하셨다. 예수님은 하나님과 친밀한 관계를 맺고 계셨다. 그리고 예수님은 마음으로 "아바!" 하고 부를 때 결코 부끄러워하지 않으셨다. 우리가 남자든지 여자든지 간에 아바가 누군지 진짜로 알 때 이것은 오늘날 우리에게도 동일하게 적용된다. 우리의 마음은 하늘 아빠인 하나님을 부를 것이다. 그리고 이렇

게 말할 것이다: "아바, 나는 당신이 필요합니다." 하나님 아바를 부른다거나 그분에게 우리의 마음과 감정을 보여 드리는 것은 결코 약해서라고 생각하지 않는다.

예수님이 하늘 아버지와 그렇게 친밀하게 지내시고 감정을 보이신 이유는, 주님이 육신이 되셔서 이 세상에 오시기 전에 아바와 함께 계셨기 때문이다(딤전 3:16을 보라). 또 다른 이유는 예수님의 어린 시절 어느 시점에 이 세상의 아버지에게 부족한 점이 있었기 때문이었다. 예수님의 나이가 열두 살에서 사역을 시작하신 서른 사이에 요셉이 죽었다는 것을 믿을 만한 이유가 있다. 복음서는 예수님이 열두 살 때 성전에서 보살핌을 받던 이후로 요셉에 대해서는 결코 언급하지 않는다. 요셉은 예수님이 이 세상에서 사역하시는 동안, 그리고 십자가에 매달렸을 때조차 결코 다시 언급되지 않는다. 그래서 우리는 예수님이 어느 순간에 이 세상의 아버지가 없는 삶을 사셨다고 확실히 결론지을 수 있다.

오늘날 많은 사람들이 똑같은 삶을 산다고 말할 수 있다. 사실 아버지가 없다는 것은 비극이 아니라 슬픈 것이다. 당신은 아버지 없이 자라고, 아무도 없는 집에서 혼자서 잠자리에 드는 아이들의 퍼센트가 높다는 것을 알고 있는가? 이것은 아이들에게도 큰 상처가 되지만 아바에게도 또한 분명히 큰 상처가 된다. 이런 경우는 일부이기는 하지만, 우리가 아버지인 아바와 가까워지는 것을 방해하지 못한다. 만약 예수님이 삶의 어떤 부분에서 요셉이 없었음에도 불구하고 하늘 아버지와 가까워지셨다면, 이것은 우리에게도 역시 가능한 것이다. 예수님이 아버지 외에는 아들이 누군지 아는 자가 없고, 아들 외에는 아버지가 누군지 아는 자가 없다고 말씀하실 정도로 예수님은 아바와 매우 친밀하셨다(눅 10:22을 보라).

예수님은 하나님 아바, 아버지, 아빠를 확실히 아셨고, 그분을 확실히 부르셨다. 이와 같이 오늘날에도 우리는 그래야 한다. 예수님이 아버지에 대해서 아바라고 부를 때마다 사람들은 충격을 받았다. 예수님이 하나님에게 친밀한 말을 하셨을 때 그들은 심지어 분노했다. 그러나 그 당시 유대주의를 포함한 다른 종교 사이에서 이런 것들이 알려지지 않았다는 것을 우리는 절대 잊어서는 안 된다. 예수님 개인의 아버지로서 하나님을 직접적으로 안다고 가르쳤을 때 사람들이 놀란 것은 자연스러운 일이다.

우리는 진실로 아바가 누군지에 대한 올바른 그림을 이해할 필요가 있다. 그러나 우리가 이것을 어떻게 이해할 수 있을까? 나는 우리가 예수님의 사명을 이해할 때 깨닫게 될 것이라고 믿는다. 예수님은 우리에게 아버지를 보여 주시기 위하여 오셨다. 예수님은 아바와 동행하시는 삶과 태도를 통해서 보여 주셨다. 예수님은 무슨 일이 있어도 아바가 절박하게 필요한 잃어버리고 죽어 가는 세계에 아바를 보여 주셨다.

아바의 그림

당신은 아바가 무엇을 닮았는지 알고 싶은가? 거듭 말하지만, 예수님을 살펴보라. 그 이유는 예수님이 이 세상에 계실 때 하늘 아버지의 그림이었기 때문이다. 예수님을 통해서 나타나는 아바를 볼 수 있는 방법 중 하나는, 하나님에게 다가갈 때 하나님이 자녀를 대하시는 것과 관련이 있다. 마가는 다음과 같이 기록한다.

> "어린 아이 하나를 데려다가 그들 가운데 세우시고 안으시며 제자들에게 이르시되 누구든지 내 이름으로 이런 어린 아이 하나를 영접하면 곧 나를 영접함이요 누구든지 나를 영접하면 나를 영접함이 아니요 나를 보내신 이를 영접함이니라"(막 9:36~37).

예수님은 제자들과 종교 지도자들이 자신에게 제안할 때 아이들을 절대로 제쳐 두지 않으신다. 예수님은 항상 아이들을 붙잡기 위해서 시간을 내셨고, 아이들을 무릎에 앉히셨고, 아이들을 축복하기 위하여 안수하셨다(막 10:13~16을 보라). 아이들은 예수님께 왔다. 왜냐하면 아이들은 예수님을 통해서 아바의 사랑에 끌렸기 때문이다. 아이들이 예수님을 영접하고 복을 받기 위해서 왔을 때 주님은 아이들을 금하지 않으셨다. 이것은 아바가 지음 받은 모든 자녀들이 자신에게 돌아오도록 하기 위해서 예수님을 보내신 것을 모든 사람에게 보여 주시는 아름다운 예언적인 그림이다.

오늘날 어떤 삶은 우리에게 교훈이 된다. 사람들은 예수님이 아이들에게 복을 주시기 위하여 그들에게 안수해 주실 것을 원한다. 우리 모두가 이것을 원하는 것은 아닌가? 하나님은 우리에게 복을 주시기 위해서 진짜로 안수하신다.

예수님이 사역하실 때 아이들을 위해서 여러 차례 사역하시고 그들에게 복 주신 것을 우리는 알고 있다. 예수님은 매번 우리에게 아바 하나님의 그림을 보여 주셨다. 예수님과 아이들의 필요를 연관시키는 것은 어렵지 않다. 그 이유는 예수님이 이 세상에 태어나셔서 자신이 아이로서 양육을 받으셨기 때문이다. 예수님은 아이들에게 항상 다정함을 표현하셨고, 손을 뻗어 아이들에게 복을 주셨다. 예수님이 아이들의 아픔과 질병을 치유하신 것을 당신은 알고 있다. 예수님은 아이들에게서 악한 영을 쫓아내셨고, 아이들을 죽음에서 다시 살리셨고, 한 아이의 점심이었던 떡과 물고기를 받아 주셨다. 예수님은 오늘날 우리에게 하시는 것과 똑같이 아바의 사랑을 표현하시고, 아이들을 돌보기 위해서 특별한 시간을 가지셨다.

하나님은 의로운 자와 불의한 자 모두에게 비를 내려 주신다(마 5:45 을 보라). 사람들이 하나님께 반항하고, 하나님을 미워하고, 하나님을 탓하고, 하나님께 거짓말하고, 하나님이 해 주시는 아주 작은 것이라도 거절할 때조차 하나님은 모든 사람의 필요를 살피신다. 만약 이 세상 사람들이 하나님의 사랑을 알고 하나님이 누군지 진짜 알게 된다면 그들은 하나님께 달려갈 것이다.

하나님은 어제나 오늘이나 영원토록 동일한 분이시다(히 13:8을 보라). 예수님이 이 세상에 계실 때 사람들에게 어떻게 사역하셨는지, 특별히 아이들에게 어떻게 사역하셨는지를 보라. 하나님은 이 시대에도 여전히 아이들에게 다가가신다. 하나님은 우리가 자신에게 오기를 기다리신다. 그리고 하나님은 우리를 돌려보내지 않으실 것이다. 하나님은 우리를 소중하게 여기시고, 우리와 함께 웃으시며, 미소 짓고, 자신의 소유인 우리를 사랑하실 것이다!

이것이 우리가 어린아이와 같이 되지 않으면 하나님의 나라를 물려받지 못하거나 완전히 받아들일 수 없다고 예수님이 말씀하신 이유다(막 10:15을 보라). 왜냐하면 우리 하늘 아버지는 하나님의 나라에 계시고, 예수님은 하나님의 오른편에 앉아 계시기 때문이다. 하나님의 은혜를 받는 유일한 방법은 예수님을 통해서 아바에게 단순히 되돌아가는 어린아이와 같이 되는 것이다. 우리가 어떻게 이처럼 할 수 있을까? 그것은 우리를 죄로부터 구원하시는 주님의 부르심에 우리가 개인의 구원자요, 주님인 예수님을 영접하는 것이다. 우리는 단 한 번 이렇게 함으로 하늘나라 가족으로 입양되고, 하늘나라에서 우리 아버지의 자녀가 된다.

아이들에게 복을 주시고 받아 주신 예수님은 아바를 보여 주시는 그림만이 아니다. 복음서의 예화와 예수님의 믿기 힘든 사역을 통해서 발견할 수 있는 많은 예들이 있다. 아바를 보여 주시는 예수님의 더 좋은 그림들을 우리가 가질 수 있도록 도와주는 몇 가지 예들을 잠시 검토해 보자!

말과 행동을 통해서 아바를 보여 주기

성경이 기록하고 있는 예수님의 입에서 나온 첫 단어는 그분이 열두 살 때 성전에서 말씀하신 것이다(눅 2장을 보라). 예수님은 성전에서 성경과 관련된 것에 대해서 자신보다 나이가 많은 사람들과 말씀하시고 있었다. 예수님의 부모는 예루살렘에서 집으로 되돌아가는 여행길에 올랐을 때 예수님이 자신과 함께 있다고 생각했다. 그러다 예수님이 없는 것을 발견하고는 그들은 예수님을 찾는 데 열중했다. 그들은 마침내 어린 예수님을 예루살렘에서 찾았다. 이렇게 하여 예수님은 부모에게 아바를 보여 주시는 첫 말씀을 하셨다: "내가 나의 아버지의 일을 해야 될 줄을 알지 못하셨나이까?"(눅 2:49을 보라). 그것은 예수님이 아버지를 보여 주신 것이다!

예수님이 부모에게 말씀하신 것을 오늘날 우리가 상기할 필요가 있다. 우리는 모두 삶에서 최우선적이고 모든 것에서 가장 중요한 것을 관리하고 전념해야 한다. 그것은 우리가 하나님 아버지의 일을 해야 된다는 것이다. 우리는 하나님께 속했다. 그리고 우리는 예수님을 통해서 말과 행동을 관리하는 권리를 하나님께 드렸다. 이것을 하나님은 원하시지만, 우리는 원하지 않는다. 그것은 모든 것이 우리의 뜻이라기보다 하나님의 뜻이기 때문이다. 만약 우리가 아바가 우리에게 자신을 보여 주시는 것을 원한다면, 우리는 먼저 하나님을 우리 삶의 최우선에 두어야 하고, 우리의 삶 가운데 선취권을 하나님께 드려야 한다. 이것이 예수님이 소년이었을 때 처음 말씀하신 것을 기록한 성경이 보여 주는 메시지다.

우리는 예수님이 이 세상에서 사역을 시작하시기 전 마귀에게 아바를 보여 주시는 그분의 또 다른 그림을 볼 수 있다. 예수님은 마귀에게 유혹을 받기 위해서 성령에 이끌리어 광야로 가셨다. 마귀는 40일 동안 중단하지 않고 밤낮으로 예수님을 유혹했다. 그곳은 또 다시 에덴동산이었다. 아바의 아들이 다시 유혹을 받고 있었다. 하지만 이번에는 이 아들이 죄를 범하지 않고 오히려 마귀에게 아바를 보여 주셨다.

예수님은 어떻게 이와 같이 하셨을까? 예수님은 마귀의 유혹에 절대 넘어가지 않으셨다. 그리고 사탄에게 절하지도, 섬기지도, 경배하지도 않는 모습을 보이셨다. 예수님은 오직 하나님에게만 그렇게 하셨다. 그 이유는 예수님은 아바에게 속하셨기 때문이다. 예수님은 하나님의 아들이시다. 이것이 당신과 내가 마귀에게 유혹을 받는 똑같은 이유다. 우리는 마귀에게 대항해야 한다. 그리고 아바에게 완전히 순종해야 한다. 그러면 늙은 악마는 멀리 도망할 것이다.

마귀가 예수님을 유혹하려고 노력했던 것을 통하여 우리의 삶에 적용할 수 있는 또 하나의 중요한 진리가 있다. 사탄은 예수님이 아버지를 보여 주시기 위해서 오셨다는 사실을 싫어한다. 그리고 예수님을 유혹하기 위하여 심지어 아들이라는 그 단어를 사용했다. 마귀는 말했다: "만약 네가 하나님의 아들이라면, 이 돌들을 떡으로 바꿔 보아라"(마 4:3을 보라). 마귀는 계속해서 말했다: "만약 아바가 너의 아버지라면, 그리고 네가 그의 아들이라면, 아버지 없이 너 자신을 먹여 살려 보아라. 너는 너 자신을 부양하기 위해서 아버지가 정말로 필요하지 않아. 너의 생명은 건강하게 유지될 거야. 너에게는 아버지가 없어도 그것을 할 수 있는 권능과 능력이 있잖아!" 마귀는 이렇게 교활하게 우리가 아바를 빼놓고 일을 하게 하려고 노력한다. 하지만 예수님은 마귀에게 대답하셨다: "기록되었으되 사람이 떡으로만 살 것이 아니요 하나님의 입으로부터 나오는 모든 말씀으로 살 것이라 하였느니라"(마 4:4). 바꿔 말하면, "마귀야, 나는 아버지를 빼놓고는 아무것도 할 수 없어. 아버지가 나에게 일러주신 말씀에 따라서 살 정도로 나는 아버지를 의지해."

좀 더 이해하기 위해서 중요한 것이 있다. 그것은 떡으로 넘어지게 하는 단순한 유혹이 아니라, 오히려 영적인 배고픔과 싸우는 것이다.

만약 우리가 아바를 우리 아버지로 받아들일 예정이라면, 우리는 그분을 신뢰해야 한다. 이것은 오늘날 우리가 삶에 적용할 수 있는 교훈이다. 우리는 아바를 의지해야 하고, 아바께 헌신해야 하고, 아바를 빼놓고 살아서는 안 된다. 마귀가 예수님의 영적인 성향을 바꾸려고 노력했다는 것을 항상 기억하라. 마귀는 우리의 성향 또한 바꾸려고 노력할 것이다. 예수님이 하나님의 임재 가운데 금식하고, 기도하고, 아바를 갈망하셨음에도 불구하고 마귀는 예수님의 영적인 굶주림과 초점을 빼앗기 위해서 왔고, 그것을 당연한 것으로 만들었다. 이것은 우리에게 가장 중요한 것이 하나님과 하나님의 나라를 먼저 찾아야 하는 것이라는 교훈을 준다. 우리는 하나님을 갈망해야 한다. 우리는 살아가면서 하나님을 원하고, 하나님을 빼놓고는 아무것도 할 수 없다는 것을 깨달았기 때문이다. 마귀는 항상 우리가 영적인 굶주림에 집중하지 못하도록 이 세상의 것들에 집중하게 만든다. 우리는 무엇보다도 하나님을 갈망해야 한다!

광야에서 마귀의 유혹을 받으신 후 예수님은 아바의 나라를 전하는 사역을 하셨다. 예수님은 하늘 아버지를 사람들에게 보여 주는 메시지를 전하셨다. 예수님은 전파하시고, 가르치시고, 병을 고치시고, 악한 영을 쫓아내심으로 아바를 보여 주셨다(마 4:23~24을 보라). 이런 모든 것들은 사람들이 아바가 진짜 어떤 분인지에 대한 그림을 그릴 수 있도록 도와준다.

산상수훈은 하늘 아빠를 보여 주시는 예수님의 메시지다(마 5-7장을 보라). 이것이 어떻게 그런지 당신은 질문할 것이다. 예수님은 사람들에게 아바에 대한 우리의 태도와 접근 방법에 대해서, 하나님 나라의 삶이 무엇과 같은지에 대해서 가르치셨다. 예수님은 우리에게 염려하지 말고 하루하루 하나님 아버지를 신뢰하라고 말씀하신다. 하나님은 참새 한 마리가 땅에 떨어질 것을 아실 정도로 자신의 피조물을 지켜보신다. 마찬가지로 하나님은 우리를 주의 깊게 지켜보는 분이시다. 예수님은 우리의 삶 가운데서 아바의 바로 그 마음과 책임감을 보여 주신다. 예수님은 우리가 하나님에게 얼마나 의미 있는지를 보여 주신다. 그리고 예수님은 우리를 향한 하나님의 놀라운 사랑을 보여 주신다. 이것이 예수님이 우리의 삶에 대해서 걱정하지 말라고 말씀하신 이유다. 다시 말해서, 만약 아바가 우리의 하늘 아빠시라면, 우리는 하나님이 책임지신다. 그 결과 우리는 하나님과 함께 삶을 즐기고, 우리를 돌보시겠다는 약속을 믿는다. 산상수훈에서 예수님은 좋으신 아바의 특성을 보여 주신다. 그리고 계속해서 하나님과 함께하는 삶과 하나님 나라의 그림을 주신다. 예수님의 위대한 이 설교에서 예수님은 우리가 기도를 통해서 아바와 어떻게 연결되는지를 보여 주신다. 그리고 하나님과 함께 보낼 수 있는 한적한 곳을 찾을 수 있도록 격려하신다.

이것들은 예수님 당시뿐 아니라 오늘날에도 예수님이 사람들에게 아바를 보여 주시는 확실한 몇 가지 예다. 그것은 하나님이 누구신지,

무엇을 하셨는지에 대해서 우리가 이해할 수 있는 더 좋은 그림을 제공한다. 특별히 예수님의 삶을 살펴보는 것을 통해서 아바를 이해하게 될 때, 우리는 아버지의 사랑과 용서와 보살피심뿐만 아니라 인류를 구원하시고, 용서하시고, 치유하시고, 구해 내시는 하나님의 전능하신 능력을 알 수 있다. 예수님을 통해서 우리의 삶에 나타나는 아바를 이해하게 될 때 하나님의 놀라운 능력을 우리는 거부할 수 없게 된다. 하나님은 우리를 위한 자신의 사랑을 보여 주신다. 그리고 하나님은 죄와 마귀와 아픔과 질병에 대한 증오를 분명히 보여 주신다.

이것은 예수님이 인류를 돕기 위하여 이런 종류의 능력을 왜 갖고 계신지를 이해하기 위한 중요한 이유다. 예수님은 아바와 친밀한 관계를 맺고 계시기 때문에 질병을 치유하고 눌린 자들을 자유하게 하는 능력과 권위를 갖고 계셨다. 예수님은 그 당시 사람들과 문화로부터 박해와 조롱을 당했다. 이것은 아바를 보여 주는 결과와, 사람들에게 예수님의 능력을 발휘하는 결과가 되었다. 예수님은 그 문화가 자신을 막는 것을 허용하지 않으셨다. 우리 역시도 문화가 우리를 막는 것을 허용해서는 안 된다! 우리는 사랑 없는 이 시대, 예수님이나 아바를 받아들이지 않는 이 시대의 악한 문화를 기억해야 한다. 과거에 사람들이 예수님을 인간으로 만들었던 것처럼, 오늘날에는 우리를 조롱하고, 하나님의 창조나 능력을 얼버무리려 한다(막 6:1~6을 보라).

우리는 아바의 사랑과 위로를 통해서 쉬어야 한다. 하나님에게 우리가 어떤 존재인지도 알아야 한다. 아바에게 다가가는 사람들은 예수님과 같이 될 것이다. 하늘나라로부터 오는 권위를 가지고 말하게 될 것이고, 질병을 치유하고, 악한 영에게 눌린 사람들을 구해 내고, 어디를 가든지 아바를 보여 주시는 하나님의 강력한 임재를 전하게 될 것이다. 아바에게 다가가는 사람들은 인류를 돕기 위해서 하나님의 능력을 갖게 될 것이다. 그것은 사람들이 스스로를 도울 수 없기 때문이다. 아바에게 다가가는 사람들은 예수님이 그러셨던 것처럼 아바를 보여 주기 원한다!

우리에게 아바를 보여 주세요

예수님은 제자들을 선택하셨다. 예수님과 아주 가까이 지냈고, 아바를 보여 주시기 위한 예수님의 사역에 동참했으며, 능력이 필요한 사람들에게 예수님의 능력을 보여 주었던 제자는 특별히 열두 명이었다. 제자들은 예수님의 사랑과 능력과 권위, 그리고 인류를 향한 관심을 보여 주기 위하여 선택되었다. 예수님이 제자들을 선택하신 이유는 자신이 진짜 메시아이심을 보여 주시기 위한 사명 때문이었다. 예수님은 제자들에게 자신이 행했던 것을 행하라고 말씀하셨다. 그것은 아바의 나라에 대하여 설교하고 나서 하나님의 능력을 보여 주는 것이다. 예수님은 사랑으로 행하고, 질병을 치유하며, 눌린 사람들을 구해 내도록 제자들을 훈련하셨다(눅 9:1~2을 보라). 제자들이 예수님에게 권한을 위임받은 것처럼, 오늘날 우리도 역시 그렇다고 말할 수 있다.

아바가 여러 사람들을 선택하신 것을 우리가 이 책에서 읽었던 것처럼, 예수님은 사역을 시작하실 때 매우 신중하게 열두 명의 제자를 선택하셨다. 예수님의 열두 제자 선택은 우리에게 아바를 보여 주는 아주 예언적인 것이다. 그것은 제자들이 이스라엘의 열두 지파와 예수 그리스도를 통해서 아바의 아들들의 회복을 묘사하기 때문이다. 마치 이스라엘처럼, 장자 교회는 앞으로 태어나게 될 하나님의 가족의 모습이다. 그 이유는 야곱의 가족으로 열두 명의 아들이 있었기 때문이다. 하나님은 예수님이 사역하실 때 열두 명을 선택하신 것을 통해서 우리에게 보여 주셨다. 그리고 하나님이 아담과 하와와 아브라함에게 약속하셨던 것이 성취되었다. 하나님은 자신의 가족을 회복하셨다! 이 열두 명은 하나님이 가족을 만드시는 데 기초가 되었다.

빌립이라는 제자 중 한 명은 예고도, 설명도 없이 예수님께 요구했다. 빌립은 말했다: "주님, 우리에게 아바를 보여 주세요!" 빌립의 요구가 있은 후 예수님은 지속적으로 하나님을 보여 주시고, 하나님에 대해서 말씀하신다. 빌립은 무엇을 요구했는가? 빌립은 예수님의 아빠가 누군지 제자들에게 보여 달라고 예수님께 요구했다: "우리에게 아빠를 보여 주세요!" 모든 인간의 내면에는 하늘 아버지를 보고 싶은 똑같은 열망이 있다. 문제는 모든 인류가 이것을 모른다는 것이다. 삶이 공허한 이유는 사람들이 선천적으로 열망과 열정을 채우기 위해서 무언가를 찾으려 하고, 하늘 아빠와 다시 연결되기 위해서 자신의 내면에서 그 해답을 찾으려 하기 때문이다. 오직 하나님만이 채우실 수 있는 마음과 삶의 공허함을 사람들은 온갖 것으로 채우려고 노력한다. 사람들은 하늘 아빠가 되시려는 아바의 열망을 이해하지 못한다. 하나님은 오직 하나님을 원하는 사람을 필요로 하신다. 그리고 하나님은 이런 일이 일어나기 위해서 사람들이 하나님을 알기 원하도록 추구하신다.

이러한 갈망이 빌립의 마음속에 있었던 것이 분명하다. 빌립은 아바를 상세히 알기 원했다.

> "빌립이 이르되 주여 아버지를 우리에게 보여 주옵소서 그리하면 족하겠나이다 예수께서 이르시되 빌립아 내가 이렇게 오래 너희와 함께 있으되 네가 나를 알지 못하느냐 나를 본 자는 아버지를 보았거늘 어찌하여 아버지를 보이라 하느냐 내가 아버지 안에 거하고 아버지는 내 안에 계신 것을 네가 믿지 아니하느냐 내가 너희에게 이르는 말은 스스로 하는 것이 아니라 아버지께서 내 안에 계셔서 그의 일을 하시는 것이라"(요 14:8~10).

예수님은 빌립에게 아바를 찾아내는 법을 보여 주셨다. 예수님은 "네가 나를 보았다면, 너는 나의 아버지를 본 것이다!"라고 말씀하셨다. 다시 말하면, "네가 나를 보았다면, 너는 나의 아빠를 본 것이다.

나는 하늘에 계신 아버지와 똑같아!"라고 말씀하신 것이다.

이스라엘이 개인적으로뿐만 아니라 민족적으로도 하나님을 자신들의 아버지로 결코 알지 못하던 때에 빌립은 이런 개인적인 관계에 대해서 어떻게 알았을까? 빌립은 분명 무엇인가 들었거나, 그 당시 언젠가 이에 대한 설명을 들었을 것이다. 그것은 예수님이 빌립과 제자들 앞에서 사셨던 참된 삶이다. 이 참된 삶이 빌립 안에서 갈망이 생기도록 했다. 이 갈망은 우리 삶에서도 역시 필요하다. 사람들이 우리와, 우리의 말과, 품행과, 행동과, 우리에게 다른 점이 있는지를 살펴보게 해야 한다. 우리는 주님인 예수님과 하늘 아버지인 아바를 대신하기 때문이다. 예수님께 나아가는 어린아이와 같이, 우리 안에 하나님의 임재가 있기 때문에 사람들이 우리에게 끌려야 하는 것이다.

빌립은 예수님이 아바이신 하나님에 대하여 설교하시는 것을 들었던 것이 분명하다. 따라서 빌립은 하나님에 대해서 더 많은 것을 알기 위해 그와 같은 요구를 했던 것이다. 빌립은 자신과 이스라엘이 들었던 것과 자신이 애초에 질문하지 않은 다른 것을 예수님이 보여 주고 계시다는 것을 인정했다. 성경에 기록되어 있기로는 질문을 했던 사람이 하나도 없었다. 빌립이 이것을 깨달았든지 깨닫지 못했든지 간에, 빌립의 마음은 "아바!"라고 큰 소리로 부르기 시작했다. 빌립은 예수님께 요구하고 있었다: "우리에게 아버지를 보여 주세요!"

이 말을 듣기 위하여 아바와 예수님이 오랫동안 기다려 오셨음에

틀림없다. 아바와 예수님은 우리에게도 그 말을 듣기 위하여 오늘날도 똑같이 기다리신다. 모든 사람이 마음으로 큰 소리로 부를 필요가 있다: "우리에게 아바를 보여 주세요! 우리에게 하나님을 보여 주세요!" 우리의 마음은 "아바, 아버지!"를 큰 소리로 부르고 있다.

각주

1. 이것은 http://www.biblegateway.com에서 '아버지'(father)라는 말을 성경에서 찾은 것이다.

2. 이 기사는 데이비드 알소브룩(David Alsobrook's) 웹 사이트에서 찾아볼 수 있다. http://www.davidalsobrook.com

CHAPTER 5

버림받은?

"제구시쯤에 예수께서 크게 소리 질러 이르시되 엘리 엘리 라 마 사박다니 하시니 이는 곧 나의 하나님, 나의 하나님, 어찌 하여 나를 버리셨나이까 하는 뜻이라" (마 27:46).

Forsaken?

Forsaken?

　사람들은 조롱했다: "우리에게 솔직히 말해 봐, 네가 하나님의 아들이라고?" 예수님은 3년 6개월 동안 사람들에게 아바를 보여 주셨다. 지금 사람들은 예수님이 이미 말씀하셨고 반복해서 계속 보여 주신 것을 예수님께 요구하고 있다. 대제사장과 공회 의원들과 장로들 모두가 팔짱을 끼고 서 있었다. 이들 종교 지도자들은 예수님이 아바의 아들, 하나님의 아들, 신의 아들이라는 무죄한 사람의 주장을 고소하기 위해서 모였다. 하지만 예수님은 자신감 있게 서 계셨으며, 모든 것을 알고 계셨다. 예수님은 입을 열어 자신을 고소한 종교 지도자들에게 아바를 더 보여 주셨다. 예수님이 어떤 말씀을 하시든 종교 지도자들은 여전히 예수님이 진짜 하나님의 아들이라는 사실을 믿는 것과 듣는 것을 거부했다. 예수님은 아바의 계획이 사실이 되도록 보냄 받았다는 것을 알고 계셨다. 그리고 매질당하고, 채찍에 맞고, 주먹으로 맞고, 예수님을 기다리는 끔찍한 십자가에 도살당하러 가는 마지막

어린 양이 되도록 보냄 받았다는 것을 알고 계셨다. 예수님이 하셨던 모든 말과 대답은 예수님을 더 죄인인 것처럼 보이게 할 뿐이었다. 하지만 아바의 독생자는 그들의 눈을 자세히 들여다보았다. 그리고 종교 지도자들의 질문에 대답하셨다: "맞다, 그렇다"(마 26:66을 보라).

예수님의 대답에 격분해서 대제사장과 공회 의원들과 장로들은 예수님에게 침을 뱉었고, 주먹을 들어 예수님의 입을 가격했으며, 채찍질을 하고 그분의 얼굴을 때렸다. 예수님은 어떻게 그런 주장을 하셨을까? 예수님은 그들에게 보여 주셨고, 그들을 가르치셨으며, 일생을 통하여 아바를 나타내셨다. 예수님은 어떻게 하나님의 아들이 되었는지, 그리고 왜 이 세상에 오셨는지를 종교 지도자들에게 알려 주셨다. 오늘날 죄에 물든 세상이 믿기를 거절한 것처럼, 그들은 납득하지 못했다. 종교 지도자들은 하나님의 아들이라는 예수님의 주장을 충분히 알고 있었다. 그들에게는 이제 예수님을 죽일 이유가 필요했다. 예수님에게 불리한 거짓된 혐의를 더 많이 가지고 종교 지도자들은 예수님에게 죄를 씌워 십자가에 매달 이유를 만들어 냈다.

예수님의 죄는 무엇이었을까? 예수님이 주장하셨던 것처럼, 그분은 초자연적인 능력과 사랑으로 상처받은 인류를 돕기 위하여 하늘 아빠로부터 오셨을까? 종교 지도자들은 인간인 예수님과, 신이라는 예수님의 주장과, 그분이 하나님의 아들이라고 불리는 것과, 걸음마를 배우는 아기에게 적합한 아바라는 호칭을 사용하는 것을 싫어했다. "신성 모독!" 종교 지도자들은 괴성을 질렀다: "예수를 죽이자!"

두 아들의 재판

본디오 빌라도라는 총독의 노력에도 불구하고 대제사장과 공회 의원들과 장로들은 하나님의 아들을 데려갔다. 예수님은 하나님의 독생자라는 사실을 한 번 더 변호할 수 있다는 것을 알고 계셨다. 왜 종교 지도자들은 예수님을 믿지 않았을까? 왜 예수님의 주장과 행동이 진실이라는 것을 알기 힘들었을까? 이 사람과 같이 세상에 아바를 실제로 보여 준 사람이 이제까지 하나도 없었다. 예수님보다 증거와 능력을 가진 사람도 없었고, 예수님의 모든 말을 뒷받침할 진실을 가르친 사람도 없었다. 그러나 하나님의 사랑과 용서를 사람들에게 행하고 베푼다 할지라도, 오늘날 증거를 무시하는 사람들이 있는 것처럼 종교 지도자들의 마음은 굳어졌다. 예수님이 하나님의 아들이라는 증거를 충분히 보여 주셨음에도 그들은 여전히 믿기를 거절했고, 예수님에게 마음속에 있는 어리석은 질문들을 계속해서 던졌다. 그분은 예수님이시고, 십자가에 달리셨고, 죽으셨으며, 장사되셨고, 부활하셨다. 예수님은 지금 모든 사람들의 구원자이시고 주님이시다.

종교 지도자들은 신성 모독으로 예수님을 고소했다. 그리고 예수님께 질문하는 빌라도를 보았다: "네가 정말 하나님의 아들이냐? 분명히 말하라." 뿐만 아니라 그는 예수님께 이런 질문도 했다: "네가 유대인의 왕이냐?" 예수님은 많은 대답을 하지 않으셨다. 다만 이 질문을 한 빌라도를 강렬하게 응시하시면서 대답하셨다: "나다." 이 대답은 빌라도가 자신 앞에 있는 '이 사람은 누군가' 그리고 '이 사람이 무엇 때문에 고소당했는가' 하는 두려운 생각이 들게 하는 데 충분했다.

이것이 우리 모두가 느끼는 두려움을 빌라도도 느꼈던 이유다. 그 두려움은 빌라도 자신의 명성에 대한 두려움, 수치심에 대한 두려움, 굴욕에 대한 두려움 그리고 인생과 직업에 대한 두려움이다. 이것은 빌라도가 자신 앞에 놓인 두려움과 진실 사이에서 하나를 선택해야 한다는 것에 기인한다. 하나님의 임재 가운데 모든 사람들이 애쓰고 있는 빌라도를 조용히 쳐다보며 서 있었다.

빌라도는 병사들에게 예수님을 채찍질해서 보내라고 했다. 병사들은 가시를 꼬아서 만든 왕관을 예수님의 머리에 씌웠다. 병사들은 자주색 옷을 예수님에게 입혔고, 얼굴을 때리며 조롱했다. 병사들은 말했다: "유대인의 왕, 만세!" 병사들은 자신들이 한 비열한 행동에 대하여 알지 못했다. 아담과 하와에게 입혀졌던 가죽 옷과 같이 예수님은 인류의 모든 죄에 대한 대가를 지불할 의미 있는 예복을 입으셨다. 이렇게 해서 아바의 계획은 성취되었다.

"내가 너를 놓을 권한도 있고 십자가에 못 박을 권한도 있는 줄 알지 못하느냐?" 주님을 채찍질한 후 빌라도가 예수님에게 물었다.

빌라도는 아바의 아들이라고 주장한 예수님보다 권한이 있고 더 능력이 있다는 것을 넌지시 나타냈다. 예수님은 멍들고 피투성이인 눈으로 빌라도를 똑바로 쳐다보시면서 자신의 권위를 상기시키셨다: "나의 아바, 나의 하늘 아빠가 너에게 주지 아니하셨더라면 너에게는 권한이 없다." 이것은 빌라도의 등골을 오싹하게 했고, 이 말은 지옥의 모든 곳에 울려 퍼졌다. 빌라도는 책임감에 대한 두려움으로 자신의 손을 씻고는 사람들에게 결정하도록 했다. 빌라도는 자신의 명성을 지키려는 오만함 때문에 자신의 손에 예수님의 피를 묻히고 싶지 않았다.

그 당시에는 1년에 한 번 한 명의 죄수를 풀어 주고 다른 한 명을 십자가에 못 박는 전례가 있었다. 빌라도와 사람들 앞에 두 사람이 서 있다. 한 사람은 아무런 죄를 짓지 않았음에도 불구하고 죄인이 되어 버린 아바의 독생자 예수님이고, 다른 한 사람은 강도요, 살인죄를 지은 죄인인 바라바다. 사람들은 십자가에 못 박을 사람과 놓아 줄 사람으로 누구를 선택했을까? 그날 자유롭게 된 사람은 바라바였다.

빌라도는 사람들에게 요구했다: "너희는 내가 너희를 위하여 누구를 놓아 주기 원하느냐? 그리스도라고 말하는 예수냐, 아니면 바라바냐?" 사람들은 크게 소리를 질렀다. 마치 지옥의 모든 것들이 사람들의 입을 통해서 괴성을 지르는 것 같았다: "예수를 십자가에 못 박아라! 우리는 바라바를 원한다." 예언적으로 의미 있는 일이 일어나고 있다는 것을 사람들은 깨닫지 못했고, 마귀 스스로도 이해하지 못했다. 하나님께서 아담과 하와에게 말씀하셨던 아바의 계획이 그날 나타났다. 지옥의 무리들이 이것을 알았다면 사람들은 영광의 주를 십자가에 못 박지 않았을 것이다(고전 2:8을 보라)! 이 두 사람의 재판이 진행될 때 매우 강력한 어떤 일이 일어났다. 그 일은 이전보다 훨씬 더 엄청나고, 그 일이 우리와 어떻게 연관되는지에 대해서 공통적인 유사점을 그 두 사람의 이름과 신원의 의미에서 찾아볼 수 있다!

바라바의 이름에는 아바의 아들과 관련된 예언적인 의미가 들어 있다. 바(Bar)라는 단어는 '아들'을 의미하고, 그 뒤에 이어지는 아바(Abba)는 우리가 알고 있는 것처럼 '아버지'를 의미한다. 그러므로 바라바라는 이름의 문자적 의미는 '아바의 아들'인 것이다.¹ 이로써 우리는 법정에 서 있는 이 두 사람 모두가 아바의 아들이라는 것을 예언적 의미를 통해 알 수 있다.

하나님 아버지의 두 아들이 법정에 서 있다! 바라바의 이름은 '하늘 아버지의 지음을 받은 잃어버린 아들들'로서 이 세상에 태어난 우리 모두를 예언적으로 상징한다. 이 단순한 사실을 통해서 바라바는 오늘날 우리에게도 영향을 미친다. 우리는 죄를 지은 죄인이고, 모든 사람 안에는 아담의 죄의 본성이 있기 때문에 우리 역시 바라바와 같은 사람이다. 예수님은 우리를 위하여 대가를 지불하시려고 자신의 생명을 십자가를 통해서 순순히, 그리고 기꺼이 주셨다. 그리고 그 결과 우리는 자유롭게 되었다. 우리는 바라바와 같은 사람들로서, 그 당시 십자가에서 죽임을 당하신 예수님보다 오히려 우리의 죄로 인해서 벌을 받아야만 했던 사람들이다.

역사가들과 성경학자들은 바라바의 첫 번째 이름이 또한 예수라고 말한다. 예수라는 이름의 히브리 의미는 '주님은 구원이시다' 이다. 이렇게 볼 때 바라바의 전체 이름은 예수 바라바인데, '아바의 아들' 혹은 '주님의 구원이 필요한 이 세상 아버지의 아들' 인 그의 이름의 의미는 보다 더 예언적인 사실을 제공한다! 이것이 놀라운 이유는 우리와 관련된 하나님의 계획을 알기 때문이다. 판결을 받기 위하여 서 있는 아바의 두 아들이 있다. 한 명은 모든 죄를 위하여 대가를 지불하려는 아무 잘못도 없는 신의 아들이다. 다른 한 명은 지음 받은 아바의 아들인 바라바인데, 그는 실제로 죄를 범했고 예수 그리스도를 통해서 자유롭게 된 모든 인류를 상징한다.

하나님은 아바를 보여 주시기 위하여 예수님을 보내 주시겠다는 자신의 계획을 성경을 통해 끊임없이 보여 주신다. 여기에 아바의 계획과 오늘날 우리와 연관된 두 명의 '아바의 아들들' 을 예언적으로 보여 주시기 위한 몇 가지 예들이 있다.

가인과 아벨(창 4장을 보라)

가인과 아벨은 아바의 계획과 그것이 예수님과 바라바와 인류와 어떻게 연관되는지를 더 잘 보여 준다. 아벨은 자신의 동포에게 아무런 잘못도 없이 죽임을 당한 예수님의 또 다른 예언적인 예다. 바라바와 같은 가인은 자신의 죄로 인해서 광야로 보내졌다. 가인과 아벨의 이야기에서 우리는 아바가 죄를 범한 피조물인 아들과 마주하신 것을 알 수 있다. 가인은 아무런 죄도 없는 형제 아벨을 죽였다. 그리고 가인은 광야에 있는 놋 땅으로 쫓겨났다. 이것은 예수님과 바라바를 더 잘 보여 주는 흥미로운 것이다. 하나님을 기쁘시게 한 아벨이라는 의로운 한 아들이 있었다. 마치 예수님이 하나님이 기뻐하시고 받아 주신 마지막 희생제물이 되신 것처럼, 아벨은 자신의 양 중에 첫 것을 드렸고, 하나님은 이것을 기쁘게 받아 주셨다. 하지만 가인은 살인자요, 죄를 범한 바라바를 상징한다. 가인은 죄에 대한 벌로 목숨은 유지됐지만 쫓겨났다.

두 마리의 새 (레 14:1~7을 보라)

나병을 정결하게 하는 데 사용된 두 마리의 새가 있었다. 이 두 마리의 새는 죄의 본성을 가진 인류와 예수님을 통하여 자신의 죄를 깨끗하게 해야 하는 인류에 적용된다. 첫 번째 새는 흐르는 물 위 질그릇 안에서 잡는다. 두 번째 새는 잡은 새의 피를 찍고 놓아 준다. 이 두 마리의 새에는 두 가지의 의미가 있다.

첫째, 새들은 십자가의 죽음과 부활을 예언적으로 상징한다. 첫 번째 새는 질그릇 안에서 죽인다. 이것은 인간의 몸으로 죽기 위해서 이 땅에 오신 예수님을 예시한다. 다른 새는 예수님이 십자가에서 돌아가신 후 부활하시는 것을 보여 주기 위해서 놓아 준다. 두 번째 새에게 피를 찍는 이유는, 예수님의 피 흘림이 없으면 죄의 용서나 부활이 없기 때문이다.

이 두 마리 새의 두 번째 의미는 우리가 이미 나누었던 아바의 두 아들을 예언적으로 말한다. 첫 번째 새는 우리를 위해서 피를 흘리고 십자가에서 돌아가신 예수님을 상징한다. 두 번째 새는 첫 번째 새의 피를 찍은 후 자유롭게 된 바라바와 모든 인류를 상징한다. 우리가 죄인임에도 불구하고 우리의 죄를 용서하시기 위해서 피 흘리고 죽게 하시기 위하여 예수님을 보내 주신 아바의 계획을 보여 주는 이것은 얼마나 놀라운가!

두 마리의 염소(레 16장을 보라)

아바의 계획을 보여 주는 또 다른 예가 있다. 아버지의 두 아들을 레위기 16장에서 두 마리의 염소로 보여 준다. 제사장은 두 마리의 염소를 취하고 그 두 마리 모두를 주님 앞에 드린다. 첫 번째 염소는 죽여서 예수님과 같이 속죄제물로 드리고, '희생양'이라고 불리는 두 번째 염소는 바라바와 같이 자유롭게 되도록 광야로 보낸다. 오늘날의 '희생양'이란 말은 킹제임스성경에 쓰인 의미와 완전히 반대되는 의미라는 것을 기억하는 것이 중요하다. 희생양이란 말의 현대적 표현은 다른 사람의 이익이나 어떤 목적을 위하여 목숨, 재산, 명예, 이

익 따위를 빼앗긴 사람을 비유적으로 이르는 말을 의미한다. 하지만
레위기에서, 염소는 실제로 사람들의 죄를 광야로 가져간다. 예수님
의 죽음과 부활을 통해서 자유롭게 된 것처럼, 바라바는 죄를 지었지
만 자신의 책임을 내려놓은 인류의 전형이라는 것을 기억하라.

타락한 인간, 고통 받는 구세주, 아바의 사랑

"그를 십자가에 못 박아라, 그를 십자가에 못 박아라." 군중은 소
리쳤다. 바라바가 자유롭게 되는 동안 예수님은 십자가에서 죽음에
직면하셨다. 예수님은 사람들에게 멸시를 받고, 거절을 당하셨다. 예
수님은 지치고 매 맞은 몸으로 나무 십자가를 지고 걸으셨다. 예수님
은 우리를 위하여 이것을 행하셨고, 모든 인류의 죄를 책임지셨다. 예
수님은 고통 받고, 하나님에게 벌을 받으셨으며, 괴로워하고, 십자가
형을 당하셨다. 하지만 그분은 죄가 없는 사람이다. 예수님의 모습
은 사람들이 쳐다볼 수 없고 알아볼 수 없을 정도로 망가졌다. 병사들
은 탈진해서 죽을 정도로 예수님을 채찍질했다(사 53장을 보라).

예수님은 주무시지도 못했고, 전날 밤 유월절 식사를 하신 이후로
어떤 음식도 먹거나 마시지 못하셨다. 예수님은 굶주렸고, 목말랐으
며, 몸은 깊은 상처로 부어올랐고, 매 맞은 것 때문에 힘들었다. 예수
님은 자신을 미워하는 군중들과 사랑하는 사람들 사이를 십자가를 지

고 가신다. 예수님은 사람들의 웃음소리를 듣고, 그들이 조롱하는 것을 보셨으며, 몇몇이 침 뱉는 것을 느끼고, 손을 뻗으며 우는 사람들을 보셨다.

예수님은 불평하지도, 자신을 변호하지도, 보복하지도 않으신다. 예수님을 뒤따르는 군중들은 낄낄거리며 웃는다. 로마 병사들은 예수님을 괴롭힌다. 예수님은 무릎이 풀린 채 계속 나아가셨다. 어깨는 힘이 다 빠져서 예수님에게 요구되어진 무거운 십자가를 등으로 간신히 짊어질 수 있었다. 하지만 예수님은 이것을 결코 그만둘 수 없으셨다. 예수님이 앞으로 나아가실 때, 예수님의 눈이 구경꾼들의 마음과 영혼을 찌른다. 예수님은 당신과 나와 모든 인류를 보신다. 예수님은 마음이 강퍅해지거나 복수하려는 욕망도 없이, 그냥 앞으로 나아가신다.

이 모든 내면의 무게로 인해서 예수님의 다리에 힘이 빠진다. 그리고 수많은 사람들이 예수님이 십자가를 지고 가시는 것을 본다. 예수님은 혼자이신가? 이 모든 일이 일어나는 동안 아바는 어디에 계신 걸까? 예수님에게 치유 받은 나병 환자, 청각장애인, 시각장애인, 병든 사람들은 어디에 있을까? 수많은 사람들 중에 예수님이 무거운 십자가를 질 수 있도록 그분을 대신해서 도와줄 사람은 어디에 있는 것일까? 누굴까? 예수님을 도와주고 이 무게를 줄여 줄, 그리고 그분이 당하시는 고통을 완화시켜 줄 사람은 한 명도 없다. 예수님이 십자가를 지고 가실 때, 병사들은 예수님을 계속해서 찌르고, 때리고, 앞으로

밀어 버리고, 빨리 걸어가도록 만든다. 주님은 진이 다 빠진다. 그러나 십자가에 못 박힐 골고다라는 곳까지 여정을 계속하신다.

이와 같이 아바가 보이지는 않았지만, 아바는 그 시간에 계속 예수님과 함께 계셨다. 하나님이 항상 우리를 도와주실 계획을 갖고 계셨던 이유는, 우리가 사는 동안 세상의 문제들이 어깨를 누르는 것처럼 느껴질 때가 있기 때문이다. 하나님은 우리를 떠나지도 버리지도 않으실 것이다. 여기서 우리는 예수님과 함께하시는 아바를 볼 수 있을 것이다. 우리는 어떻게 알 수 있을까? 그 이유는 이 길을 갈 때 어떤 일이 일어났기 때문이다. 하나님은 예수님 곁을 떠나지 않으시고 십자가 지는 것을 도울 누군가를 보내 주셨다. 기둥 같은 나무가 땅에 부딪칠 때 아바의 아들은 넘어졌다. 그 소리는 우레와 같은 큰 소리가 되어 영원한 세계로 전해져 사랑과 용서의 소리로 영원히 지속되었다. 로마 병사들은 죄가 없는 이 사람의 십자가를 지도록 누군가를 붙잡았다. 병사들은 걸어가고 있던 구레네 사람 시몬에게 예수님의 십자가를 지도록 강요했다: "그들이 예수를 끌고 갈 때에 시몬이라는 구레네 사람이 시골에서 오는 것을 붙들어 그에게 십자가를 지워 예수를 따르게 하더라"(눅 23:26).

이것을 통해서 우리는 예수님이 힘이 없어서 더 이상 십자가를 지는 것이 불가능했다는 결론을 지을 수 있다. 그래서 예수님은 넘어질 수밖에 없었고, 시간이 지남에 따라 쓰러질 수밖에 없었다. 그러나 아바는 십자가의 무게를 견디고 있는 예수님을 위하여 여행 중에 있는 구레네에서 온 시몬이라는 사람을 사용하셨다. 이것은 예수님이 십자가를 지고 앞으로 나아가다 넘어지고 쓰러진 뒤다. 특별히 이전에 있었던 사건 때문에 이 십자가의 무게는 큰 난제 중 하나라는 것을 우리는 기억해야 한다. 기둥에 묶여 채찍으로 맞았을 때 살과 근육이 덩어리로 찢어졌고, 예수님의 등에서는 피가 났기 때문이다.

아바는 거기에 있던 모든 사람들에게 메시지를 보내셨고, 병사들은 예수님을 돕기 위하여 구레네 사람 시몬을 선택했다. 그리고 그 후에 이 일에 대하여 모든 사람들이 들었다. 시몬은 우리가 날마다 지고 주님을 따라야 하는 십자가를 상징하는, 예수님이 등에 짊어지셨던 십자가를 졌다(눅 9:23을 보라). 이것은 하나님의 잃어버린 자녀와 자신의 죄를 혼자서는 감당할 수 없는 모든 인류의 상황을 보여 준다. 시몬은 말 그대로 십자가를 붙잡았다. 우리도 예수님이 십자가를 통해서 가능하도록 만드신 것을 믿음으로 꽉 붙잡을 필요가 있다. 이것은 우리 모두에게 구세주이신 예수님이 필요하다는 것을 보여 준다. 우리에게는 우리를 위하여 십자가를 지신 예수님, 우리의 죄를 위하여 대가를 지불하신 예수님이 필요하다. 그에 대한 보답으로, 시몬이 그랬던 것처럼 우리는 예수님을 섬기는 데 우리의 삶을 드릴 수 있다.

아바는 우리와 인간 예수님이 당하셨던 끔찍하고 비인간적인 대우를 목격했던 사람들에게 예언적 진실을 보여 주셨다. 인간 예수님은 평범한 사람은 아니었지만, 지금은 상처 입은 전사로서 병든 자들을 치유하고, 눌린 자들을 자유롭게 하고, 사랑스럽지 않은 자들을 사랑하고, 예수님이 하지도 않았던 것을 위하여 근본적인 대가를 지불하셨다. 이 모든 것이 사랑의 이름으로 발생했다. 예수님은 인간을 자신처럼 다시 회복하시기 위한 아바의 계획을 수행하셨다. 아바의 자비를 보여 주는 단순한 사실은, 예수님이 이 길을 가는 끔찍한 행로에 자신을 도와줄 어떤 사람이 있었다는 것이다. 아바는 어려운 시기에 아들이 혼자 있도록 버리거나 떠나지 않으셨다.

이것은 우리가 하나님을 이해하기 위해 필요한 중요한 사실이다. 그 이유는 우리가 나아가는 길에서 어려움을 겪을 때, 하나님은 우리가 그분이 우리를 돕기 위해 어떤 사람을 보내실 것을 알기를 원하시기 때문이다. 그러나 가장 중요한 것은, 그 어떤 사람이 아바 자신이라는 것이다. 이것은 희망도 없고 우리가 혼자서 무거운 짐과 문제를 짊어지지 않는다는 것이 아니라, 그 짐과 문제는 우리의 인생 여정에서 괜찮다는 것을 오늘날 우리에게 보여 준다. 아바는 우리와 함께 계실 것이고, 우리에게 필요한 모든 것을 공급하실 것이고, 시몬이 예수님과 함께했던 것처럼 구체적인 사람도 보내 주실 것을 우리는 확신할 수 있다. 아바는 우리의 여정에 따라서 도와줄 사람들을 보내실 것이다. 아바는 우리에게 도움을 주실 것이고, 우리가 쓰러질 때 붙잡아 주실 것이다. 당신은 버림받았다고 느껴서는 안 된다. 당신은 혼자가 아니기 때문이다. 아바는 당신을 결코 떠나거나 버리지 않으실 것이다.

이것이 주님이 가시는 길을 돕기 위해서 구레네 사람 시몬이 선택된 이유다. 이것은 우리의 인생길에 하나님이 항상 함께하신다는 것을 보여 준다. 이것에 대해서 잠시 생각해 보라. 당기고 떠밀리고 고함치는 군중들 틈에서 아바는 병사들이 시몬이라는 사람을 붙잡도록 하셨다. 이것은 하늘 아빠가 우리의 삶의 여정과 직면한 문제를 걱정하고 계심을 보여 준다. 하늘 아빠는 우리의 미래에 대해서도 역시 걱정하신다.

우리가 이미 언급했던 바라바와 지금의 바라바를 이해할 때 우리는 귀중한 진리를 알게 된다. 모든 사람이 죄를 범한 바라바와 같은 사람이지만 결과적으로 자유롭게 되었다는 것을 우리는 이해하게 된다. 그 이유는 예수님께서 우리를 위해서 대가를 지불하셨기 때문이다. 우리는 구경꾼이 아니다. 우리는 예수님이 십자가를 통해서 준비하신 사랑과 용서를 붙잡은 사람들이다. 우리는 예수님을 진심으로 따르게 된다.

아바는 떠나지 않을 것을 약속하셨다

아바는 신실하신 하나님이요, 아버지시다. 아바는 우리가 홀로 남도록 떠나거나 버리지 않으실 것이다. 십자가에서 예수님을 죽음에 이르도록 이끄셨던 사건들을 하나하나 알게 될 때, 우리는 하늘 아빠의 놀라운 속성을 알게 될 것이다. 아바가 자신의 아들에게서 떠나가셨을까? 아바가 아들을 버리셨을까?

예수님을 가까이에서 따랐던 사람들은 떠나갔다. 예수님이 끔찍한 십자가의 죽음과 직면하셨을 때 방관하며 서 있었던 사람들은 누굴까? 만약 우리의 놀라운 구세주가 우리를 위하여 고통 받은 것을 지금 알았다면, 십자가형의 잔인함을 이해하는 것이 중요하다. 십자가형은 너무 끔찍해서 로마 시민에게는 죄와 상관없이 시행하지 않았는데, 그것은 사형 선고라는 의미이기 때문이다. 유대인 역사학자인 요세푸스(Josephus)는 십자가형을 "가장 비참한 죽음"이라고 말했고, 로마 정치가였던 키케로(Cicero)는 "가장 잔인하고 혐오스러운 형벌"이라고 말했다. 이 비인간적인 행위를 이해한 사람들은 성경 구절을 충분히 인식했다: "십자가에 못 박고…"(막 15:24). 요세푸스와 키케로는 모든 사람들 앞에서 발가벗겨지고 수치를 당하는 확실한 굴욕에 대해서 묘사한다. 아주 이해하기 쉽게 말하면, 그들은 예수님이 당한 극도의 통증과 고통을 말한다.

예수님이 십자가에 매달렸던 장소인 골고다에 도착하셨을 때, 병사들은 예수님을 십자가에 묶고 손과 발에 못을 박았다. 예수님은 병사들이 팔목에 못을 박는 것을 보셨다. 망치가 못을 내리치는 소리가 났고, 예수님은 자신의 생명을 기꺼이 내려놓으셨기 때문에 사람들의 심장 박동을 자신을 격려하는 소리로 들으셨다. 못이 예수님의 몸을 찔렀을 때 예수님은 숨이 턱 막히고 통증으로 몹시 괴로워하신다. 그러나 망치질을 할 때마다 예수님의 몸은 고통스럽게 흔들리면서도 그분의 사랑과 용서는 계속된다.

이 세상과 하늘에 있는 아바의 보좌 사이에 불확실한 상태로 매달려 계시면서 예수님은 나무 십자가 위에서 숨을 들이마시기 위해서 몸을 올리신다. 예수님을 사랑한 천사들은 창조된 이후로 예수님을 경배해 왔다. 셀 수 없을 만큼 수많은 천사들의 무리가 예수님을 지켜보았지만 예수님을 돕기 위해서 예수님께로 내려오지는 않았다. 천사들은 아바의 믿기 어려운 이 계획을 온전히 알 수 없다. 예수님을 자신의 사랑하고 기뻐하는 아들이라고 선언하신 아버지 자신도 역시 지켜보고만 계신다. 참새 한 마리가 땅에 떨어지는 것도 아실 정도로 아버지의 눈은 항상 참새를 보고 계신다. 같은 방식으로, 아버지의 눈은 항상 자신의 아들인 어린 양을 보고 계신다. 이렇게 끔찍한 취급을 당하는 모든 순간을 아바는 지켜보고 계시지만 거기에 개입하지는 않으신다. 아들을 변함없이 사랑하시지만 하나님은 예수님을 도울 수 없으시다. 만약 하나님이 예수님을 도우신다면, 하나님의 계획은 끝나게 되고, 인류는 영원히 죄의 본성을 가지게 되기 때문이다!

하나님의 개입이 부족하다는 것이 아바가 예수님을 홀로되게 하고, 포기하고, 심지어 저버렸다는 의미는 아니다. 예수님의 하늘 아빠는 예수님과 함께 계셨다. 예수님이 십자가에 못 박히시기 전에 동산에서 하나님께 "아바, 아버지" (막 14:36을 보라)라고 말하면서 부르짖으신 이후로 이것은 특별한 경우다. 예수님의 전 생애를 살펴보면 하나님은 아들에게 솔직하셨다. 하나님은 예수님이 끔찍한 십자가에 못 박힐 때를 포함해서 고통당하는 모든 순간 예수님 옆에 계셨다.

하나님은 자신의 백성에게 신실하신 분이다. 그리고 하나님은 우리를 떠나거나 버리지 않으실 것이다(히 13:5을 보라). 어느 날, 주님은 나에게 나의 삶과 아바이신 하나님에 대한 이해가 바뀌었다고 말씀하셨다.

나는 여러 가지 난제에 직면했었고, 내가 감당할 수 있는 것보다 더 큰 공격에 직면한 것 같은 기분이 들었었다. 하나가 때리고 나면 또 하나가 공격했다. 하지만 이런 순간에도 당신은 하나님은 신실하신 분이고 당신을 도와주실 것을 상기해야 한다. 나는 기도했지만 그 고난의 시간에 내 인생에 간섭하시는 주님을 많이 감지하지는 못했다. 나는 하나님을 크게 부르고 있었다. 그리고 하나님이 무엇인가 말씀하셨을 때, 하나님은 글자 그대로 나를 흔드셨다: "행크, 나는 너를 버리거나 떠나지 않을 것이다. 나는 너의 아바 아버지다. 나는 이스라엘 공동체에게는 아버지로, 모세에게는 친구로 나 자신을 보여 주었다. 예수가 오기 전에는 안 그랬지만, 나는 나 자신을 아바로 더 많이 보여 주었다. 나는 너의 하늘 아버지다. 나는 너를 떠나지 않을 것이다. 나는 너를 도와주기 위해서 여기에 있다. 나는 너를 버리지 않을 것이다. 그렇게 보이지 않을지라도, 나의 아들아, 나는 너를 버리지 않았고, 너를 용서했다!"

이 말씀들은 나를 영원히 변화시켰다! 나는 이 말씀들을 확실하게 들었고, 내가 들었던 말씀으로 난제와 공격을 완전히 극복했다. 하나님의 임재로 진동했을 때 나는 머리 위로 담요를 푹 뒤집어썼다. 하나님은 다시 몇 마디 말씀을 하셨다: "나의 아들아, 나는 너를 버리지 않을 것이고, 너를 용서했다!" 뭐라고요? 내가 들은 것으로 인해서 충격을 받았을 때 나는 생각했다. 나는 "당신은 당신의 아들을 용서하지 않으셨는데요?"라고 물었다. 곤경에 처한 나를 포기하거나 버리지 않으셨다는 것을 내가 깨달았을 때, 이 말씀들은 나를 놀라게 했을 뿐만 아니라 편안하게 했다. 하나님이 자신의 아들인 예수님을 위해서 계셨던 것처럼, 나의 하늘 아빠는 나를 위해서 거기에 계셨다. 마치 하나님이 자신의 아들인 예수님을 버리지 않으신 것처럼, 하나님은 우리를 떠나거나 버리지 않겠다고 약속하셨다.

나는 내가 들었던 것을 즉시 성경에서 찾기 시작했다. 왜냐하면 내가 믿었던 것과 다르게 보였기 때문이다. 나는 항상 예수님이 모든 인류의 죄의 대가를 지불하시기 위하여 십자가에서 돌아가셨을 때, 아빠는 예수님을 보살피지 않으셨고, 그분이 짊어지신 죄 때문에 그분을 외면하셔야만 했고, 두 강도를 위해서 예수님을 버리셨다고 들어왔다. 그리고 이 일이 일어났을 때 예수님은 십자가에서 큰 소리로 외

치셨다: "나의 하나님, 나의 하나님, 당신은 왜 나를 버리셨습니까?"
나는 항상 이렇게 듣고 배웠다.

나는 예수님이 십자가에서 하신 이 선언을 좀 더 살펴보길 원했다.
그리고 주님이 나에게 보여 주신 것을 믿길 원했다. 나는 성경 구절을
찾기 시작했고, 그 구절에 대해서 존경하는 목사님과 상담했다. 나는
이렇게 깨달았다. 아바는 자신의 아들을 버리지 않으셨고, 매 순간 예
수님과 함께 있을 것을 약속하셨다. 예수님은 하늘 아빠가 자신을 떠
나지 않을 것을 신뢰하셨다. 만약 예수님이 하나님께 원하시기만 하
면, "아버지께 구하여 지금 열두 군단 더 되는 천사를 보내시게 할 수"(마
26:53) 있다는 것을 우리는 알고 있다.

표적

예수님과 하늘 아빠는 매우 친밀했다. 예수님은 자신을 위해서 함
께하시는 하나님을 의지했다. 이것은 예수님이 십자가에서 돌아가신
것과 그 이전의 사건들도 포함된다. 예수님은 십자가에서 돌아가시기
전에 바리새인들과 제자들에게 말씀하실 정도로 아버지가 자신을 떠
나지 않으리라 확신하셨다. 예수님은 바리새인들과 제자들에게 표적
을 보여 주셨다. 그래서 그들은 예수님이 진짜 하나님의 아들이라는
것과 예수님의 아바는 예수님의 곁을 떠나지 않으실 것을 알았다.

예수님은 바리새인들이 자신을 조롱하며, 모욕하며, 신분을 의심하며 십자가 곁에 서 있는 것을 아셨다. 바리새인들은 불신감과 혐오감과 예수님의 아버지가 예수님에게서 떠났다는 생각에 머리를 흔들었다. 이것이 바리새인들이 이렇게 말한 이유다: "네가 다른 사람을 구원하였다 했으니, 이제는 너 자신을 구원해 봐라"(마 27:42을 보라). 예수님을 거짓말쟁이로 만들고 진실을 허위사실로 고소한 바리새인들이 아버지가 예수님을 버렸다고 믿고 있다는 것을 예수님은 아셨다. 바리새인들에게 아버지가 예수님을 버렸다고 믿게 만들고 유일하게 예수님을 반대할 사례로 만들 십자가의 고통을 예수님은 아셨다.

하지만 예수님은 바리새인들이 십자가에서 고통 받는 자신을 볼 때 자신이 하늘 아빠에게 버림받지 않았다는 것을 알 수 있도록 그들에게 단서를 제공하셨다. 이 일이 일어났을 때, 예수님은 아버지가 자신을 버리지 않으셨다는 것과 자신이 하나님의 진짜 아들이라는 것을 보여 주시기 위하여 그들이 기억할 수 있도록 매우 중요한 표적에 대하여 말씀하셨다.

> "그들은 아버지를 가리켜 말씀하신 줄을 깨닫지 못하더라 이에 예수께서 이르시되 너희가 인자를 든 후에 내가 그인 줄을 알고 또 내가 스스로 아무 것도 하지 아니하고 오직 아버지께서 가르치신 대로 이런 것을 말하는 줄도 알리라 나를 보내신 이가 나와 함께 하시도다 나는 항상 그가 기뻐하시는 일을 행하므로 나를 혼자 두지 아니하셨느니라"(요 8:27~29).

예수님은 바리새인들에게 그들이 자신이 누군지 의심할 것이고, 하나님이 하늘 아빠라는 것을 믿지 않을 것이라고 말씀하셨다. 하지만 예수님은 자신이 누군지, 그리고 아버지가 아직도 함께 계시다는 표적을 그들에게 주셨다. 예수님은 바리새인들에게 말씀하셨다: "너희가 나를 십자가에 매달을 때, 나는 혼자가 아닐 것이다! 나는 아버지께 버림받지 않을 것이다!" 예수님은 계속해서 말씀하셨다: "너희는 내가 거짓말을 하고 있고 신성 모독한다고 생각한다. 그러나 너희는 아버지가 나를 떠나지 않으셨음을 알게 될 것이다." 예수님은 이렇게 확신을 가지고 말씀하실 수 있었다. 예수님은 이미 일어날 일의 결과와 아버지가 자신을 떠나지 않으실 것을 아셨기 때문이다.

예수님이 그렇게 말씀하실 수 있었던 이유는, 예수님은 말씀하시는 것을 포함해서 항상 아바가 기뻐하시는 일을 하셨기 때문이다(요 8:29을 보라). 그러므로 예수님이 버림받았기 때문에 십자가에서 하나님을 부르셨다고 생각한다면 이것은 하나님을 기쁘시게 하는 것이 아니다. 예수님이 말씀하신 자신과 아버지 사이에 일어났던 일은 실제로 그 반대다. 예수님은 항상 아버지가 기뻐하시는 일을 하고, 하늘에 계신 아빠가 자신과 함께하신다고 바리새인들에게 말씀하셨다는 것을 기억하라. 바리새인들은 예수님이 아바에게 자신을 버린 이유에 관해서 질문한 것이 아버지가 예수님과 함께하신다는 것을 예수님이 의심하고 믿지 않는다는 의미라고 말함으로써 예수님을 거짓말하는 죄인으로 만들고, 아버지를 불신하도록 만들었다. 이것은 바리새인들이

고의로 말한 것이지, 예수님이 그렇게 하신 것이 아니다.

예수님은 자신을 보내신 아바가 자신과 함께하신다고 바리새인들에게 말씀하셨다. 예수님의 아버지는 예수님 곁에 계셨다! 예수님의 죽음까지도 아버지를 기뻐하시게 했다는 것은 중요하다. 예수님은 희생제물이 되어 하나님을 기쁘시게 했기 때문이다. 예수님은 희생제물이 되셨고, 인류의 모든 죗값을 치를 마지막 어린 양으로 하나님에게 드려졌다. 과거에 중요하게 여겨지는 희생제물을 하나님이 받으셨다. 특별히 이스라엘에서는 그들의 모든 죄를 위하여 1년에 한 번씩 어린 양을 죽였다. 그런데 예수 그리스도의 희생을 통하여 또 다른 희생제물이 필요 없이 이 모든 것이 단번에 해결되었다. 만약 하나님께서 외면하셨다면, 그것은 제물을 기뻐하지 않으시고 예수님을 받지 않으셨다는 의미다. 이것은 곧 가치 있는 희생제물로 여겨지지 못한다는 의미다. 이런 이유로 제사장들은 사전에 어린 양이 확실히 흠이 없는지를 점검하여 확고히 했다. 그런 어린 양이어야 사람들의 죄를 위해서 드려질 수가 있었기 때문이다. 신중하게 선택된 어린 양이 만족스러울 때, 그 어린 양은 제물이 되고, 하나님은 외면하지 않으시고 그 어린 양을 받으신다.

똑같은 방식으로, 예수님은 죄가 없으셨지만 십자가에서 돌아가시기 위하여 헤롯과 본디오 빌라도와 대제사장과 공회 의원들에게 점검을 받으셨다. 우리는 아바가 예수님을 기쁘시게 받으셨다는 것을 알고 있다. 예수님이 십자가에 달리셨을 때 아버지는 외면할 필요가 없으셨다는 의미다. 예수님은 죽임을 당하셨고, 사람들의 죄를 위하여 피를 흘리셨다. 예수님은 하나님에게 거절당하거나 버림받지 않으셨다. 희생제물인 어린 양과 똑같이 제물로 드려지기에 합당하도록 제사장들에게 점검을 받으셨다. 하나님은 외면하지 않으시고 기쁨으로 희생제물을 받으셨다. 이것은 예수님이 세상의 죄를 도말하는 하나님의 어린 양이 되신 것이다. 하나님은 예수님을 외면하거나 버리지 않으셨다.

예수님은 죄를 위해서 제물이 되셨다

당신은 "네, 예수님은 죄를 범하지 않으셨습니다. 그런데 왜 예수님은 버림받고 하나님은 잠시 외면하셨나요?"라고 말할 수 있을 것이다. 우리가 이미 말했지만, 성경은 예수님을 흠이나 점이 없는 하나님의 어린 양이라고 말한다(벧전 1:19을 보라). 예수님은 우리의 대제사장이시고, 죄가 없으시며, 결코 죄를 범하지 않으신, 입에 어떤 거짓도 없으신 분이시다(히 4:15, 벧전 2:22을 보라). 예수님이 이 땅에 사셨을 때 그분은 죄가 없는 완벽한 분이셨다. 그런데 예수님은 죄는 없지만 죄의 제물로 십자가에서 고통을 당하셨다. 그 차이는 무엇일까? 만약 예수님이 죄를 범하셨다면, 그 죄는 예수님을 죄인으로 만들고 죄책감이 들게 했을 것이다. 그러나 만약 예수님이 죄를 위해서 제물이 되셨다면,

예수님은 다른 사람들의 죄 때문에 죄인 취급을 받고 예수님 자신이 처벌을 받으시는 것이다. 이것은 예수님이 죄를 짓지는 않았지만 속죄를 위한 제물 혹은 죄인이라는 점에서 죄에 대한 책임이 있으시다는 의미다. 아버지가 예수님을 버리셨다고 느끼는 여러 가지 이유는, 예수님이 흠 없는 완벽한 어린 양일지라도 죄를 지었다고 종종 생각하기 때문이다. 예수님이 죄를 짓지 않으셨다는 것은 아버지가 예수님을 버리지 않으셨다는 것이다.

바울을 이렇게 썼다: "하나님이 죄를 알지도 못하신 이를 우리를 대신하여 죄로 삼으신 것은 우리로 하여금 그 안에서 하나님의 의가 되게 하려 하심이라"(고후 5:21). 바울은 이사야 53장을 인용해서 말하고 있다. 그 구절은 예수님이 '속죄를 위한 제물'이 되셨다고 말한다: "여호와께서 그에게 상함을 받게 하시기를 원하사 질고를 당하게 하셨은즉 그의 영혼을 속건제물로 드리기에 이르면 그가 씨를 보게 되며 그의 날은 길 것이요 또 그의 손으로 여호와께서 기뻐하시는 뜻을 성취하리로다"(사 53:10). 이사야의 이 구절에 대한 이해는 고린도인들에게 한 바울의 말을 이해하는 데 도움이 된다. 또한 바울은 이사야에서 이 구절을 인용하여 예수님의 죽음은 죄를 위한 제물보다는 예수님을 실제로 죄로 삼으셨다는 것을 자신의 글을 통해 나타낸다. 이사야가 예수님에 대하여 그분은 '속죄를 위한 제물'이 되실 것이되 죄 그 자체는 아니라고 예언한 것은 중요하다.

다시 말해서, 우리는 다음과 같이 말할 수 있다. 만약 당신이 속죄를 위한 제물이라고 한다면 당신이 죄 그 자체를 범한 것은 아니다. 당신에게 연대 책임이 있다 할지라도, 당신이 죄를 범했다는 것이 아니라 죄에 대한 책임과 처벌이 있다는 것을 의미한다. 이것이 예수님은 죄인이 아니고 죄를 범하지도 않으셨다는 이유다. 그런데 예수님은 오히려 죄인으로서 벌을 받고, 고소를 당하셨다. 뿐만 아니라 예수님에게 모든 사람들의 죄를 떠넘겼던 이유는 모든 인류를 위한 속죄제물이 되도록 하기 위해서이다: "그리스도께서 하나님 곧 우리 아버지의 뜻을 따라 이 악한 세대에서 우리를 건지시려고 우리 죄를 대속하기 위하여 자기 몸을 주셨으니"(갈 1:4).

이미 언급한 염소와 어린 양에 관해서, 그리고 염소와 어린 양이 속죄를 위한 제물로 어떻게 희생되었는지 우리는 알고 있다. 염소와 어린 양을 속죄를 위한 제물로 속죄일에 죽였을 때, 염소와 어린 양이 죄악으로 가득 찼다거나 죄를 범했다는 의미는 아니다(레 16장을 보라). 완벽한 어린 양이신 예수님도 실제로 죄를 범하지 않으셨지만, 속죄를 위해서 순전하고 완전한 최후의 제물이 되셨다. 염소나 어린 양이 모든 사람들의 죄를 대신한 것처럼, 예수님은 죄가 없으셨지만 모든 사람들의 죄를 대신하셨다. 예수님은 속죄제물이 되셨다.

하나님은 나와 함께하신다

이것은 아버지가 아들을 외면하거나 버리지 않으시는 이유를 우리가 이해하도록 도와준다. 다시 말하면, 이것은 예수님이 사람들에게 "나를 보내신 이가 나와 함께 하시도다 나는 항상 그가 기뻐하시는 일을 행하므로 나를 혼자 두지 아니하셨느니라"(요 8:29)라고 말씀하신 이유다. 예수님이 아버지는 "나와 함께 하신다", 그리고 "나를 버리지 않으신다"라고 말씀하신 의미를 주목하는 것이 중요하다. 그 이유는 "나와 함께 하신다"는 헬라어 현재형으로, 이것은 계속되는 행동을 보여주는 것이지, 아바가 그때만 예수님과 함께하셨다는 것을 말하는 것이 아니다. 한다(eimi)라는 동사는 현재형, 능동태, 직설법 동사이다. 이것은 현재시제이기 때문에 현재와 그 이후에 계속되는 행동을 의미한다. 그래서 예수님이 "나를 보내셨던 아버지는 나와 함께 하신다"라고 말씀하셨을 때, 예수님과 아버지 사이에서 그 일이 일어났고, 이것이 단지 그때만이 아니라 계속적으로 연관된 것을 보여 준다.

Amplified Bible(AMP)은 이 구절을 아버지가 아들과 영원히 함께 계신 것을 말한다고 번역한다: "그리고 나를 보내셨던 아버지는 영원히 나와 함께 하신다. 나는 항상 아버지가 기뻐하시는 일을 행하기 때문에, 나의 아버지는 나를 혼자 두지 않으신다"(요 8:29, AMP).

예수님의 죽음과 부활 사건을 통해서 볼 때, 이것은 계속되는 행동을 나타내는 구절이기 때문에 예수님은 하나님과 결코 분리될 수 없을 것이라는 의미다. 헬라어에 대한 이해는 "나를 보내셨던 분이 나와 함께하시고, 나와 계속 함께하실 것이다"인 것이다. 예수님은 하늘 아버지가 자신과 함께하실 것이라고 확실히 말씀하셨다. 예수님이 하신 말씀은 현재에도 미래에도 영원히 함께하심을 의미한다! 하나님이 십자가에서 예수님을 버리셨다는 선언은 말도 안 된다! 이것이 예수님이 십자가에서 하신 선언인 "나의 하나님, 나의 하나님, 왜 나를 버리셨나이까?"를 우리가 신중히 살펴보아야 하는 이유다.

하나님은 '나를 떠나지 않으신다'. 이 구절에서 아바가 예수님 곁에 머무르셨다는 더 많은 증거가 있다. 이 구절은 헬라어로 부정 과거다. '떠났다'로 번역하는 동사 aphiemi는 부정 과거, 능동, 직설법 동사다. '나를 떠나지 않으신다'라는 구절의 의미는 어떤 일이 일어났거나 일어나고 있다는 것이고, 그것의 결과가 지속적으로 발생한다는 것을 나타낸다. 다른 말로 하면, 그것은 단지 현재나 과거의 사건이 아니라, 아바가 예수님과 계속 함께 계실 것이고, 버리거나 혼자 두지 않으신다는 것이다. 그리고 여기에는 예수님이 십자가에 매달려 돌아가신 시간도 포함되었다.

십자가에서 예수님이 하셨던 질문을 이해하는 것이 중요하다. 만약 예수님이 아버지가 결코 자신을 떠나지 않으셨다는 것을 아셨다면, 아버지가 자신을 영원히 버리셨다고 생각할 필요가 없으셨을 것이다. 예수님은 심지어 질문조차 할 필요가 없으셨을 것이다. 십자가에서 예수님의 외침을 다르게 생각해 볼 만한 이유가 틀림없이 있을 것이다. 예수님이 버림받았다고 느끼셨을까? 예수님이 정말로 버림받았거나, 아니면 뭔가 다른 것을 보여 달라고 말씀하신 것일까?

예수님이 사람들에게 아버지는 항상 자신과 함께 있다고 말씀하셨을 때, 이것은 자신과 하늘에 계신 아버지 사이에 친밀함과 깨질 수 없는 관계를 보여 준 것이다. 아버지는 과거에도, 현재에도, 미래에도 결코 혼자 두지 않으신다. 그래서 예수님은 아버지가 자신과 함께하시는 것에 대해서, 특별히 십자가 사건에 대해서 확신을 가지고 말씀하실 수 있으셨다. 이것은 예수님에게 질문한 사람들에게 표적이 되었지만, 그들은 예수님의 십자가 밑에서도 믿지 않았다.

예수님이 제자들에게 하신 말씀을 통해서 그분은 아바가 자신의 곁을 떠나지 않으셨다는 것을 한층 더 보여 주셨다. 예수님은 제자들과 하늘에 계신 아빠 사이의 차이점을 말씀하셨다. 예수님은 제자들에게 그들 모두가 자신을 떠날 것이고, 흩어져 살게 될 것이고, 두려움을 극복하게 될 것이라고 말씀하셨다. 그러나 아바는 다르다! 십자가에서 죽는 동안에도 아바는 제자들처럼 예수님 곁을 떠나지 않으셨다. 예수님의 아버지는 예수님 곁을 떠나지도, 예수님을 버리지도 않으셨다. 예수님은 십자가의 죽음 앞에서 제자들에게 말씀하셨다: "보라 너희가 다 각각 제 곳으로 흩어지고 나를 혼자 둘 때가 오나니 벌써 왔도다 그러나 내가 혼자 있는 것이 아니라 아버지께서 나와 함께 계시느니라"(요 16:32).

예수님은 자신의 죽음에 관심이 생긴 제자들에게 말씀하신다. 예수님은 제자들 모두가 자신을 떠날 것이지만, 하늘에 계신 아빠는 모든 과정에 자신과 함께 계실 것이라고 계시하셨다. 우리는 '나는 혼자가 아니다' 그리고 나의 '아버지는 나와 함께하신다' 라는 구절로부터 이것을 알 수 있다. 이것은 헬라어 현재 시제로, 그 의미는 '아버지는 항상 나와 함께하셨고, 함께하시며, 함께하실 것이다' 라는 것이다. 제자들은 예수님을 떠나고 부인하고 버린 것에 반하여, 이것은 예수님이 가지셨던 편안함이다. 예수님은 혼자가 아니셨다. 그 이유는 아바가 계속해서 예수님과 함께하셨기 때문이다. 예수님이 비인간적으로 버림받은 것 같이 보일지라도, 아바가 항상 함께하시는 것은 조금도 변함이 없다는 것을 우리에게 보여 주셨다. 아바는 예수님을 떠나지 않으셨고, 예수님과 항상 함께하셨다.

따라서 예수님이 유대인들과 제자들에게 아버지가 자신의 곁에서 떠나지 않으셨다고 말씀하신 것은, "나의 하나님, 나의 하나님, 당신은 왜 나를 버리십니까?" 라고 물었던 때를 말씀하시는 것이다.

예수님은 버림받으셨을까?

하나님의 아들이 십자가에서 피를 흘리셨을 때 하늘이 어두워졌다. 예수님과 아바의 계획을 받아들인 모든 인류에게 바로 그 문이 열렸다. 예수님은 간신히 숨을 쉬신다. 이 세상에 보냄 받은 인간으로서 마지막으로 몇 번의 숨을 쉬기 위하여 자신의 몸을 들어올린다. 예수님은 아바를 부르며 말씀하신다: "아버지, 저들을 사하여 주옵소서. 자기들이 하는 것을 알지 못함이니이다." 부어오른 입술과 타박상을 입은 뺨으로 인해서 지금 예수님은 말하는 것이 더 어렵다. 예수님은 두 팔에 힘이 빠졌을 때 몸을 펴신다. 병사들은 예수님의 두 팔을 벌려 십자가에 매달았다. 그것은 마치 "나의 두 팔은 넓게 벌려 있다. 무거운 짐 진 자들아, 다 내게로 오라. 내가 너희를 쉬게 하리라. 죄에 시달리는 자들아, 다 내게로 오라. 내가 너희를 용서하리라. 그리고 평강을 주리라!"라고 말하는 것 같다.

예수님은 힘이 없고, 계속되는 통증으로 몸에 있는 모든 신경은 고통에 반응한다. 종교 지도자들이 예수님과 예수님의 외모에 대한 혐오감으로 자신의 머리를 흔들었을 때 예수님은 누가 옆에 서 있는지 알아볼 수조차 없으시다. 예수님은 말하는 것은 고사하고, 배고프고, 목마르고, 숨도 쉴 수 없으시다. 하지만 하나님의 아들은 십자가의 고통을 견딜 수 있도록 하는 자신 앞에 놓인 힘과 기쁨을 발견하셨다. 예수님이 말씀하실 때 곁에 서 있는 사람들이 하던 일들을 멈추고 그

분의 외침을 들었다: "엘리 엘리 라마 사박다니!" 이것을 번역하면 "나의 하나님, 나의 하나님, 어찌하여 나를 버리셨나이까?" (마 27:46을 보라)이다.

예수님은 버림받았다고 느끼셨을까? 이것이 아버지에게 말씀하신 실제 질문일까? 예수님이 이런 말을 하셨을 때 그분은 실제로 버림받았을까? 예수님에게 무슨 일이 일어날까? 예수님은 왜 질문하셨을까? 그저 인류를 위해서 중보기도를 하신 것일까? 예수님의 모든 가르침에서 제자들이 기도하도록 가르치실 때조차도 예수님은 하나님을 언급하실 때 하나님을 항상 아바 또는 아버지라고 부르셨다. 그런데 왜 예수님은 지금 그분을 아바가 아니라 하나님이라고 부르셨을까? 기록된 예수님의 가상칠언에서 예수님은 자신의 아버지를 두 번이나 하나님이라고 부르셨다. 왜 예수님은 지금 아바라는 더 친밀한 용어 대신에 "하나님"이라고 말씀하고 계실까?

예수님이 하나님을 부르면서 이렇게 선언하신 것은 인간인 우리의 삶에서 하나님이 필요하다는 것을 보여 주는 단순한 사실 때문이다. 우리 개인의 아바가 되신 그분을 단지 우리의 하나님이라고 부르는 것이다. 일단 우리가 해 보면 우리의 마음으로 "아바!"라고 큰 소리로 부를 수 있다. 십자가에서 이렇게 말씀하신 예수님도 마찬가지로 모든 사람이 자신의 인생에서 어떤 점을 묻는 질문을 인용하신다. 그것은 "왜"라는 질문이다. 예수님이 이렇게 말씀하셨을 때, 그것은 하나님께 똑같은 질문을 하는 인류를 위한 중보기도의 한 형태라는 것을 우리는 이해해야 한다.

"왜 이런 일이 일어났을까?" "내가 어렸을 때 나의 아버지는 왜 나를 떠나셨을까?" "나에게는 왜 상처와 고통이 있을까?" "나는 왜 버림받았다고 느낄까?" 당신은 우리가 묻는 질문을 안다. 예수님은 죽음과 부활을 통해서 자신의 선언을 우리에게 보여 주셨다. 예수님은 모든 사람들의 "왜"라는 질문에 대한 해답이시다. 예수님은 우리가 하나님에게 "왜"라는 질문을 하지 않도록 보여 주셨다. 그 이유는 예수님이 우리에게 필요한 해답을 주기 위해서 돌아가셨기 때문이다. 이 세상을 사는 동안 하나님은 우리를 버리지 않으실 것이다.

이것은 예수님이 시편 22편을 인용하여 "왜"에 대하여 선언하신 것이다: "내 하나님이여 내 하나님이여 어찌 나를 버리셨나이까 어찌 나를 멀리 하여 돕지 아니하시오며 내 신음 소리를 듣지 아니하시나이까" (시 22:1). 이것이 다윗 왕이 시편을 썼을 때 느꼈던 것이고, 오늘날 우리가 자주 느끼는 것이다. 우리는 가끔 자포자기하고, 버림받고, 심지어 하나님이 우리에게 귀를 기울이지도 도와주지도 않으신다고 느낄 수 있다. 그러나 예수님은 우리가 갖고 있지 않은 "왜"에 대하여 이 구절을 인용하신다. 인류가 이 세상을 사는 동안 묻는 질문은 예수님이 아버지에게 물으셨던 질문과는 다르다. 예수님의 아버지는 예수님과 함께하시고 우리와도 함께하실 것이라는 희망을 모든 인류에게 주셨다!

우리가 깨달을 수 있는 이유는, 예수님이 하나님께 질문한 것이 아니라 시편의 질문을 인용해서 질문에 답하신 것이기 때문이다.

예수님이 질문하신다고 해서 그것이 그 당시 예수님이 개인적으로 느끼셨던 것이나 아버지가 자신을 버린다는 것을 의미하지는 않는다. 우리가 전에 말했던 것을 기억하라. 예수님은 아바가 자신을 떠나지 않으실 것이고 항상 함께하실 것이라고 말씀하셨다. 바로 이것을 다른 사람들에게 말하라고 가르치셨다.

예수님이 자신에게 어떤 일이 생길지 몰라서 아버지에게 질문했다고 생각하는 것은 이치에 맞지 않다. 물론 예수님은 어떤 일이 일어날지 그 답을 아신다. 그리고 자신의 아버지를 하나님이라고 부르면서 질문할 필요가 없으시다. 예수님은 자신에게 무슨 일이 일어나거나 어떤 일이 생길지 잊지 않으셨고, 이것은 병사들과 예수님을 둘러싼 군중들도 익히 알고 있다. 예수님은 그 상황 가운데서 놀라거나 버림받았다고 느끼지 않으셨다. 요한은 우리에게 상기시킨다: "예수께서 그 당할 일을 다 아시고 나아가 이르시되 너희가 누구를 찾느냐"(요 18:4).

예수님은 자신에게 어떤 일이 일어날지 정확히 아셨고, 자신의 임박한 죽음을 포함해서 자신에게 일어날 모든 것에 대해서 아셨다(요 12:27을 보라). 예수님은 자신에게 일어날 일과 아버지가 자신의 손에 맡기신 모든 것을 아셨다: "저녁 먹는 중 예수는 아버지께서 모든 것을 자기 손에 맡기신 것과 또 자기가 하나님께로부터 오셨다가 하나님께로 돌아가실 것을 아시고"(요 13:3). 그러므로 "왜"라고 물을 필요가 없으셨다. 다시 말하면, 성경에 예수님이 질문한 기록이 있다고 해서 예수님이 답이 필요하기 때문에 물으셨다는 의미는 아니라는 것이다. 이것은 그 당시 거기에 있던 사람들과 미래의 다음세대를 위하여 예수님이 성경을 인용하셨다는 것을 우리는 알게 될 것이다.

예수님은 발가벗겨진 채 사람들 앞에서 수치를 당하신 것을 우리는 반드시 기억해야 한다. 예수님은 몸으로도 마음으로도 칼로 찌르는 것과 같은 느낌을 느낄 수가 없으셨다. 물론 버림받은 것과 완전히 홀로 되었다는 것은 느끼셨다. 그러나 이것이 예수님이 아버지에게 버림받은 것에 대해서 질문하셨다는 의미는 아니다. 우리가 힘든 시간과 고통스러운 시련을 겪을 때 느끼는 것이 이와 같지 않은가? 우리는 이유와 느낌을 묻는 경향이 있다. 하지만 예수님은 우리에게 자신이 해답인 것과, 또한 우리와 "왜"라는 우리의 질문을 위해서 중보하고 계신 것을 보여 주신다.

예수님은 몸과 마음이 이렇게 된 중에도 자신의 곁을 결코 떠나지 않겠다는 아바의 약속을 붙드셨다. 예수님은 자신을 위해서 거기에 계시는 하늘 아빠에 대한 믿음을 잃지 않으셨다. 우리도 마찬가지여야 한다. 예수님이 십자가에서 왜 그렇게 발언하셨는지 계속해서 알아보자. 예수님은 자신을 버린 세상에 대해서 말씀하셨을까? 오래전에 기록된 메시아에 관한 시편을 사람들에게 상기시키시어 그것이 오실 메시아인 자신에 대한 예언이라고 할 수 있으셨을까? 예수님은 사람들에게 시편 22편을 되풀이하여 말씀하셨고, 자신이 들릴 때 자신이 누군지, 그리고 아바가 자신과 함께하심을 그들이 알게 될 것이라고 상기시키셨다(요 8:28~32을 보라)! 이것은 예수님이 하신 것이 틀림없다고 나는 믿는다.

시편 22편 검토하기

이런 질문들에 대한 대답을 이해하고 예수님이 시편 22편을 인용하신 이유를 이해하기 위해서, 예수님이 마치 질문하는 것처럼 이 성경 구절을 말씀하시기 전에 어떤 일이 일어났는지를 우리는 기억할 필요가 있다. 성경의 모든 구절 중에 예수님은 그때 왜 이 한 구절을 말씀하셨을까? 이것을 이해하기 위해서 우리는 예수님이 십자가에서 이 선언을 하시기 이전에 어떤 사건이 일어났는지 돌아가 볼 필요가 있다.

예수님이 십자가에서 고통을 당하실 때, 예수님 앞에서 많은 사람들이 머리를 흔들며 말했다: "예수, 너는 사흘에 성전을 헌다고 말했다. 그러니 너 자신을 구원해라. 만약 네가 하나님의 아들이라면 십자가에서 내려와 봐라. 그러면 우리가 너를 믿을 것이다. 네가 다른 사람들은 구원하고 너 자신은 구원하지 못하는구나." 그 다음에 그들은

말했다: "너는 너의 아바를 신뢰한다고 했지? 만약 하나님이 원하시면 너를 구원해 보라지. 너는 '나는 하나님의 아들이다' 라고 말했잖느냐"(시 22:8, 마 27:39~43을 보라).

마치 하나님께 묻는 것이나 자신이 버림받은 것을 넌지시 나타내는 것처럼 예수님이 시편 22편을 인용하신 이유는, 다른 사람들이 깊은 슬픔에 잠겨 있는 동안 십자가 옆에서 예수님을 놀리고 비웃고 조롱하면서 서 있던 사람들에게 대답하신 것이다.

예수님이 사람들에게 말씀하신 것을 기억하라: "너희가 나를 십자가에 들어 올린 후에 내가 누군지 알게 될 것이고, 나의 아버지가 나와 함께하신다는 것을 알게 될 것이다." 그리고 예수님은 정확히 그렇게 하셨다. 예수님은 성경 구절인 시편 22편 1절을 인용해서 사람들에게 답을 주셨다. 아바를 보여 주시기 위해서, 그리고 십자가 밑에 있는 사람들에게 자신이 누군지 보여 주시기 위해서 예수님은 그렇게 하셨다. 예수님은 하나님께 버림받은 이유나 느낌을 물으신 것이 아니라, 유대 구경꾼들이 예수님이 말씀하신 것을 즉시 알도록, 그리고 그들에게 말씀하신 것을 상기하도록 예수님은 시편을 인용하셨다. 예수님은 자신이 시편의 저자인 다윗이 시편 22편에서 말하고 있는 사람이라고 그들에게 말씀하셨다.

유대 문화에서 어떤 사람이 시편을 읽고 그것을 듣는 사람들이 시편 전체를 기억하기 원할 때 그 시편의 처음 몇 단어를 인용하는 것은 흔한 일이었다. 다시 말하면, 시편의 처음 몇 구절을 인용해서 그 시편을 아는 것이 유대인들의 관습이다. 예를 들면, 만약 당신이 시편 23편의 첫 구절인 "여호와는 나의 목자시니"를 인용했다면, 대부분의 사람들은 당신이 인용한 시편을 즉시 정확하게 알고 심지어 당신에게 그 시편의 내용과 다른 구절을 말할 수도 있다.

오늘날 우리 역시 이와 같은 원리로 단순히 노래를 부름으로 따라할 수 있다. 만약 우리가 까다로운 구절을 노래로 부른다면, 사람들은 우리가 그 구절을 노래에 적용한다는 것을 알 수 있다. 예를 들면, "반짝 반짝 작은 별" 또는 "떴다 떴다 비행기"와 같은 노래들이 사람들이 즉시 알고 부를 수 있는 노래다. 사람들은 이 노래의 나머지 부분도 쉽게 부를 수 있다! 왜 그럴까? 그것은 우리가 시작하는 구절을 인식하기 때문이다. 예수님이 시편 22편의 첫 구절을 인용하셨을 때 사람들은 다음 구절이 무엇인지, 그리고 예수님이 언급하신 시편 전부가 무엇인지를 알고 있었다!

그래서 예수님이 누구신지, 그리고 아버지가 예수님과 함께하시는지에 대한 물음의 답으로 예수님은 이것을 인용하셨다. 그들이 예수님이 누구신지 질문한 후 예수님이 즉시 기운을 차리신 이유는 그 구절을 정확하게 인용하기 위해서 몸을 일으키시기 위함이었다. 예를 들면, 십자가의 예수님을 보면서 하는 이런 의심 역시 예수님이 그들에게 말씀하신 똑같은 시편에서 인용했다.

"나를 보는 자는 다 나를 비웃으며 입술을 비쭉거리고 머리를 흔들며 말하되 그가 여호와께 의탁하니 구원하실 걸, 그를 기뻐하시니 건지실 걸 하나이다" (시 22:7~8).

무슨 일이 일어나고 있는지, 그리고 하늘에 계신 아빠는 무슨 일을 하실지에 대해서 언급한 똑같은 시편의 인용구에 예수님은 덧붙이셨다. 그것은 아바가 예수님 곁에 머무르기 위해서 함께하신다는 것이다! 예수님은 그들과 언쟁하지 않으신다. 오히려 자신이 누군지를 보여 주시고 아바의 계획을 보여 주신다. 그들은 더 나아가 시편은 특별히 십자가에서 버림받은 고통 받는 종을 가르쳐 준다고 이해했다. 그러나 하나님은 십자가에서 버림받은 고통 받는 종을 구원하셨다.

시편 22편은 그날 십자가에서 일어나는 것에 대한 진짜 관점을 예언적으로 보여 준다. 그들이 예수님을 올려다보았을 때, 그들은 예수님의 손과 발에 못을 박았다고 언급한 구절을 기억했다(시 22:16을 보라). 예수님의 옷을 병사들이 나누는 것을 보았을 때, 그들은 똑같은 시편을 상기했다(시 22:18을 보라). 그들의 불신과 조롱에 대한 대답으로 인용하신 첫 구절은, 똑같은 시편으로 관심을 끌어서 예수님이 누구신지 그리고 어떤 일이 일어났는지 확인하기 위한 더 좋은 방법이다! 우리는 또 성경에서 똑같은 사건을 연속해서 기록한 것을 발견한다. 그들이 예수님에게 질문과 조롱을 했을 때, 예수님은 이에 대응하여 시편 22편을 인용해서 즉시 대답하셨다(마 27:36~46을 보라).

'버림받은'에 대한 정의

우리는 예수님이 십자가에서 돌아가셨다는 것을 알고 있다. 그러나 예수님이 버림받으신 것일까? 십자가 사건이 일어난 그날을 살펴보면 버림받은에 대한 정의가 무엇을 의미하는지 이해하는 데 도움이 된다. 이런 사실을 염두에 두면 버림받은에 대한 완전히 새로운 정의와 이해를 취하게 된다. 예수님은 질문에 대답하지 않으시고 시편 22편을 인용하시어 버림받은 것과 관련이 없다고 말씀하셨다.

버림받은의 정의에 대해서 생각해 보자. 이 말은 대다수의 사람들이 경험하거나 생각하고 싶지 않은 단어다. 헬라어에서 버림받은이란 단어는 egkataleipo다. 그 의미는 "누군가 또는 어떤 것으로부터 연결이 분리되는 것, 버리다, 버리고 떠나다, 떠나다"이다.[2] 메리엄-웹스터 사전(Merriam-Webster's Dictionary)의 정의는 "(누군가 또는 어떤 것을) 포기하고 떠나는 것" 그리고 "아주 작은, 버려진 섬"이다. 계속해서 정의해 보면 "(가치가 있거나 즐거움을 주는 어떤 것을) 단념하는 것 또는 포기하는 것"이다. 버림받은이란 단어는 행위를 나타내는 단어이고, 의미는 단념하는 것 또는 전적으로 외면하는 것이다.

이것이 예수님이 사전에 사람들에게 "나의 아버지는 나와 함께 하신다"라고 말씀하신 이유다. 하늘 아빠와 하나가 되는 것처럼 친밀하고 개인적이고 중요한 관계는 더 이상 없다는 것을 기억하라. 예수님은 새벽, 하루 종일, 심지어 한밤중의 시간도 아바와 기도하는 데 보내셨다. 예수님은 아버지에 대한 사랑과 관계를 공개적으로 말씀하셨다. 다른 사람들도 이와 같은 방식으로 하나님을 알도록 요청하셨다. 죽음에서 살아난 예수님의 친구인 나사로의 무덤에서 아버지가 자신과 함께하셨다는 것을 예수님은 보여 주셨다. 예수님은 친구인 나사로보다 더 아바와 친밀하고 아바를 신뢰하는 것을 보여 주셨다.

예수님은 아버지가 자신의 말을 항상 들으신다고 말씀하셨다(요 11:42을 보라). 만약 이것이 사실이라면, 아버지는 십자가에서 예수님의 말을 가장 확실하게 들으셨을 것이다. 일반적으로 하나님이 누군가를 버리시는 근거는 사람들이 예수님을 먼저 버렸을 경우다. 역대하 12장 5절은 그 이유를 말한다: "그가 나가서 아사를 맞아 이르되 아사와 및 유다와 베냐민의 무리들아 내 말을 들으라 너희가 여호와와 함께 하면 여호와께서 너희와 함께 하실지라 너희가 만약 그를 찾으면 그가 너희와 만나게 되시려니와 너희가 만약 그를 버리면 그도 너희를 버리시리라."

예수님이 버림받은 것과 버림받지 않은 것의 문제는 무엇일까? 어쨌든, 만약 하나님이 자신의 아들인 예수님을 버리셨다면, 이것이 우리에게 희망을 줄 수는 없을까? 내 대신 주님이 버림받으셨기 때문에 하나님이 나를 결코 버리지 않으신다는 의미는 아닐까? 물론 우리의 구세주이신 예수님은 우리를 대신해서 죽으셨고, 궁극적으로 속죄제물이 되셨다. 하지만 아바에게 버림받거나 예수님이 우리를 대신해서 버림받는 것은 필요조건이 아니다. 예수님은 속죄제물이 되셨다. 예수님이 버림받았거나 우리와 함께 계실 필요가 없어져서 제물이 되신 것은 아니다. 예수님은 하나님이 자신의 아들을 버리지 않으셨다면 이 세상에서 우리의 아픔, 난제, 고통과 상관없이 우리 또한 버려지지 않을 것이라는 것을 확실히 보여 주고 계셨다!

예수님 곁에 머물기 위하여 충실하게 남아 계시는 아바를 알 때 우리는 편안해진다. 하나님이 아들을 버리지 않으셨는데, 하물며 당신과 내가 예수님을 버릴 수 있을까! 이 모든 것을 통해서 볼 때, 아바는 아담과 하와와 함께하셨던 것처럼 예수님을 위해서도 거기에 계셨다! 하나님은 예수님 곁에 서 계셨을 뿐만 아니라 당신 곁에도 서 계실 것이다! 하나님은 당신을 버리지 않으신다! 어린 양을 향하여 있었던 하나님의 눈은 또한 당신을 향하여 있다. 다음 장에서 우리는 보게 될 것이다. 이것이 나의 마음이 큰 소리로 "아바!"를 부르고 있는 이유다. 당신은 어떤가?

각주
---

1. 이 정의는 **스트롱 색인** #912에서 인용한 것이다.
2. 이 정의는 **스트롱 색인** #1459에서 인용한 것이다.

CHAPTER 6

아바가 외면하셨을까?

"그는 곤고한 자의 곤고를 멸시하거나 싫어하지 아니하시며
그의 얼굴을 그에게서 숨기지 아니하시고 그가 울부짖을 때
에 들으셨도다 "(시 22:24).

Did Abba Turn Away?

아바의 눈이 독생자 예수님을 향해서 있는 것처럼 아바는 강렬하게 보고 계신다. 하늘 아버지는 예수님 곁에 계시기 위하여 충실하게 남아 계신다. 아버지의 마음은 모든 죄를 위해서 희생제물이 된 아들에 대한 고통과 슬픔과 사랑을 느낀다. 아바는 예수님의 고통을 아시고, 십자가에서 예수님이 하신 말을 들으신다. 아바는 다른 사람을 향해서 용서하는 예수님의 말을 들으신다. 하나님은 아들의 목마름, 인정한다는 의미의 미소, 예수님이 곁에 있는 두 강도에게 관심을 보이신 것을 듣고 보신다.

아바의 마음은 일어나는 사건으로 인해서 바쁘다. 아바는 아들이 당하고 있는 모든 통증, 고뇌, 고통을 느낀다. 아바는 자신의 감정을 되돌아보아야 하고, 자신이 결정한 계획을 정확하게 수행하기 위하여 받아들여야 한다. 아바는 자신과 아들이 이 세상의 기초를 만들기 전에 동의했던 것을 알고 계신다. 그것은 자신의 형상으로 가족을 창조하는 것이고, 이 계획의 성취는 바로 이 순간 일어났다. 아바와 아들은 연합했고, 그것이 성취되는 것을 보기 위해서 전념했다. 특별히 아담과 하와가 죄를 지은 후, 아담과 하와와 모든 인류가 구원받기 위하여 구세주가 필요했다. 아바의 신념은 흔들리지 않고 아들의 순종을 즐거워하신다. 아바는 불공평하고 부당하게 대우한 아들의 결과를 아신다. 하지만 이것을 중단시킬 수 있는 선택의 여지가 없다. 그것은 계속되어야 한다. 이 대가를 지불하고 모든 인류를 구원하기 위한 궁극적인 계획을 성취할 수 있는 사람은 자신의 사랑하는 아들 외에는 아무도 없다.

십자가 밑에 있는 구경꾼들이 자신들이 목격하는 것보다 더 위대한 사랑이 없다는 것을 이해하지 못하고 서 있을 때, 아바는 마음으로 슬퍼하신다. 아바의 아들은 지금 있는 곳에서 자신의 생명을 기꺼이 내려놓는다. 사람들을 구원하기 위한 이 죄 없는 희생제물을 거부하는 그들의 말을 아바는 들으신다. 예수님은 자신의 생명을 주시고, 사람들의 죄, 약함, 질병, 아픔, 고통을 스스로 취하신다. 그래서 사람들은 용서받고, 구원받고, 치유될 수 있었다. 하지만 그들은 하나님의 아들을 부르거나 하나님을 믿기보다는 오히려 예수님을 조롱하고, 의심하고, 심지어 아바가 아들을 떠나셨다고 생각한다. 그들은 아버지와 아들 사이에 있었던 협정과 아들이 자신은 혼자가 아니라고 보여주었던 그분의 삶과 그분의 말을 왜 이해하지 못할까? 자신이 혼자 있는 것처럼 보일지라도, 하늘에 계신 아빠가 자신과 함께하시고, 하늘에 계신 아빠는 정말로 전능하시다는 이 위로의 말은 십자가의 죽음 앞에서 예수님이 하셨던 말이다.

예수님의 근육이 수축되고, 경련이 있고, 몸 전체에 연속적이고 혹독하고 욱신거리는 통증이 있을지라도 심장은 강하다는 것을 아바는 아신다. 폐로 호흡하기 위하여 공기를 들이마시려고 노력할 때 예수님의 가슴 근육은 타는 듯 마비된다. 그러나 숨을 내쉴 수는 없다. 아버지는 예수님을 붙들고 지지하기 위하여 아들의 어깨 아래에 자신의 손을 넣으셨다. 특별히 예수님은 자신의 몸을 들어올리기 위하여 아주 적은 양의 힘을 모두 사용해야만 한다. 그렇게 해야 말하는 것은 고사하고 겨우 숨을 쉴 수 있으시다. 현재 시작된 고통은 여러 시간이 지난 결과다. 그날 현재 시간은 "제구시"인데, 이것은 오후 3시다. 이때까지 예수님은 십자가에서 여섯 시간 동안 극심한 고통을 겪으셨다. 하지만 하나님의 아들은 크게 소리칠 힘을 찾는다. 그런데 왜 크게 소리칠까? 왜 고함을 지를까? 아버지가 예수님의 말을 들을 수 없으신 걸까?

큰 목소리로

제구시에 예수님은 큰 목소리로 소리치신다: "엘리 엘리 라마 사박다니 하시니 이를 번역하면 나의 하나님, 나의 하나님 어찌하여 나를 버리셨나이까 하는 뜻이라" (막 15:34, 시 22:1을 보라).

아바는 예수님과 함께하신다. 그리고 아들의 말을 들으신다. 그러므로 소리칠 필요가 없다. 왜 아버지와 아들 사이에 속삭이지 않으셨을까? 어쩌면 당신도 "예수, 당신은 혼자야. 그리고 당신을 도와줄 아버지는 거기에 없어"라고 소리를 질러서 그들의 고소에 기름을 끼얹지는 않았을까? 이것이 "당신은 하나님의 아들이 아니야"라고 고소한 그들의 주장을 더 발전시킨 것은 아닐까? 예수님이 이렇게 큰 소리로 말씀하신 이유는 질문한 것이 아니라 선언하신 것이다. 예수님은 소리칠 필요가 없으셨다. 그러나 예수님은 고통 받는 자신을 보고 있는 사람들이 소리를 들을 수 있게 하신 것이다.

하늘에 계신 예수님의 아빠는 예수님의 입에서 나오는 속삭이는 소리도 들을 수 있으시다. 예수님의 마음의 소리와 우리가 입을 열지 않고 내는 우리 마음의 소리를 하나님은 들을 수 있으시다. 성경에 나오는 한나의 속삭이는 듯한 기도를 하나님이 들으셨다는 것을 예수님은 확실히 아신다. 하나님은 기도의 응답으로 선지자 사무엘을 한나에게 아들로 주셨다. 그렇다면 소리칠 필요가 없다. 그런데 예수님은 그렇게 소리치셨다! 왜일까? 이것은 하나님이 들으시도록 큰 소리로 말씀하신 것이 아니라, 사람들이 예수님의 소리를 들을 필요가 있었기 때문이다.

이것은 예수님이 누구신지를 사람들에게 상기시키시기 위한 것이다. 그리고 예수님을 십자가에 못 박아 죽이는 그들의 축제가 중단될 때 지옥은 벌벌 떤다. 예수님은 서 있는 사람들이 자신의 소리를 들을 수 있도록 일부러 확실하게 큰 소리로 말씀하셨다. 구경꾼들이 정확하게 들도록 가지고 있는 온 힘을 다해 큰 목소리로 말씀하신 것이다.

이것은 예수님을 사랑하고 믿는 사람들의 믿음을 증진시키기 위한 것이었다. 하지만 예수님이 진짜 누군지 아는 사람들에게는 아니었다. 사실 예수님은 죄의 희생물로 자신이 기꺼이 제물이 되신 메시아라는 것을 사람들이 깨닫기 원하셨다. 그들은 예수님이 내어 준 몸에 할 수 있는 모든 것을 했고, 예수님의 혼을 공격했다. 그러나 예수님의 영은 깨뜨릴 수 없었다. 큰 목소리로 아바를 부르신 것을 우리가 아는 것처럼 예수님의 영은 강했다. 예수님은 소리치셨고, 사람들은 그 소리를 들을 수 있었다. 그들이 예수님에게 할 수 있는 모든 것을 했음에도 불구하고 자신의 영이 강하다는 것을 예수님은 큰 소리를 통해서 그들에게 보여 주셨다. 하늘 아빠에게 속한 예수님의 마음과 아버지에 대한 예수님의 신뢰 때문에 그들은 예수님의 영에는 손댈 수 없었다. 예수님은 아바에게 전념하셨고, 아바는 예수님에게 전념하셨다. 예수님은 자신의 유익을 위해서 말씀하신 것이 아니라 하나님이 자신과 함께하시는 것을 사람들이 알도록 말씀하셨다. 예수님은 자신의 영은 아직 강하고, 버림받은 느낌은 하나도 없다고 선언하셨다. 예수님은 자신의 죽음을 통해서 인류를 회복시키려는 아바의 계획에 헌신하셨다. 예수님은 보이는 세계인 자연계에서 극심한 고통에 시달리셨다. 그리고 동시에 예수님은 보이지 않는 천국인 영계에서 아바의 돌보심 아래 계셨다.

우리가 이미 나눴지만, 예수님이 십자가에서 내셨던 큰 소리는 버림받았다는 소리가 아니다. 그것은 하늘에 계신 아빠가 예수님의 소리를 듣고 계시다는 것을 그들이 알도록 하는 메시지다. 이 외침은 예수님이나 아바의 유익을 위한 것이 아니라 우리를 위한 것이다. 우리의 아버지이신 아바와 주님인 예수님을 믿을 때, 우리는 버림받았다는 느낌이나 생각을 전혀 할 필요가 없다고 격려하신다. 예수님은 모든 인류에게 소망과 위로의 답을 주셨다. 예수님은 어떤 일이 일어났는지 모든 사람이 정확히 알도록 소리치셨다. 하나님이 잃어버렸고 버렸다고 느끼길 원하는 마귀에게 붙잡힌 약하고 느슨해진 인류의 힘을 강력한 외침으로 산산이 조각내셨다. 성경 구절로 그들의 관심을 끄는 것은 의심 많은 사람들과 다른 사람들에게 소망을 주는 더 좋은 방법의 대답이다. 그래서 예수님은 시편 22편을 인용하셨다. 예수님의 관점에서 예언적으로 일어났던 것이 우리가 언뜻 본 시편에 있고, 예수님의 아바는 거기에 계셨다.

시편 22편, 곧 다윗이 예언적으로 쓴 이 시가 실제 일어났다는 것을 우리는 안다. 다윗 왕의 삶에서 일어났을 뿐만 아니라, 아빠와 예수님이 함께 우리에게 은혜를 베푸시기 위하여 십자가에 매달리신 사건에서도 일어났다는 것을 보여 준다! 이 시편은 다윗의 몸부림과 십자가에 매달아 죽이는 예언이 혼합되어 있다. 이 시편은 다윗의 삶에 일어난 일을 보여 줄 뿐만 아니라, 십자가에서 고통당하는 메시아를 예언한다. 이 시편을 가지고 다윗을 예수님과 동일시하는데, 이것은 이 시편의 말들이 진실임을 나타낸다.

이것은 구세주에 관한 시편이다. 그리고 오래전에 다윗이 기록한 이 말들을 십자가에 매달려 죽는 그 시간에 주님이 하셨다. 주님은 큰 목소리로 외치셨다: "내 하나님이여 내 하나님이여 어찌 나를 버리셨나이까 어찌 나를 멀리 하여 돕지 아니하시오며 내 신음 소리를 듣지 아니하시나이까"^(시 22:1). 예수님은 이 시편의 첫 구절을 실제로 인용하셨다. 이 시편은 다윗이 버림받은 이유를 묻는 사람들을 인정한다. 우리는 뒤에 이어지는 구절에서 결국 그의 하나님의 도움을 찾으나 버림받았다고 느끼는 다윗의 느낌과 혼동되어서는 안 된다. 우리는 이 시편에서 잊지 말아야 할 것이 있다. 다윗의 삶이든 십자가의 예수님이든, 두 사람 모두 고통의 시간에 하나님으로부터 도움을 받았다는 사실이다.

시편 22편을 더 세밀하게 살펴보자. 이는 예수님이 십자가에서 이 시편의 첫 구절을 큰 소리로 인용하신 이유를 우리가 더 잘 이해하도록 도와준다. 이 시편과 예수님이 십자가에서 경험하신 것을 통해서 우리는 예언적인 병행 구조를 많이 발견한다.

"내 하나님이여 내 하나님이여 어찌 나를 버리셨나이까 어찌 나를 멀리 하여 돕지 아니하시오며 내 신음 소리를 듣지 아니하시나이까"(시 22:1). 이 구절을 통해 우리는 몇 가지 중요한 사실을 알 수 있다. 예수님이 선언하신 말씀이 마태복음과 마가복음에는 나오지만 누가복음이나 요한복음에는 기록되지 않았다. 아마도 강조하는 것은 예수님이 버림받은 것이 아니라 예수님의 말을 듣는 사람들을 위해서 이 시편을 언급하기 때문이다. 따라서 복음서 기자들은 이 사건의 중요성을 이해했을 것이다.

우리가 언급했던 것처럼, 예수님이 자신의 아버지를 "나의 하나님, 나의 하나님"이라고 부르신 것은 중요하지 않다. 예수님은 이 시편을 인용하여 조롱하며 의심하는 사람들에게 예수님 자신이 정말로 누군지를 알게 하셨기 때문이다!

예수님의 인용이나 이 구절의 문장이 "나의 아바" 또는 "나의 아버지, 당신은 왜 나를 버리십니까?"가 아니라는 것을 당신은 아는가? 이것은 매우 중요하다. 예수님이 십자가에서 하나님을 부르실 때마다 하나님을 항상 예수님의 아버지 또는 하나님으로 부르셨기 때문이다.

> "이에 예수께서 이르시되 아버지 저들을 사하여 주옵소서 자기들이 하는 것을 알지 못함이니이다 하시더라 그들이 그의 옷을 나눠 제비 뽑을새"(눅 23:34).

> "예수께서 큰 소리로 불러 이르시되 아버지 내 영혼을 아버지 손에 부탁하나이다 하고 이 말씀을 하신 후 숨지시니라"(눅

23:46).

이것이 예수님이 십자가에서 선언하실 때 아바 또는 아버지가 아닌 "나의 하나님"이라고 부르셨던 이유다. 아버지 대신에 하나님이라고 부르신 이유를 좀 더 살펴보자. 이것은 하나님을 본질적으로 부르신 것이 아니라 사람들이 이해하도록 부르신 것이다. 이 시편에서 다른 병행 구절은 십자가 사건에서 중요한 점과 예수님이 경험하신 것을 알려 준다.

- "나는 벌레요 사람이 아니라 사람의 비방 거리요 백성의 조롱 거리니이다"(시 22:6). 여기서 벌레라는 의미로 사용된 단어의 히브리어는 tola다. 이 단어는 일반적인 벌레에 해당되는 의미로는 잘 사용하지 않는다. 오히려 이것은 진홍색 또는 빨간색 염료를 얻기 위한 벌레를 지칭하는 단어인데, 이와 같이 특별히 사용되는 벌레를 말씀하신 이유는 예수님이 피로 덮여 있었고, 그 피가 바로 빨간색 염료와 같은 색상이었기 때문이다.

- "많은 황소가 나를 에워싸며 바산의 힘센 소들이 나를 둘러쌌으며"(시 22:12). 바산은 어떤 지역일까? 그곳은 가장 크고, 가장 좋고, 가장 강한 황소들이 생산되는 이스라엘 최고의 목축업 지역이었다. 이는 예수님을 십자가에 못 박았던 이스라엘의 최고 지도자들을 상징한다.

- "나는 물 같이 쏟아졌으며 내 모든 뼈는 어그러졌으며 내 마음은 밀랍 같아서 내 속에서 녹았으며"(시 22:14). 이것은 예수님의 마음과 십자가에 달려 있는 동안 예수님이 당하시는 고통을 자신의 몸으로 느끼는 것을 묘사한다.

- "개들이 나를 에워쌌으며 악한 무리가 나를 둘러 내 수족을 찔렀나이다"(시 22:16). 여기에 언급된 개는 유대인이 아닌 로마 병사들이다.

- "내 겉옷을 나누며 속옷을 제비 뽑나이다"(시 22:18). 이것은 병사들이 예수님의 옷을 제비 뽑은 분명한 사실이다.

- "내 생명을 칼에서 건지시며 내 유일한 것을 개의 세력에서 구하소서 나를 사자의 입에서 구하소서 주께서 내게 응답하시고 들소의 뿔에서 구원하셨나이다"(시 22:20~21). 한 번 더, 개는 로마인들을 말한다. 사자의 입은 유대인들과 이스라엘을 말한다. 들소의 뿔은 바리새인들이다.

예수님이 십자가에 매달려 계실 때 겪은 것과 일어날 일에 대한 예언을 이 구절들은 묘사한다. 예수님이 수치스럽게 십자가에 매달려 계실 때 사람들은 예수님을 경멸했다. 예수님의 고통으로 인해서 마음은 밀랍 같이 녹는다. 예수님의 손과 발은 십자가에 못 박혀 구멍이 난다. 병사들은 예수님의 옷을 가지려고 제비를 뽑는다. 그러나 이 모든 것에서 우리는 아바가 여전히 예수님과 함께하시는 것을 발견한다.

이 시편에서는 우리가 말했던 처음 한 구절이나 두세 구절이 자주 인용된다. 그러나 첫 구절이 자주 인용되는 반면, 자주 언급하지 않는 핵심적인 구절이 있다. 이것 역시 하나님이 자신의 아들을 버리지 않으셨으며 외면하지 않으셨다는 것을 보여 준다. 만약 우리가 이 시편을 십자가에 매달려 죽은 사건을 그린 구세주의 시편이라고 말할 예정이라면, 우리는 예수님이 십자가에서 이 중요한 구절을 제외하고 인용하신 첫 번째 구절만을 말할 수 없다. 아바는 예수님의 도와달라는 외침에 자신의 얼굴을 숨기지 않을 것이라고 말씀하신다! 이와 동일하게, 하나님은 죄인들의 도와달라는 외침에 아바의 얼굴을 숨기지 않을 것이라고 말씀하신다! 우리가 똑같은 이 시편을 말할 때 하나님은 실제 예수님과 함께하셨던 것으로 판명되었는데 버림받은 것 같이 보였다.

> "그는 곤고한 자의 곤고를 멸시하거나 싫어하지 아니하시며
> 그의 얼굴을 그에게서 숨기지 아니하시고 그가 울부짖을 때
> 에 들으셨도다"(시 22:24).

우리가 이 구절을 볼 때, 하나님은 예수님을 멸시하거나 싫어하지 않으셨고, 자신의 얼굴을 예수님에게 숨기지 않으셨다. 하늘 아버지는 예수님의 말을 들으셨다! 하나님은 자신의 얼굴을 돌리지 않으셨

고, 십자가에서 고통과 수치를 당하는 예수님의 말을 들으셨다. 우리가 이미 언급했던 것처럼, 이것이 예수님이 이 시편의 첫 구절을 큰 목소리로 인용하신 이유다. 예수님은 자신의 소리를 듣는 사람들이 자신의 사명과 아바가 자신과 함께하신다는 것을 알기를 원하셨다. 그들은 이 시편을 알아들었고, 더 나아가 나머지 구절도 기억했다. 특별히 하나님이 예수님에게 자신의 얼굴을 숨기지 않으시고 예수님의 소리를 들으신다는 24절에 동의했다!

십자가에서 예수님은 큰 목소리로 말씀하셨다: "온 세상이 내가 버림받지 않았다는 것을 알게 하자! 나의 아바는 나의 고통, 아픔, 문제를 경멸하거나 외면하지 않으신다. 아바는 나에게 얼굴을 숨기지 않으시고 십자가에서 한 나의 말을 들으신다! 나는 혼자가 아니다. 그리고 인류도 혼자가 아닐 것이다."

이것은 지금 이 세상에는 자비와 평화를, 모든 인간들을 향해서는 호의를 베푸셨다는 의미다. 그것이 사탄을 떨게 하고 이 세상이 흔들리는 원인이었다! 이것 때문에 소망 없는 사람들에게는 소망이, 깨어진 사람들에게는 평화가, 괴로움 당하는 사람들에게는 치유가, 죄인들에게는 용서가 회복되는 일이 일어난다. 아바와 아들은 우리에게 은혜 베풀 사람을 주시려는 계획을 성취하신다! 하나님의 가족은 회복될 것이고, 아바의 잃어버린 자녀들은 집으로 돌아올 수 있다. 이것이 아바와 예수님 사이에 연합이 깨어지지 않는 이유다.

하나님은 그리스도를 바라보셨다

아바와 예수님 사이의 연합을 아는 것이 중요하다. 두 분은 나뉘지 않으신다. 성경은 예수님이 십자가에서 돌아가셨을 때 하나님이 예수님 안에 계셨고, 하나님과 세상을 화목하게 하셨고, 사람들의 죄를 더 이상 그들에게 돌리지 않으셨다고 말한다(고후 5:19을 보라). 예수님이 십자가에서 돌아가셨을 때, 만일 하나님이 자신과 세상을 화목하게 하시려고 그리스도 안에 계셨다면, 예수님이 십자가에 계신 동안 하나님이 예수님을 어떻게 떠날 수 있으셨을까?

십자가에서 주신 메시지는 아들에 대한 외면이 아니다. 그것은 오히려 인간을 위해서 의도된 아바의 의로움과 정당한 분노를 만족시키기 위해서 자신의 아들을 바라보는 것이다. 이것은 우리가 죄를 범하고 불순종했기 때문이다. 하지만 자비는 심판을 이겨냈다. 하나님의 아들이 우리에게 자신을 주셨기 때문에 사랑이 죄를 이겼다. 이것 역시 예수님이 괴로움 당하고, 우리의 죄를 위해서 상처받고, 우리의 부당함 때문에 멍들 것을 허락하신 아버지가 기뻐하신 이유다. 예수님이 우리를 위해서 징계를 받았고 우리의 죄 때문에 벌을 받으셨기에 우리는 치유와 용서를 받을 수 있게 되었다(사 53장을 보라). 아바의 눈은 어린 양을 향해 있었고, 아들을 외면하지 않으셨으며, 지금은 우리와 자신에게 나아올 모든 사람들에게 집중하신다.

이 시편에서 메시아가 고난을 당하시는 중에도 하늘 아빠가 예수님을 외면하지 않으셨다는 것을 알면 위로와 안심이 된다. 이것을 우리가 아는 것이 중요한데, 그 이유는 우리가 하나님께 사랑받고 있고 인정받고 있음을 재확인시켜 주기 때문이다. 예수님이 십자가에서 큰 소리로 선언하신 의미의 숨은 의도를 알면 위로가 된다. 이것은 하늘에 계신 아빠가 우리에게 전념하신다는 것을 알 수 있도록 도와준다. 하나님은 아들에게 전념하셨다. 예수님은 아바가 인간에게 다시 접근할 수 있도록 하셨다. 그래서 하나님은 하늘에 계신 우리의 아빠가 되실 수 있었다. 우리는 혼자가 아니다. 그 이유는 하나님이 아들과 함께하셨던 방법으로 우리와 함께하시길 원하시기 때문이다. 예수님은 임마누엘이고, 우리와 함께하시는 하나님이시다.

우리가 하나님에게 사랑받고 비난받지 않는다는 것을 알면 위로와 안심이 된다. 사람들은 이것을 알 필요가 있다. 그 이유는 하나님은 사람들을 찾으시고, 사람들이 예수님에 의해서 받아들여졌고 버림받지 않았다는 것을 이해하도록 도와주시기 때문이다. 사람들이 외롭다거나 버림받았다고 느낄 때 사람들은 하나님이 자신에게서 떠났다고 생각한다. 사람들은 하나님 아빠라고 부르는 것은 고사하고, 하늘에 계신 아빠로서 하나님이라고 부르는 것도 힘들어한다. 그 이유는 사람들이 하나님이 아닌 자신을 돌봐줄 '사람'이 누군지 궁금해하기 때문이다. 그러나 하나님은 우리가 상상했던 것 이상으로 우리를 돌보신다! 하나님은 우리에게 은혜를 베푸시기 위해서 아들을 통하여 자신의 조치를 그렇게 보여 주셨다!

아바의 사랑이 우리를 지켜 주기 때문에 우리는 고난과 시련을 허용해서는 안 된다. 아바와 예수님이 우리를 대신해서 보여 주신 것보다 더 위대한 사랑은 없다! 이것을 이해하지 못하면 하늘 아빠의 다양한 은혜를 받을 수가 없다! 이것은 하나님의 복을 받는 것과 예수님을 통한 치유 및 구원을 받는 것, 심지어 주님과 교제하는 것도 막는다. 이것은 우리에게도 적용된다. 우리는 예수님이 대가를 지불하셨기에 사람들이 아무런 조건 없이 주님이 주시는 은혜를 누릴 수 있다는 것을 알고 있다. 그러나 의심, 실패, 가치 없다는 마음은 이런 복을 가로막아 받지 못하게 막는다.

아바는 우리를 지켜보고 계시며, 우리의 모든 필요에 관심이 있으시다는 것을 절대 잊지 말라.

엘리야를 부름?

몇몇 군중들은 예수님을 향해서 허공에 주먹을 흔들며 모욕을 퍼부었고, 군중의 일부는 십자가 밑에서 예수님에게 끊임없는 질책을 계속했으며, 일부는 십자가 밑을 지나갔다. 그들은 말했다: "네가 다른 사람들을 구원하였으니, 이제는 너 자신을 구원해라." 서기관들과 대제사장들은 같은 방식으로 예수님을 더 조롱했다. 그들은 말했다: "네가 만약 하나님의 아들이거든 너를 구원해라. 십자가에서 내려와

라. 그러면 우리가 믿겠다." 예수님은 말 그대로 모든 면에서 비난을 받고 계셨다. 사람들은 예수님 발치에서, 강도 중에 한 명은 예수님 곁에서 예수님을 증오하고, 멸시하고, 조롱하는 말을 계속했다.

우리가 말한 것처럼, 예수님은 그들과 다투지 않고 오히려 모든 사람들이 들을 수 있도록 목소리를 높이셨던 고난 받는 종이셨다. 예수님의 말씀 "엘리 엘리 라마 사박다니"는 그들 중 일부를 잠시 멈추게했고, 예수님이 말씀하시는 것을 듣도록 했다. 마가는 말한다: "곁에 섰던 자 중 어떤 이들이 듣고 이르되 보라 엘리야를 부른다 하고"(막 15:35). 그들의 마음은 너무 완악하고 어두워서, 어떤 사람들은 실제로 예수님이 예언자 엘리야에게 도와달라고 말하고 있다고 생각했다. 그러니 어찌 보면 그들이 예수님이 하나님의 아들인 것과 아버지로부터 온 것을 부인한 것은 그리 놀랄 일이 아니다. 그러나 강력하고 예언적인 일이 일어났다!

죄로 인한 저주는 예수님을 통해서 깨어졌다. 십자가에 매달려 죽은 사람들은 저주받은 사람들이라는 생각이 그 당시에는 일반적인 생각이었다. 성경은 예수님이 십자가에 매달려 돌아가셨다고 말한다. 예수님은 우리를 위하여 저주를 받으셨다. 그 이유는 나무에 달린 모든 사람들이 저주를 받았기 때문이다(갈 3:13~14을 보라). 하지만 아담과 하와에게 말씀하셨고, 아브라함과 아브라함의 자녀들에게 약속하신 하나님의 계획이 성취되기 위하여 예수님은 자신이 희생제물이 되어 죽는 이 저주를 기꺼이 받으셨다. 예언적 의미를 생각해 보면, 사람들이 예수님이 엘리야를 부르셨다고 말한 것은 우연이 아니다. 그들의 진술이 어떤 일을 초래했는지 자신들은 이해하지 못했다. 그들에게는 들을 수 있는 예언적 귀와 이해할 수 있는 마음이 필요했다. 그들은 십자가에 달리신 예수님과 자신들이 관련된다는 것을 깨닫지 못했다. 그리고 그들은 예수님이 엘리야를 부른다는 자신들의 생각이 예언적으로 연결된다는 것을 깨닫지 못했다. 이것은 오늘날 우리에게도 영향을 미친다. 왜 그럴까?

그 이유는 아바의 계획이 성취된 것과 자신의 가족으로 다시 회복하기 위한 아바의 마음을 보여 주기 때문이다. 예수님의 대가지불로 인하여 이 세상에서 하나님과 인간 사이가 분리되는 저주와 결과적으로 가족들이 분리되는 저주는 깨졌다. 예언자 말라기는 이것에 대하여 말했다: "미래에 엘리야의 영이 와서 회복시킬 것이다. 아버지들에게는 자녀의 마음을 회복하고 자녀들에게는 아버지의 마음을 회복할 것이다"(말 4:6을 보라). 예수님의 죽음을 통해서 화목하게 된 하나님과 하나님의 자녀들에게 이 예언이 이루어졌다! 그것뿐만 아니라, 가족이 깨지고 자녀들로부터 아버지가 나뉘는 이 세상의 저주는 예수 그리스도와 예수님을 부르는 모든 사람들을 통해서 깨어질 것이다.

십자가에서 예수님이 시편 22편 첫 구절을 인용해서 하신 선언은 들을 수 있는 예언적 귀와 이해할 수 있는 마음을 가진 사람들을 위한 것이다. 그것은 하나님과 인간 사이가 더 이상 분리되지 않는다는 것을 보여 준다. 우리를 위해서 죄의 짐을 지시는 예수님의 목적의식이 있고, 의로운 행동으로 인해서 아바의 자녀들이 회복하기를 바라시는 아바의 마음이 있다. 이 저주는 깨어졌다. 이제 더 이상 아바와 분리될 필요가 없다. 더 이상 우리의 가정이나 가족이 분리될 필요가 없다. 우리는 하나님의 위대한 사랑에서 분리될 필요가 없다! 우리는 더 이상 우리의 가정을 깨뜨리려는 마귀를 허용할 필요가 없다. 우리는 더 이상 하나님과 멀어졌다고 느끼면서 살 필요가 없다. 예수 그리스도와 하늘 아빠께 헌신하는 삶을 통해서 우리는 우리의 삶 위에, 그리고 가족 위에 임하는 하나님의 복을 경험할 수 있다.

그리스도를 통해서 가족의 저주는 깨어졌다. 아바와 아들 사이가 깨지지 않고 결합된 것은 오늘날 아버지와 아들 사이, 부모와 자녀 사이가 깨질 필요가 없다는 증거다. 우리는 깨진 가정이나 깨진 관계의 절망적인 피해자가 될 필요가 없다. 만약 우리의 삶에서 이런 일이 일어난다면, 이제 우리는 희망을 갖는다. 그 이유는 예수님의 희생을 통해서 저주가 깨어졌기 때문이다. 만약 우리가 예수님과 하늘에 계신 우리 아빠를 통해서 온 화해와 회복의 은혜를 믿고 받아들인다면, 깨진 가정이나 깨진 관계가 우리 인생의 일부가 되게 할 필요는 없다. 이것은 만약 이런 일들이 우리의 삶에서 일어난다면, 아바는 우리에게 소망과 미래와 기대되는 결말을 주시기 위해서 거기 계실 것이라는 의미다.

우리의 아바인 하나님과의 끔찍한 분리가 이 세상에 태어나는 모든 사람에게 일어나는 것은 아니다. 우리는 아바의 아들인 예수님을 영접함으로써 거듭나고, 하나님의 소중한 자녀로 입양된다! 예수님이 십자가에서 우리를 위하여 행하신 일은 완전하다는 의미다. 다 이루었다! 그것은 끝났고 완전히 지불됐다! 몇 가지 예를 들자면, 우리는 아프고, 병들고, 가난하고, 구속당하고, 깨지고, 절망하면서 살 필요가 없다.

왜 그런지 당신은 아는가? 예수님이 모든 것을 지불하셨고, 심지어 선언하셨기 때문이다. 십자가에서 돌아가신 예수님은 그것을 완전하게 하셨다. 우리는 하나님 없는 삶과 죄악이 가득한 이 세상에서 소망 없는 삶을 살 필요가 없다. 우리는 죄의 저주 아래에서 살 필요가 없다. 오히려 아바의 복 안에서 살아야 한다! 왜? 예수님이 "다 이루었다!"라고 말씀하셨기 때문이다. 승리는 주님의 것이다. 그리고 예수님과 하나님 나라에 전념하는 삶을 통하여 승리는 지금 이 시간 우리의 것이 된다.

다 이루었다

이 세상에서 예수님이 마지막 순간에 "나의 하나님, 나의 하나님, 어찌하여 나를 버리셨나이까?"라고 외치신 것은 선물이라는 것이 증명되었다. 예수님은 진짜 하나님의 어린 양이고, 약속된 메시아이시다. 우리가 전에 말했던 것처럼, 예수님은 자신의 외침을 듣는 사람들에게 이 시편의 첫 구절을 인용하셨다. 그러나 시편 22편의 끝에는 완전하고 다 이루었다고 알리는 구절이 있다.

예수님은 십자가에서 목마르셨다. 그러나 예수님의 마지막 말은 아바를 부르는 것이었다. 예수님은 큰 목소리로 외치셨다: "아바, 아버지, 다 이루었습니다. 내 영혼을 아버지 손에 부탁드립니다." 예수님은 또 그들의 눈앞에서 이 예언이 정확히 성취되는 것을 인용한 시편 22편으로 주위를 상기시키셨다. 예수님의 선언은 우리가 나누었던 이 시편의 마지막 말임을 알려 준다: "그들이 와서 앞으로 태어날 한 백성에게 그분의 의를 선포할 것이다 - 그분께서 이것을 행하셨다[다 이루었다!]" (시 22:31, AMP).

예수님은 완전히 이루었다고 말씀하셨다: "너희는 너희 자신을 구원할 수 없다! 그러나 인자요, 하나님의 아들인 나는 너희를 구원할 수 있다. 나는 그 모든 것을 다 이루었다!" 이것은 예수님이 이 구절을 큰 소리로 인용해서 의사소통을 하셨다는 표시다. 그리고 사람들은 예수님이 엘리야를 부른다고 오해했다.

예수님은 하나님의 완전한 계획을 갖고 계셨다. 예수님은 하나님의 가족으로 다시 회복될 수 있도록 인류에게 기회를 주셨다. 이것은 십자가의 두 강도를 통해서 볼 수 있다. 아바와의 화목은 하나님을 부르고 예수님을 영접한 사람들에게 유용한 것이다. 주님과 함께 십자가에 못 박힌 두 강도가 있었다. 한 명은 예수님을 저주했고 예수님 믿기를 거부했다! 때문에 그는 자신의 마지막 순간에 예수님을 통해서 아바와 결코 화목할 수 없었다. 그러나 다른 강도는 그에게 예수님을 비방하지 말라고 말했다. 그는 주님을 불렀고, 예수님이 낙원에 들어가실 때 자신을 기억해 달라고 요청했다. 이 강도는 실제로 영생을 얻었고, 그날 예수님과 함께 하늘에 계신 예수님의 아빠와 화목하였다는 것을 우리는 안다. 이 두 강도의 예는 아바의 자녀가 아바와 함께하는 회복을 예언적으로 보여 준다.

이것은 하나님의 이름을 부르는 사람들에게 오늘날에도 똑같이 일어난다. 하나님을 거절하는 사람들이 있고, 구원받기 위해서 하나님의 이름을 부르는 사람들이 있을 것이다! 당신은 주님을 거부한 강도를 알고 있다. 애석하게도 그 강도는 믿기를 거부한 사람들을 대표한다. 자신의 죄에서 구원받기 위해서 주님을 부른 강도도 있다. 사람들은 자신의 창조주와 결코 화목할 수 없거나 예수님을 통해서 아바를 알거나 한다. 다른 강도는 사람들에게 자신의 삶을 예수님에게로 돌이키고 구원받기 위해서 예수님을 부르라고 말한다. 예수님을 부른 사람들은 예수님에게 자신의 삶을 드린다. 한 번 이와 같이 한 사람들은 아바와 다시 영원토록 화목하게 된다.

아바는 십자가에서 예수님을 버리지 않으셨고, 예수님도 역시 죄에서 구원받기 원해서 예수님의 이름을 부른 강도를 버리지 않으셨다! 이것은 예수님이 모든 사람들과 모든 가족들을 위한 해답이라는 것을 우리에게 보여 준다! 우리는 구원받기 위해서 반드시 예수님을 불러야 한다. 그리고 그렇게 하기 위하여 아바에게 다가가야 한다.

하나님은 어둠 속에 거하신다

감사하자. 하나님은 다 이루셨고, 예수님이 죽음과 부활을 통해서 하신 일은 영원히 완전하게 유지될 것이다. 예수님은 십자가에서 고통당하고, 장사되고, 3일 후에 부활하셨다. 예수님은 우리를 위해서 죄와 죽음으로부터 승리하셨다! 우리는 지금 죄의 저주 아래가 아닌 하나님의 복 안에 살고 있다. 우리는 언제든지 아바를 부를 수 있다. 심지어 십자가에 달린 강도처럼 우리는 이 세상에서 마지막 순간에도 아바를 부를 수 있다. 그러나 오늘날 어떤 사람은 애석하게도 자신의 삶이 아바에게 속하게 되는 것을 거부한다. 자신들에게 처한 어떤 상황에서도 예수님을 부르지 않는다. 대신에 그들은 죄의 어둠과 죄의 결과 아래서 살기로 결정한다. 어떤 사람은 하나님과 멀어지거나 버림받았다고 느낀다. 그 이유는 자신이 선택한 어둠과 생활방식 때문이다. 예수님이 십자가에서 돌아가신 이후, 우리는 더 이상 어둠 속에 살 필요가 없다. 예수님은 이것을 가능하게 하셨고, 그 결과 우리는 의로움이라는 승리 안에서 살 수 있게 되었다!

사람들이 어둠을 선택했을 때 그들의 삶은 혼란스럽고 무섭다. 심지어 우리는 하나님이 올바르다는 것을 알아차리지 못하게 된다. 우리는 이와 같은 결과를 안다. 예수님이 다 이루었다고 알리셨을 때 십자가에서 마지막 몇 시간을 지켜보던 사람들에게 어둠이 임했다. 아마도 우리가 직면한 적들의 공격과 우리가 타격을 받은 것 같은 느낌 때문에 우리의 삶이 어두운 것처럼 보인다. 그러나 주님은 우리를 외면하지 않으시고, 버리지도 않으신다. 주님은 우리의 삶에 주님을 포함시키기 원하신다!

성경은 예수님이 십자가에 매달려 살아 계시던 몇 시간 동안 온 땅에 어둠이 임했다고 말한다. 이 어둠은 십자가의 사건을 지켜보던 사람들이 실제로 느낄 수 있게 짙었다. 어둠은 세 시간 동안 대기 중에 스며들어서 어둡게 되었다. 이 어둠은 낮에는 그저 이상하게 보일 뿐이었다. 그러나 더 큰 어둠이 이 세상과 이 세상의 신성한 빛인 예수님 위를 맴돌았다. 하지만 어둠 가운데서 아바는 바로 자신의 아들인 어린 양에게 눈을 돌리신다. 똑같은 방식으로, 하나님은 우리가 힘들어하는 시간에 우리를 지켜보신다. 하나님은 우리를 보살피시고, 우리가 고통, 아픔, 난제에 직면한 것을 아시기 때문이다. 하나님이 아들을 지켜보신다는 것을 반드시 이해해야 한다. 하나님이 아들에게 집중하시듯이 우리에게 집중하신다는 확신이 있어야 평안할 수 있기 때문이다.

그 당시 온 땅에 임한 어둠은 무슨 의미일까? 예수님이 버림받은 것일까? 예수님이 버려진 것일까? 하나님이 예수님을 외면하신 것일까? 어둠은 십자가 사건에 지옥의 모든 것이 참가했을 뿐만 아니라 모든 인간의 죄로 인한 짙은 어둠, 속죄를 위해서 희생제물이 되신 예수님의 고통 등을 아우른 총제적인 것이다.

성경은 온 땅에 임한 어둠이 자연적으로 발생한 것이 아니라고 말한다. 그 이유 중 하나는 인간을 위한 하나님의 구원과 약속된 메시아를 보내겠다는 하나님의 약속을 상기시켜 주기 위한 것이다. 이것이 유대인들에게 매우 중요하고 거룩한 축제일인 유월절 기간에 예수님이 돌아가신 이유다. 이 종교적인 축제일에 어둠이 임했다. 그들은 틀림없이 하나님께서 첫 유월절에 애굽에서 이스라엘의 조상들을 구원하셨을 때를 연상했을 것이다. 이것은 하나님이 이스라엘의 적이었던 바로를 상대하신 것이 어둠이었다는 것을 사람들에게 상기시켜 준다. 또 이것은 억압으로 인해서 오랫동안 고통 받고 힘들었던 삶에서 하나님이 이스라엘의 조상을 구원하셨다는 것을 그들에게 상기시켜 준다.

이것은 칠흑 같은 어둠 속에서 십자가에 매달리신 예수님에게 정확하게 일어났다. 하나님은 사람들의 죄와 그들의 적인 마귀를 처리하셨다. 예수님은 죄와 적의 손에서 복된 삶과 승리의 삶을 살도록 사람들을 구원하셨다. 이 어둠은 하나님이 적을 벌하시는 것과 죄에 대한 하나님의 노여움에 대한 표시였다. 이것은 또 어둠이 한창일 때 하나님이 나타나고 개입하신 것을 상기시킨다.

이 어둠은 하나님이 예수님의 고통을 외면하시고 그분에게서 하나님의 임재가 사라졌다는 것을 보여 주는 것일까? 사람들은 자신의 삶에서 난제에 직면할 때 종종 이렇게 생각한다. 또한 사람들은 십자가에서 예수님이 "나의 하나님, 나의 하나님, 어찌하여 나를 버리셨나이까?"라고 큰 소리로 말했다고 인식하고 있다. 우리는 어둠이 하나님의 임재가 없음을 의미하지 않는다는 것을 이해해야 한다. 어떻게 알 수 있을까? 하나님을 어둠 속에서도 발견할 수 있기 때문이다. 또한 하나님은 종종 우리의 삶에서 가장 어두울 때 나타나시기 때문이다. 이스라엘 백성들이 약속의 땅에 막 들어가기 전에 하나님이 모세에게 말씀하시기 위하여, 그리고 이스라엘의 자녀들을 만나시기 위하여 어떻게 오셨는지를 생각해 보라: "그리하여 너희가 가까이 나와서 산 아래 서자, 그 산은 하늘 한가운데까지 불이 붙고, 어둠과 구름과 흑암으로 덮였다"(신 4:11, AMP).

하나님이 어둠과 검은 구름 속에서 모세에게 나타나신 것을 주목하라. 모세는 하나님이 임재하신 흑암 가운데서 하나님과 함께 시간을 보냈다(출 20:21을 보라). 그렇게 주님은 모세를 만나기 위하여 나타나셨다. 이런 이유로 예수님이 십자가에 매달리신 시간에 있던 어둠은 하나님의 임재가 예수님이 계시던 곳에 없었다는 의미가 아니다.

어둠 가운데 하나님이 나타나신 또 다른 예는 낮에는 구름 기둥과 밤에는 불 기둥으로 보호하셨던 때이다. 어둠과 불과 구름은 이스라엘을 비춰 주고 보호했다. 그러나 바로와 이스라엘을 추격하던 군대에게는 어둠뿐이었다(출 14장을 보라). 어둠의 효과를 경험한 사람들은 중요한 사실을 알 수 있다. 그것은 이스라엘의 관점과 그들이 구름의 어떤 측면을 보느냐에 달려 있다. 이는 바로와 그의 군대를 벌했던 어두운 구름과 똑같다. 하지만 동시에 이 어두운 구름은 하나님의 임재와 그분의 복, 그리고 이스라엘을 보호하시고 하나님이 그들을 버리지 않으셨다는 것을 보여 주신 것이 포함된다.

예수님이 십자가에서 고통 받는 시간에, 그리고 예수님이 마지막 말씀을 하셨을 때 어둠이 임한 것과 같은 경우가 많다. 적과 지옥의 모든 무리들에게 맞서는 어둠이 있다. 죄를 범한 사람들과 영적인 어두움에 잡힌 사람들에 대한 어둠이 있다. 하지만 세상의 죄를 없애 주시는 하나님의 귀중한 어린 양을 감싸는 하나님의 임재의 어두운 구름이 있다!

하나님은 어둠 가운데 자신을 나타낼 수 있으시다. 하나님은 솔로몬과 제사장들과 함께 성전에서 그렇게 하셨다. 솔로몬은 즉시 어둠을 하나님의 영광의 구름으로 설명한다.

> "제사장들이 그 구름으로 말미암아 능히 서서 섬기지 못하였으니 이는 여호와의 영광이 하나님의 전에 가득함이었더라 그 때에 솔로몬이 이르되 여호와께서 캄캄한 데 계시겠다 말씀하셨사오나"(대하 5:14~6:1).

예수님이 십자가에 매달려 계신 세 시간 동안 나타난 어둠은 아바가 버리셨다는 것을 나타내지 않는다! 하나님이 아들의 고통을 보지 않으시려고 자신의 얼굴을 돌리셨다는 의미가 아니다. 하나님이 첫 유월절에 이스라엘 사람들에게 복을 주시고 그들의 적을 물리치셨을 때처럼, 하나님은 예수님의 고통과 흑암의 한가운데 있는 인간의 형편에 참여해서 똑같이 겪으셨다. 우리의 삶이 어둡고 힘들게 보일 수 있다. 이것은 하나님이 거기 계시지 않아서 우리를 도우실 수 없다는 의미가 아니다. 우리가 하나님을 큰 소리로 부를 때 하나님이 우리의 소리를 들으실 수 없다는 의미가 아니다.

내 말은 성경에서 하나님이 사람들에게서 자신의 얼굴을 절대로 돌리지 않으셨다는 뜻이 아니다. 하지만 예수님이 십자가에서 하나님을 부르셨을 때, 아바는 아들의 소리를 들으셨고, 아바는 아들을 버리지 않으셨다고 우리는 결론지을 수 있다! 어둠이 있었기 때문에 하나님이 예수님을 살필 수 없으셨다는 의미가 아니다. 이는 하나님께 범한 모든 인간의 끔찍한 죄 때문이었다. 언젠가 우리가 이 복음을 전하기 위해 필수적으로 알아야 할 것이 있다. 마귀는 어떻게든 하나님이 우리를 떠나고 지금은 우리를 살피실 수 없다고 말하기 위해서 항상 우리 주변을 맴돌고 있다는 것이다. 결과는 어떤가? 마귀는 자괴지심(自愧之心)과 자격이 없다는 기분을 가지고 우리를 떠난다. 아바는 예수님에게 시선을 두신다. 만약 당신이 하나님을 받아들이고 하나님께 헌신된 삶을 산다면, 당신에게 보여 주신 예수님의 고통을 통해서 하나님은 자신의 눈을 당신에게 두실 것이다.

하나님은 죄를 쳐다볼 수 없으시다? 이런 이유로 예수님이 십자가에 매달려 계신 동안 어두웠다? 그렇다면 이것이 아바가 예수님에게서 자신의 얼굴을 돌리시고 죄를 지켜볼 수 없었다는 것을 의미하는 것일까? 이 질문에 대답하기 위해서, 우리는 먼저 하나님이 예수님을 십자가에 못 박도록 인간에게 허락하셨다는 것을 기억해야 한다. 이것은 하나님이 외면하셨다는 것을 의미하지 않는다. 오히려 우리를 위해서 예수님이 벌을 받도록 허락하셨다는 것을 의미한다. 이 형벌은 잔인하거나 부당한 아바의 행동이 아니다. 예수님의 생명을 가져갈 사람은 아무도 없다. 왜냐하면 예수님이 아버지의 계획과 관련하여 동의한 것 중 하나로 자신의 생명을 기꺼이 드렸기 때문이다. 아바는 예수님에게 고난을 피할 수 있는 특별한 호의나 편의도 베풀지 않으셨다. 예수님은 구원 사역을 위해서 모든 시련을 우회하는 지름길을 택하지 않으셨다. 그러므로 예수님이 하나님에게 부당한 특혜를 받으셨다고 말할 사람은 없다.

하나님이 죄를 쳐다볼 수 있으실까?

그래서 하나님이 죄를 쳐다볼 수 있으시다는 건가? 우리는 하나님이 십자가에 달리신 예수님을 쳐다보셨을 때 죄 또한 함께 쳐다보셨다는 것을 알고 있다. 예수님이 모든 죄의 대가를 지불하시는 동안 하나님은 죄를 똑바로 쳐다보셨다. 이것이 앞에서 언급했던 시편 22편 24절에 있다는 것을 우리는 알고 있다: "그는 곤고한 자의 곤고를 멸시하거나 싫어하지 아니하시며 그의 얼굴을 그에게서 숨기지 아니하시고 그가 울부짖을 때에 들으셨도다"(시 22:24).

하나님은 거룩하시기 때문에 죄를 지켜볼 수 없으시다. 이것이 하나님은 죄를 쳐다볼 수 없으시다고 사람들이 흔히 믿는 이유다. 물론 하나님은 거룩하시다. 우리는 분명 그것을 알고 있다. 그러나 하나님은 죄를 쳐다볼 수 있으시다. 만약 하나님이 죄를 쳐다볼 수 없으시고, 어두웠을 때 하나님이 예수님을 외면하셨다고 잠시 생각해 보자. 우리가 질문할 필요가 있는 것은, 하나님이 십자가에 매달린 예수님을 쳐다보는 것을 그만둔 시점이 언제냐는 것이다. 끔찍한 십자가에 매달려 있는 동안 어느 시점에 다시 아들을 쳐다보는 것이 가능하고 용인된 것일까? 부어오르고, 멍들고, 온몸이 피투성이인 예수님에게 죄가 사라진 순간은 언제인 것일까? 하나님이 자신의 아들을 다시 볼 수 있는 기쁨이 생긴 이유는 무엇이었을까?

이런 종류의 해석은 보통 성경 구절에 기초한다: "사람들의 죄악 때문에 사람들과 하나님 사이가 나뉘고 사람들의 죄가 자신들로부터 하나님의 얼굴을 가린다"(사 59:2을 보라). 이 구절에서 '죄악들이 하나님을 막았기 때문'이라는 부분이 하나님이 십자가에 매달린 예수님을 처다볼 수 없으셨다는 의미로 말하기 위하여 흔히 사용된다. 이 구절이 말하는 것은, 하나님은 사람들의 죄를 지지하고 용인하고 호의적으로 지켜보지 않으신다는 것이다. 이것은 하나님이 죄악을 볼 수 없거나 보지 않으신다는 말이 아니다. 오히려 하나님은 죄악을 처다보지 않는 쪽을 택하신다. 그러므로 이 구절은 십자가 사건과 아바가 죄를 처다볼 수 있느냐 없느냐를 비교하는 데 사용될 수 없다.

하박국이 기록한 다른 구절에서는 하나님이 죄를 처다볼 수 없으시다고 말한다. 그들은 하나님은 죄를 처다볼 수 없으시기 때문에 예수님을 외면하셨다는 아바의 관념을 지지하며 십자가 사건과 관련시킨다. 하박국은 "주께서는 눈이 정결하시므로 악을 차마 보지 못하시며 패역을 차마 보지 못하시거늘 어찌하여 거짓된 자들을 방관하시며 악인이 자기보다 의로운 사람을 삼키는데도 잠잠하시나이까"(합 1:13)라고 기록하고 있다. 사실 우리는 이 구절이 하나님이 죄를 처다보시는 이유에 대해서 하박국이 말하고 있다는 것을 이해할 수 있다. 하박국은 "주의 눈은 너무 정결하셔서 악을 보지 못하시며 비행을 용납하실 수 없으십니다. 그런데 어째서 거짓되게 행하는 자를 보고만 계십니까?"라고 말한다.

십자가 사건과 하나님이 오늘날 자신들을 어떻게 대하시는지 이해했을 때 사람들은 여러 가지 모양으로 반응한다. 뭔가 잘못됐을 때 사람들은 자신의 죄 때문에 하나님이 외면하거나 심판하신다는 경솔한

판단을 내린다. 그들은 사람들의 죄는 매우 개탄스러워서 하나님조차도 그 사람들을 쳐다보지 않으시는 것처럼 사람들을 대한다. 아마도 이것이 교회에서 선교가 우선사항이 되지 못하는 이유가 아닐까 생각한다. 그러나 하나님은 죄를 지켜보시고 죄인들을 사랑하신다. 이것은 사람들에게 자유를 주시거나 죄를 범하는 생활을 지지하신다는 것이 아니다. 오히려 사람들이 죄와 싸우고 변화되기 원한다는 것을 그들은 알 필요가 있다. 하나님은 사람들의 죄를 괜찮다고 생각하지 않으신다. 하지만 하나님은 그들을 위하여 거기에 계신다. 하박국의 이 구절을 질문으로 여기지 않고 오히려 하박국의 선언으로 여기는 중요한 이유가 또 있다. 그는 하나님이 죄를 볼 수 없으시다고 진술하지 않았다. 하박국은 하나님께 해명을 요청한 것이다.

오해하지 말기 바란다. 만약 우리가 죄를 허용한다면 죄는 하나님의 임재와 우리의 삶 사이에 담이 생기게 할 수 있다. 하나님의 바람은 우리가 변화되는 것이다. 우리가 죄를 계속 범하기 위해서 죄를 허용한다면 그것이 하나님의 얼굴을 돌리게 하는 원인이 될 수 있다(롬 1장을 보라). 하나님이 얼굴을 돌리시는 것은 어쩔 수 없이 버리거나 포기한다는 의미가 아니라는 것을 기억하라. 죄는 우리의 삶에서 하나님의 임재와 하나님의 역동성을 방해한다. 이것은 우리가 하나님의 마음을 감지하기 때문이다. 하나님의 마음은 우리가 죄와 관련될 때 즐겁지 않으시다. 하나님은 죄를 인정하지 않으신다는 것을 우리는 안다. 그래서 결과적으로, 죄는 하나님과 우리의 유대감을 방해한다.

죄는 사람들이 하나님과 함께하는 시간을 회피하는 원인이 된다. 그 이유는 자신의 죄 때문이다. 그래서 그들은 하나님과 깊은 관계를 맺는 삶을 회피한다. 어떤 사람들은 자신의 삶에서 죄를 대할 때 무시하려고 노력한다. 그들은 죄가 떠나가거나 하나님이 그 시간에 죄를 승인해 주시기를 소망한다. 그러나 사실 이 일이 사람들에게 일어나면 의로움 안에서 하나님을 기뻐하기보다는 자신의 육체적 쾌락에 더 적응하기 시작한다. 아담과 하와에게 이 일이 일어났을 때 그들은 죄 때문에 하나님의 임재로부터 숨었다. 이렇게 하여 하나님과 아담과 하와의 역동적인 관계가 영원히 변했다. 아담과 하와는 문제에 관해서 하나님의 마음을 생각하지 않았다. 아담과 하와는 자신이 직접 의의 표준을 마음속에 설정했고, 벌거벗음을 가리기 위하여 자신들의 손으로 만든 무화과나무 잎으로 엮은 옷을 취했다.

애석하게도 오늘날 일부 사람들은 우리 모두는 은혜 아래 있기 때문에 우리는 의로운 삶에 대해서 말하지 말아야 한다고 생각한다. 물론 우리는 은혜 아래 있다! 그러나 삶의 스타일이 변하는 것은 사람들이 죄를 의식할 때라고 말한다. 우리가 은혜 아래 있다는 말은 죄에 대해서 자유롭거나 죄가 느슨해졌다는 의미가 아니라는 것을 이해할 필요가 있다. 우리 모두가 말하는 의로운 삶이란 의로움이나 면죄의 기준을 단순히 무시하는 것이 아니다. 하나님은 거룩하시기 때문에 우리도 거룩하게 살아야 한다고 듣는다(벧전 1:16을 보라).

은혜는 값싸지 않은데도 우리의 행동이나 자기반성에 대해서 우리는 하나님에게 책임을 돌린다. 성경은 말씀을 통해서 자기를 살피라고 우리에게 여러 차례 말한다(고전 11:28~30, 갈 6:3~4을 보라). 이것은 아바가 우리를 벌하실 것이기 때문에 자기비난, 죄에 대한 두려움, 실수에 대한 두려움을 가지라는 말이 아니라, 말씀을 통하여 하나님의 시각을 가지고 살라는 것이다. 이것이 하나님을 기쁘시게 하고 사람들 앞에서 간증이 될까? 하나님께 완전한 삶을 구하는 것이 올바른 것일까? 이것은 죄를 의식하는 것이 아니라, 우리의 행동이 성령을 슬프게 하지 않는다고 깨닫는 것이다. 그것은 우리의 빛이 사람 앞에 비치게 하여 사람들이 우리의 착한 행실을 보고 하나님께 영광을 돌리도록 깨닫는 것이다. 그것은 그리스도가 의롭게 행한 것처럼 우리도 그렇게 살고, 은혜의 사역을 불의하고 값싸게 만들지 않도록 깨닫는 것이다. 성경은 우리의 죄악, 굳어진 마음, 뉘우치지 않는 삶으로 인해서 우리가 하나님의 은혜에 이르지 못할 수 있다고 말한다(히 12:15을 보라)! 우리는 은혜를 풍성하게 하려고 계속해서 죄의 삶을 살아서는 안 된다. 성경은 오히려 "그럴 수 없느니라!" 라고 말한다(롬 6:1~2을 보라).

요한계시록에 나오는 일곱 교회에게 하신 예수님의 말씀을 통해 죄를 의식하거나 은혜가 결여된 것에 대해 좀 더 생각해 보자. 예수님은 사람들의 삶의 스타일에 관심을 갖고, 그들의 죄를 지적하신다. 예수님은 사람들에게 그들 자신을 살필 필요가 있다고 말씀하시면서 그들의 죄와 나쁜 행동을 깨닫게 하신다. 실제로 예수님은 그들이 회개하기를 요구하고 기대하신다(계 2~3장을 보라). 이것은 사람들이 죄 아래 있지 않고 그들이 사는 방식을 바로잡을 수 있는 기회를 주었다. 그래서 그들은 하나님의 은혜가 주는 유익을 누릴 수 있었다. 이것은 오늘날 우리에게도 똑같은 진실이다. 물론 우리는 은혜 아래 있다. 그리고 아바의 눈은 우리를 향해 있고, 우리는 아바를 인정한다. 하나님이 아들과 함께하셨던 것처럼 우리와 함께하신다. 그러나 우리는 진실함의 본보기가 되는 삶을 살 필요가 있다.

아바는 죄를 쳐다볼 수 있으시고, 예수님이 십자가에 매달리셨을 때 그렇게 하셨다. 아바는 자비와 은혜로 우리에게 다가올 수 있으시고, 우리에게 변할 수 있는 기회를 허락하신다. 아바는 우리가 죄의 어둠 속에서 사는 것을 원하지 않으신다. 그분은 우리가 자신의 진리와 그분의 빛 안에서 살기를 원하신다.

하나님이 죄를 보셨다는 기록이 성경에는 많이 나온다. 하나님은 무화과 잎으로 자신을 가렸던 아담과 하와의 죄를 보셨다. 그러나 하나님은 그들에게 다가가셨다. 하나님은 이교도였던 아브라함과 언약을 맺으셨다. 하나님은 자신의 백성을 애굽에서 구원하기 위하여 살인자였던 모세를 사용하셨다. 하나님은 밧세바와 간통하고 그녀의 남편을 살해한 다윗 왕을 회복하셨다. 욥이라는 의로운 사람에 대해 논의하기 위하여 하나님의 보좌로 왔던 가장 개탄스럽고 현존하는 사악한 존재인 루시퍼와도 하나님은 대화를 하셨다. 십자가에 달린 두 강도를 보셨을 때, 역시 하나님은 죄를 보셨다.

하나님은 죄를 쳐다볼 수 있으시다. 죄는 하나님에게 영향을 미치지 못한다. 하나님은 하늘에 계신 아빠라는 의미로 죄를 보시는 것이 아니라, 오히려 우리를 간절히 돕고 싶어 하시는 사랑, 용서, 자비, 의로움을 가진 아버지로 보신다. 하나님은 끔찍한 죄의 결과를 아신다. 죄는 결과적으로 하나님의 자녀에게 마귀가 접근하게 만드는 원인이 될 수 있다. 죄는 우리에게 위험한 결과를 가져온다. 죄는 우리의 몸과 마음을 상하게 할 수 있다. 죄는 결혼생활, 가족, 자녀, 사회를 파괴할 수 있다. 아바가 죄를 보셔야만 하는 이유는 어두운 세상을 비추는 해결책으로 개입하시기 위해서다.

예언자 예레미야 시대에 하나님은 자신의 얼굴을 돌리지 않으셨다. 그 죄가 얼마나 가증스러운지 보신 후 심판을 준비하시기 위해서 하나님은 사람들의 죄를 똑바로 쳐다보셨다. 하나님은 말씀하셨다: "이는 내 눈이 그들의 행위를 살펴보므로 그들이 내 얼굴 앞에서 숨기지 못하며 그들의 죄악이 내 목전에서 숨겨지지 못함이라" (렘 16:17).

우리는 죄의 노예가 될 필요도 없고, 비밀스런 죄 때문에 수치스러운 삶을 살 필요도 없다. 우리는 예수 그리스도를 통해서 죄와 어둠의 역사를 이긴다! 우리는 십자가에서 완성된 사역을 통해서 격려를 받을 필요가 있다. 죄는 패배했다! 완전한 삶을 사는 것은 우리가 주님께 받는 대단한 명예 중 하나다. 죄는 하나님을 실망시킬 뿐만 아니라 하나님을 화나게 한다. 죄는 하나님을 아프게 하고 슬프게 한다. 우리가 하나님 보시기에 올바로 행하기를 원할 때, 그것은 하나님을 기쁘시게 한다. 우리는 하나님을 사랑하고 하나님을 높이기 때문에 이렇게 한다. 하나님은 죄를 싫어하신다. 그 이유는 죄가 하나님이 보실수 없을 정도로 나쁘기 때문이 아니라, 죄는 우리가 무언가 잘못된 결정을 하도록 만들기 때문이다.

오늘날 하나님은 더 많은 죄를 보신다. 왜냐하면 우리는 죄가 많은 세상에 살기 때문이다. 예수님을 통해서 이 땅에서 참 평안이라는 답을 얻은 것을 하나님께 감사하자. 만약 사람들이 선한 뜻을 받아들인다면, 그 선한 뜻은 예수님을 통해서 모든 인간들에게 유용하게 될 것이다. 하나님의 은혜는 풍성하다! 그 이유는 예수 그리스도를 통해서 이 세상에 사랑, 평화, 용서가 주입되기 때문이다. 비록 하나님 아버지가 죄를 보실 수 있고 보셨다 하더라도, 하나님은 예수님의 피라는 다른 요소를 통해서 죄를 보신다!

지금 하나님은 많은 사람들을 위해서 몸값으로 흘린 아들의 피를 통해서 우리를 보신다. 이것은 우리가 죄를 범했을 때 하나님께 즉시 나아갈 수 있다는 의미다. 우리는 아바에게 갈 수 있다. 그리고 아바에게 우리를 용서해 주시고 하나님을 기쁘시게 하는 삶을 살 수 있게 도와달라고 요청할 수 있다. 이것은 예수님의 흘린 피를 통해서 가능하게 만든 하나님의 은혜 때문이다. 우리는 하나님의 자비와 용서를 외면하지 않는다.

잠시 생각해 보라. 만약 하나님이 죄를 볼 수 없으셨다면 구원, 자비, 용서를 받는 희망이 인류에게 없었을 것이다. 사람들은 흔히 자신이 죄를 범한 이후 하나님은 자신의 소리를 들으실 수 없다고 말한다. 이것을 또 예수님이 십자가에서 큰 소리로 부르셨던 그 시간에 임한 어둠과 자주 비교한다. 사람들은 이것이 그 당시 예수님이 지셨던 죄 때문에 하나님이 예수님의 소리를 듣지 못하신 것을 보여 준다고 말한다. 그러나 우리가 보았던 것처럼, 하나님은 모든 인류를 위해서 대가를 지불하시는 아들의 소리를 들으셨다. 그리고 지금, 하나님은 우리의 소리를 들으신다.

우리는 스스로에게 질문할 필요가 있다. 우리의 죄로 인해서 하나님이 우리의 소리를 들을 수 없으시다면, 만약 누군가 구원해 달라고 하나님을 부를 때 그 사람의 소리를 어떻게 들을 수 있으실까? 하나님은 니느웨에서 사람들이 회개하는 소리를 듣지 못하셨을까? 우리가 죄 안에서 살 때 하나님이 우리의 기도를 듣지 않으시는 이유는 죄가 하나님을 뛰어넘는 어떤 강력한 힘을 가지고 있기 때문이 아니다. 이것은 죄가 우리에게 무언가 영향을 끼치기 때문이다. 그것은 우리가 선택한 죄의 길을 갈 때 우리의 마음을 강퍅하게 하고 하나님의 음성을 듣기 어렵게 만드는 것이다. 아바는 우리에게 다가오셔서 말씀하신다. 그러나 우리는 보통 손으로 귀를 막고 듣는다. 죄는 우리의 마음을 강퍅하게 하고 하나님의 말씀을 선택해서 듣게 한다. 결과적으로, 우리는 우리 뜻대로 하고 하나님의 뜻대로 하지 않는다.

반항적인 죄의 삶을 살았던 어리석은 탕자에게 하셨던 것처럼, 하나님은 가끔 우리가 내리막길을 걷도록 허락하신다(눅 15장을 보라). 그러나 사랑이 많은 아버지는 아들이 돌아오기를 기다린다. 탕자는 자기가 사는 방식에 불만이 있었다. 그러나 결국 죄의 삶보다 더 좋은 삶을 살 수 있다는 것을 깨달았다. 그래서 탕자는 사랑이 많은 아버지께로 돌아간다. 우리의 어떤 선택 때문에 아바는 반드시 일을 하셔야만 한다는 것은 분명하다. 아바는 외면하지 않으신다. 그러나 아바는 우리가 되고 싶은 사람을 선택하도록 하신다. 우리는 탕자를 좋아할까, 아니면 타협, 육욕, 세속적인 삶을 살기를 원할까, 아니면 도움을 주는 손길 아래 사는 삶, 의로우신 아바가 돌봐 주는 삶을 살기를 원할까? 우리는 대개 하늘 아빠인 하나님의 인정 많은 돌봄 가운데 여러 가지 시도를 해 본 후 선택한다. 하나님은 우리의 관심을 얻고, 우리의 삶에 개입하시고, 우리가 하나님 앞에서 영광의 길을 가도록 부르고자 하신다.

하나님이 죄를 보실 수 있다는 말은 예수님이 십자가에서 지신 죄의 두려움이 줄어들거나 죄의 극심한 추함이 줄었다는 말이 아니라는 것을 이해해야 한다. 아바는 우리가 잘못 놓은 수에 반응할 준비가 된 가혹하고 독재적인 판사가 아니시다. 내가 말하는 것은, 하나님은 거룩하고 의롭고 호의를 가지고 죄를 보지 **않으신**다는 것이다. 하나님은 우리의 죄를 보신다. 하지만 하나님은 아직도 우리를 사랑하신다. 우리가 죄 가운데 있어도 우리에게 다가오신다. 아바는 아들이 죄를 위한 희생제물이 되었을 때 아들을 외면하지 않으셨다. 이것이 아바 안에서 편안할 수 있는 이유다.

하나님이 거룩하신 것을 우리는 확실히 안다. 그러나 만약 죄가 하나님에게 예수님을 외면하게 만든다면 우리에게 무슨 소망이 있을까? 우리의 죄와 관련하여 하나님의 아들이 죄의 대가를 지불하기 위해서 오셨을 때 예수님이 대가를 지불해야 하는 하나의 죄와 모든 죄 사이에 어떤 차이가 있을까? 죄의 총합계 또는 죄 자체가 아바에게 아들을 버리거나 외면할 수 있는 이유를 주지는 못했다.

우리는 흔히 죄는 어떻게든 하나님의 거룩함을 위협한다고 생각한다. 그러나 이것은 하나님이 자신의 거룩함 또는 선함을 지키기 위해서 거부해야만 한다는 의미다. 아바는 진리인 동시에 빛이시다. 하나님의 임재 안에서 어둠은 반대편이 아니라 도망가야 한다.

하나님은 죄를 쳐다볼 수 있으시다. 그분은 예수님이 희생제물이 되는 것을 쳐다보셨다. 사실 하나님은 특정한 희생제물을 좋아하시고 인정하셨다는 것을 우리는 성경을 통해서 알 수 있다. 노아가 하나님을 기쁘시게 하는 희생제물을 드렸을 때 우리는 이것을 발견한다. 홍수가 끝나고 방주를 나온 후에 노아는 제단을 쌓고 정결한 짐승을 드렸다. 그리고 주님은 이 희생제물을 향기를 맡을 만큼 기뻐하셨고, 그 제물을 기쁘게 받으셨다.

노아와 같은 방식으로, 예수님은 자신의 생명을 하나님이 기뻐하시는 속죄를 위한 제물로 주신다. 이 특정한 희생제물을 아바가 외면할 이유가 없으시다. 이와 같이 우리도 우리 삶을 전심으로 하나님께 드리면 그것이 순전하고 하나님을 기쁘시게 하는 향기가 되어 우리의 삶에 하나님의 복을 가져다줄 것이다. 이것은 이스라엘의 죄를 위하여 매년 희생양이 드려진 이유를, 그리고 예수님이 하나님의 흠 없는 어린 양으로 특정한 희생제물 되신 이유를 우리가 이해하도록 도와준다. 하나님은 드려진 어린 양을 외면하지 않으셨고, 자신의 아들인 예수님도 외면하지 않으셨다.

예수님은 하나님을 기쁘시게 하는 희생제물이 되셨고, 하나님은 그분을 기꺼이 받으셨다. 그분은 하나님에게 외면할 수 있는 이유를 드리지 못했다. 예수님이 십자가에서 돌아가시던 그날 예수님을 외면한 것은 누굴까? 아바였을까 아니면 사람들이었을까? 이사야 53장은 메시아 예수님과 예수님이 모든 사람들을 위하여 죽기로 동의하셨을 때 겪으실 끔찍한 일에 대해서 또 다른 예언적 설명을 한다. 또 예수님이 사람들에게 거절당하고 외면당할 것을 보여 준다: "그는 멸시를 받아 사람들에게 버림 받았으며 간고를 많이 겪었으며 질고를 아는 자라 마치 *사람들이 그에게서 얼굴을 가리는 것 같이* 멸시를 당하였고 우리도 그를 귀히 여기지 아니하였도다"(사 53:3, 이탤릭체는 저자 강조).

애석하게도 이것은 오늘까지도 사실이다! 하나님에게 외면당한 사람들이 있다. 그러나 우리에게는 죄와 고통 가운데 사는 우리와 함께하시는 하나님이 계시다.

아바가 자신의 얼굴을 숨기실 때

하나님이 자신의 얼굴을 숨기시거나 자신의 얼굴을 보여 주시는 의미는 무엇일까? 하나님이 얼굴을 보여 주실 때, 그때 하나님은 자랑스러워하고, 기뻐하시며, 호의를 베풀고, 인정하고, 축복하신다! 그러나 얼굴을 숨기신다는 의미는 우리의 죄 때문에 멀리함, 버림받음, 거절당함, 저주받음, 노여움, 분노, 심판, 외면한다는 표현이다. 죄와 삶의 스타일에 반감이 있는 이들이 하나님과 역동적인 관계로 변화되기 위해서 그들이 하나님이 보시기에 올바른 것을 구할 때까지 하나님은 자신의 얼굴을 그들에게서 숨기신다.

성경에서 '외면하다' 는 어떤 사람을 면전에서 옮긴다는 것이다. 히브리어로 얼굴과 존재는 panim이라는 같은 단어다. 히브리어로 하나님의 '얼굴을 숨긴다' 는 hester panim이다. 시편 51편에서 다윗이 죄를 범하고 회개했을 때 그는 말했다: "나를 옮기지 마시며 당신의 영을 내게서 거두지 마소서"(시 51:11을 보라). 이것은 같은 개념이거나 넓은 의미에서 아바가 자신의 얼굴을 예수님에게서 돌리셨다는 개념에 대해서 말한다. 아바는 아들에게서 얼굴을 돌리지 않으셨다. 예수님은 십자가의 죽음을 포함해서 항상 아버지가 기뻐하시는 일을 행하셨기 때문이다. 그러므로 아바는 외면할 필요가 없으셨다!

아바가 자신의 얼굴을 예수님에게서 숨겼는지 아닌지 결정할 때, 그것은 무엇보다도 어떻게 이 개념이 발생했는지 알도록 돕기 위해서다. 얼굴을 숨긴 것은 아담과 하와가 하나님의 면전에서 숨었을 때 처음 나타난다. 이것은 하나님의 행위가 아니라 그들의 죄가 되는 행위 때문에 처음으로 접하게 되었다! 아담과 하와는 선과 악을 알게 하는 나무의 열매를 먹은 후 하나님의 얼굴로부터 숨은 사람들이었다(창 3:8 을 보라).

다른 예는 자신의 형제 아벨을 죽인 가인에게 따르는 벌이다. 하나님은 가인에게 물으신다: "네가 분하여 함은 어찌 됨이며 안색이 변함은 어찌 됨이냐"(창 4:6). 가인은 자신의 마음과 얼굴을 단정히 할 필요가 있었다. 주님은 자신의 얼굴을 가인에게서 돌리지 않으셨다. 우리는 마침내 가인이 자신의 동생을 죽인 죄를 인정하고 하나님에게 자신에게서 얼굴을 돌리지 말아 달라고 요청한 사람이라는 것을 알고 있다: "주께서 오늘 이 지면에서 나를 쫓아내시온즉 내가 주의 낯을 뵈옵지 못하리니 내가 땅에서 피하며 유리하는 자가 될지라 무릇 나를 만나는 자마다 나를 죽이겠나이다"(창 4:14). 하나님이 얼굴을 숨기신다는 단순한 언급은 하나님과 가인 사이에서의 복의 결여, 반감, 실망을 대변한다.

하나님은 백성들이 계속해서 죄를 지었을 때 그들에게서 자신의 얼굴을 숨겼다고 말씀하신다. 그 이유는 그들이 모든 악을 행하고 다른 신을 섬기기 위해서 돌아섰기 때문이다(신 31:18을 보라). 그러나 백성들이 하나님에게로 돌아서고 자신의 죄를 뉘우치며 회개하면 하나님은 그들을 용서하셨다.

우리는 죄가 많은 세상에서 살아간다. 죄가 많은 이 세상은 매순간, 매일 점점 더 어두워져 간다. 이것이 우리가 아바를 지속적으로 끈질기게 좇으면서 아바에게 가까이 머물러야만 하는 이유다. 죄짓는 삶보다는 순전한 삶을 사는 것이 훨씬 더 좋다. 죄는 우리의 인생관과 하나님과 우리의 관계에 영향을 미친다. 이것이 어떤 사람은 버림받고, 부끄러워하며, 주님과 동행하는 삶이 중단된 이유다. 사람이 죄를 짓는 삶을 선택했을 때, 어떤 사람은 흔히 예수님이 비유로 말씀하셨던 스스로에 대해서, 자신들의 죄에 대해서, 삶의 스타일에 대해서 부끄러움을 느끼는 세리같이 느끼게 될 것이다. 그들은 하나님을 부르거나 생각할 가치조차 느끼지 못하는데, 왜 그런 것일까? 이 이야기에서 예수님은 우리에게 말씀하신다. 세리는 하늘을 올려다보지도 못했다. 왜냐하면 그는 죄인이었기 때문이다: "세리는 멀리 서서 감히 눈을 들어 하늘을 쳐다보지도 못하고 다만 가슴을 치며 이르되 하나님이여 불

쌓히 여기소서 나는 죄인이로소이다 하였느니라"(눅 18:13).

이것이 오늘날 아바와 관련해서 다양한 접근 방법을 묘사하는 것은 아닐까? 세리는 하늘나라를 쳐다볼 수 없었다. 그 이유는 하나님이 자신의 소리를 들을 수 있을지 없을지 궁금했기 때문이다. 그래서 세리는 자비로운 하나님이 자신을 도와주시기를 소망하며 불쌍히 여겨 달라고 말한다. 하지만 우리는 이처럼 느끼거나 살 필요가 없다! 우리가 예수 그리스도와 예수님의 용서를 통해서 구원받았을 때, 우리는 이미 예수님과 함께 하늘에 앉히었다(엡 2:6을 보라). 이것은 세리와 같이 자격 없는 사람이 했던 것처럼, 우리는 하늘나라를 올려다 볼 필요가 없다는 의미다. 우리는 이미 영적으로 예수님과 함께 앉히었다. 그리고 예수님이 흘리셨던 피는 은혜와 자비로 주어졌기 때문에, 그것을 받아들이는 모든 사람은 존귀하고 의롭다고 선포되었다.

아바는 우리를 사랑하시고, 우리를 자신의 자녀 중 하나로 여기신다! 그래서 우리는 하나님이 우리의 소리를 들으시기를 소망하며 고개를 떨구거나 하늘나라를 올려다볼 필요가 없다! 절대 아니다! 우리는 하늘 아버지의 은혜의 보좌에 대담하게 나아갈 수 있고, 필요할 때 도우시는 자비와 은혜를 발견할 수 있으며, 아무리 여러 번이라도 우리는 그것을 자랑할 수 있다! 하나님은 우리가 어떤 일이나 싸움에 직면해 있을 때 우리를 돕기 위해서 그곳에 계신다고 확신할 수 있다!

성경에서 하나님이 얼굴을 숨기셨을 때 어떤 일이 일어났을까? 모세가 하나님의 임재 안에서 시간을 보낼 때 아론이 만들었던 금송아지 이야기를 당신은 기억하고 있는가(출 32장을 보라)? 이스라엘 백성들은 모세에게 무슨 일이 일어났다고 생각했다. 그래서 그들은 아론에게 자신들을 인도할 신을 만들어 내라 하고, 이에 아론은 금으로 송아지를 만들어 그것이 이스라엘 백성들을 애굽에서 인도해 낸 신이라고 말한다. 물론 이것은 주님뿐만 아니라 모세를 매우 분노하게 만들었다. 주님은 모세에게 자신과 친교를 나누었던 산을 내려가라고 말씀하셨다. 그리고 백성들이 스스로 얼마나 부패했는지 보라고 말씀하셨다. 백성들이 만든 거짓 신과 그들의 죄악된 행동을 본 후 분노한 모세는 주님이 자신의 손으로 친히 기록하신 계명이 적힌 돌판을 던져서 깨뜨렸다. 이것은 하나님을 행복하게 하지 못했다. 하나님은 첫 번째 돌판에 기록했던 것과 동일한 계명을 두 번째 돌판에 다시 한 번 기록하셔야 했다.

알다시피 아론은 백성들의 말을 듣는 죄를 범했고 금송아지를 만들었다. 아론은 매우 재미있는 변명을 했다. 아론은 동생인 모세에게 백성들에게서 받은 금을 불 속에 던졌더니 이 금송아지가 나왔다고 말했다. 그래, 됐다. 어쨌든 하나님은 백성들에게 진노하셨다. 하나님은 모든 백성을 진멸하려고 하셨고, 모세는 중보하였다. 백성들이 흔쾌히 변하고 하나님께 순종할 때까지 하나님은 그들에게서 등을 돌리셨다.

출애굽기 33장에서 모세가 하나님의 영광을 보기 원했을 때를 기억하는가(출 33:18을 보라)? 하나님은 모세에게 자신의 얼굴은 볼 수 없지만 등은 볼 수 있다고 응답하셨다. 왜일까? 어쩌면 이것은 모세에게 창조 사건의 모든 것을 보여 주시기 위한 것이었을 것이다. 말하자면 모세는 그때의 목격담으로 구약성경의 처음 다섯 권을 기록할 수 있었을지도 모른다. 혹은 어쩌면 하나님이 말씀하셨기 때문에 가능했을 수도 있다: "나는 이스라엘에게서 나의 등을 돌렸다. 너와 그들이 나의 얼굴을 보기 위한 유일한 방법은 나를 따르는 것이다. 나는 그들의 지도자인 너에게 나의 등을 돌려서 보여 줄 것이다. 이것은 그들이 나를 따를 것인지, 너를 따를 것인지 보기 위해서다. 이것은 그들이 나의 말을 들을 것인지, 너와 함께 있기를 바라는지 보기 위한 것이다."

성경에서 하나님이 등을 돌리셨다는 의미는 이것이다. 이것은 버리려는 목적이 아니라 오히려 백성들이 하나님에게 돌아오는지, 그리고 자신의 방식이 아닌 하나님의 방식으로 하나님을 따르는지 보기 위한 것이다.

우리는 모세와 하나님에 대해서 언급했다. 이것이 하나님이 얼굴을 돌리신 것과 어떻게 연결되는지에 대한 예를 깊이 생각해 보자. 첫 번째 일 중 하나는, 하나님이 얼굴을 돌리셨을 때 역동적인 관계와 변화되는 복이 임한다! 내가 이것을 통해서 말하고 싶은 것이 있다. 잠시 생각해 보자. 하나님이 말씀하신 것처럼 오직 모세에게만 자신의 등을 볼 수 있도록 허락하셨다는 것은 백성들이 서로서로 얼굴과 얼굴을 대면할 때 하나님은 자신의 등을 돌리셔야만 한다는 것을 의미한다. 관계가 어떻게 변했는지, 그리고 이 행동이 지금 어떤 영향을 미치는지 보라. 과거에 앞날을 생각하며 모세와 동행한 하나님 그리고 하나님 뒤에 있던 모세를 상상해 보라. 우리는 하나님을 친밀하게 좇아가고, 하나님은 하나님과 우리의 관계가 필요한 안성맞춤의 장소를 알려 주신다. 하나님의 손, 입, 눈, 귀, 발은 어디 있을까? 손, 입, 눈, 귀, 발은 어떤 방향을 향하고 있을까? 하나님이 모세에게 자신의 얼굴이 아니라 등을 보여 주신 것처럼, 손, 입, 눈, 귀, 발 모두는 앞을 보고 있다.

하나님의 이 행동은 하나님을 반역하고 그로부터 돌아서서 거짓 신인 금송아지를 경배한 이스라엘에 대한 하나님의 불쾌한 심정을 보여 주시기 위한 것이었다. 바로 이것이 하나님이 자신의 등을 보여 주시거나 사람들에게서 자신의 얼굴을 돌리시는 이유다. 이스라엘과 함께하셨던 것처럼, 이것은 사람들에게 자신의 마음과 계획을 살피도록 하시는 것이다. 만약 우리를 보기 위한 하나님의 눈, 우리의 소리를 듣기 위한 하나님의 귀, 우리에게 복 주시기 위한 하나님의 손, 우리에게 말씀하시기 위한 하나님의 입, 우리를 보호하시기 위한 하나님의 발을 원한다면, 우리 마음의 변화와 하나님을 따르는 것이 필요하다.

하나님이 모세와 이스라엘에게서 얼굴을 돌리신 이유는, 하나님과

그들의 관계에서 이익이 되는 것을 원하는지 그렇지 않은지 그들에게
결정하도록 하신 것이다. 이것은 오늘날 우리에게도 동일하다. 하나
님이 자신의 얼굴을 돌리고 등을 보여 주실 때 하나님이 말씀하시는
방법과 우리가 하나님의 소리를 듣는 방법이 달라진다. 그것은 하나
님의 복과 우리가 그 복을 받는 방법이 달라진다는 것이다. 그리고 하
나님 앞에서 즐거워하거나 불평하는 우리의 삶을 지켜보시는 방법이
달라질 것이다.

그러면 어떻게 하나님의 등이 아닌 얼굴을 볼 수 있을까? 사람들은
돌아서야만 하고, 자신의 마음을 바꿔서 하나님을 따라야만 한다. 성
경을 통해 볼 때 하나님은 사람들이 마음과 방향을 바꾸고 하나님을
따르도록 자신의 얼굴을 돌리셨다. 그래서 하나님은 그들에게 복을
주실 수 있으셨다. 다시 말하면, 하나님이 얼굴을 돌리신 이유는 사람
들이 버림받았거나 유기된 것이 아니라, 오히려 역동적인 관계로 바
꾸시기 위해서다.

당신이 어떤 사람에게 등을 돌려도 당신은 여전히 그 사람과 함께
할 수 있다. 바꿀 수 있는 단 한 가지는 당신이 어떻게 연락하고, 당신
이 어떻게 소통하고, 이런 일이 일어났을 때 당신이 어떻게 느끼는지
에 대한 역동성이다. 당신이 더 이상 그들의 얼굴에 말하지 않고 그들
에게서 등을 돌려서 말하기 때문에 친밀함은 변한다. 이것은 관계의
역독성과 변화된 복에 의한 것이다. 하나님은 오늘날 자신의 얼굴을

돌리신다. 그것은 버림받거나 유기되었다는 뜻이 아니라 오히려 죄에 불쾌감을 느끼시는 하나님에 관해서다.

신약성경에서 하나님은 예수님의 피와 하나님의 은혜를 통해서 죄를 다루신다는 것을 기억하라. 그러므로 이것은 하나님이 죄를 다루지 않으시거나, 죄가 우리에게 덜 위험하거나, 우리의 죄가 하나님에게 불쾌감을 준다는 의미가 아니다. 하나님은 우리에게 새로운 방향을 가리키실 것이라는 의미다. 그래서 우리는 하나님을 따르게 될 것이고, 우리는 나름대로 악으로부터 돌아서게 될 것이다. 덧붙여서 말하면, 그것은 우리가 원하는 것을 따라 사는 것이 아니라 하나님의 아들의 주권 아래 살아가도록 한다.

오늘날 만약 하나님이 얼굴을 돌려서 우리에게 그분의 등을 보여주신다면, 이것은 우리의 죄, 수치, 저주, 질병을 스스로 담당하신 하나님의 아들의 피 흘린 등을 우리에게 상기시키시기 위한 것이다. 또한 예수님의 피를 통해서 얻을 수 있는 은혜를 상기시키시기 위한 것이다. 그리고 우리는 죄의 삶에서 승리를 얻는다. 그것은 우리가 하나님과 함께 의롭고 친밀하게 사는 삶을 선택했다는 것을 우리에게 보여 주기 위한 것이다(물론 우리는 선택하지 않을 수도 있다). 그것은 또 사람들이 하나님에게 돌아서기 위해서 하나님의 복을 원하도록, 자신의 방식이 아닌 하나님의 방식으로 하나님을 따르도록 시킨다.

이것은 우리가 하나님의 복을 받기 위해서 더 힘쓰게 한다. 그 이유는, 만일 우리가 하나님의 등을 본다면 그것은 하나님의 손이 앞을 향하여 있고 우리를 외면하신다는 의미다. 그러므로 만약 당신이 하나님의 복을 원한다면, 당신은 변해야 하고, 하나님을 따라가야 한다. 보람 있는 삶이란 당신이 하나님의 얼굴을 찾고 하나님을 기쁘시게 하기 위해서 하나님을 따르는 것이다. 그것은 의로운 사역이 아니라, 사랑하는 삶, 고귀한 삶, 의로운 삶이다! 당신이 이렇게 살 때 하나님은 돌아서서 당신에게 복을 주신다! 하지만 우리는 우리 자신이 하나님의 등을 돌리게 하는 원인이 되기를 원치 않는다. 우리의 삶은 하나님을 기쁘시게 하지 못하기 때문에, 하나님은 모세에게 하셨던 것 같이 우리에게 자신의 등을 보여 주신다. 만약 하나님이 하신다면, 그것은 우리의 삶을 바로잡도록 하시기 위해서다. 왜냐하면 우리는 죄 안에 있고 하나님께 불순종하기 때문이다. 우리가 하나님의 얼굴을 찾는 한, 우리는 하나님의 등을 보려고 관심을 가질 필요가 없다.

아바가 자신의 얼굴을 보여 주실 때 무슨 일이 일어나는지 보자.

1. 당신은 하나님의 눈을 본다(하나님의 인정, 동의, 보호).

> "나를 눈동자 같이 지키시고 주의 날개 그늘 아래에 감추사"
> (시 17:8).

> "내가 네 갈 길을 가르쳐 보이고 너를 주목하여 훈계하리로
> 다"(시 32:8).

"여호와의 눈은 의인을 향하시고 그의 귀는 그들의 부르짖음에 기울이시는도다"(시 34:15).

2. 하나님은 당신에게 자신의 귀를 주신다(당신의 기도는 응답된다).

"여호와의 눈은 의인을 향하시고 그의 귀는 그들의 부르짖음에 기울이시는도다"(시 34:15).

3. 하나님은 말씀하시기 위하여, 그리고 당신에게 복을 주시기 위하여 자신의 입을 여신다(당신은 하나님의 음성을 듣고 사랑을 느낀다).

4. 하나님의 코는 향기를 기쁘게 맡으신다(하나님의 즐거움, 기쁨, 인정 그리고 하나님은 당신에게 새로운 시작을 주신다).

"여호와께서 그 향기를 받으시고 그 중심에 이르시되 내가 다시는 사람으로 말미암아 땅을 저주하지 아니하리니 이는 사람의 마음이 계획하는 바가 어려서부터 악함이라 내가 전에 행한 것 같이 모든 생물을 다시 멸하지 아니하리니"(창 8:21).

5. 하나님의 손은 당신에게 복을 주시기 위해서 개방되어 있다(당신의 삶에 임하는 하나님의 만지심, 하나님의 임재, 하나님의 치유, 하나님의 축복).

6. 하나님의 발은 당신과 동행한다(하나님의 개입, 당신의 적과 문제를 이기

는 하나님의 권세, 하나님은 당신 앞에서 걸으실 것이고, 목표와 지혜를 주시며, 안내해 주신다).

나는 당신이 격려받기를 원하고, 아바의 면전에 나아가길 원하고, 아바의 사랑을 받기 원하고, 인정받기를 원한다! 하나님이 자신의 얼굴을 당신에게서 숨기실 때, 나는 당신이 두려움 가운데 살 것이 아니라 하나님의 얼굴을 더 많이 갈망하길 원한다. 주님은 의인에게 복을 주시고, 주님의 귀는 사람들의 외침을 듣기 위하여 열려 있다! 그러므로 하나님과 인간 사이에 더 이상 분리는 없다는 것을 기억하라. 하나님의 사랑이나 인정을 받으려고 애쓸 필요가 없다. 사랑과 인정은 예수님을 통해서 이미 당신의 것이 되었다! 아바는 당신에게 자신의 마음과 사랑을 보여 주고 싶은 생각이 간절하시다. 하나님은 당신이 하나님을 보고, 하나님의 임재를 느끼고, 당신이 부드럽게 속삭이는 말을 듣기 원하신다!

아바는 아들을 외면하지 않으셨다. 마찬가지로 우리가 하나님을 찾고 하나님이 기뻐하시는 삶을 살기 위해서 헌신할 때 하나님은 자신의 얼굴을 돌리지 않으실 것이다. 하나님을 찾으라. 그러면 당신은 하나님을 찾아낼 것이다. 구하라 그러면 당신은 하나님의 복을 받을 것이다. 그리고 하나님의 보좌가 있는 방의 문을 두드려라. 그러면 문은 당신에게 활짝 열릴 것이다(마 7:7을 보라). 하나님의 마음은 당신이 사랑하라고 있는 것이다. 그리고 하나님의 마음은 당신이 하나님을 알기 위하여 더 간절히 찾으라고 있는 것이다. 하나님의 얼굴은 당신의 즐거움을 위하여 있는 것이다. 그 결과 당신은 하늘 아버지인 하나님과의 관계가 더 친밀해진 것을 발견하게 된다! 하나님은 당신에게 손을 내미시고, 당신을 대신해서 자신의 강함을 보여 주기 원하신다. 하나님의 마음은 당신을 부르고 계신다. 그러므로 당신의 마음이 계속해서 반복적으로 하나님을 큰 소리로 부르도록 하라. "아바, 나의 마음은 당신을 부르고 있어요!"라고 말하라.

CHAPTER 7

아빠가 먼저!

"예수께서 이르시되 나를 붙들지 말라 내가 아직 아버지께로 올라가지 아니하였노라 너는 내 형제들에게 가서 이르되 내가 내 아버지 곧 너희 아버지, 내 하나님 곧 너희 하나님께로 올라간다 하라 하시니"(요 20:17).

Daddy First!

Daddy First!

다 이루었다! 이제 천사들이 노래하고, 이 세상은 기뻐하며, 사람들이 하늘 아버지에게 돌아오도록 하자! 이것은 아바가 아들이 끝내도록 계획하셨기 때문이다. 그 계획은 완성되었다!

다 이루었다는 선언 후 예수님은 십자가에서 마지막 몇 마디 말을 하기 위하여 몸을 들어 올리신다. 예수님의 눈은 사람들 손에 얻어맞아 멍이 들고 부풀어 올라 감긴다. 예수님의 이마의 피는 다 말라서 눈을 뜨고 보는 것이 어렵다. 예수님은 눈을 가늘게 뜨신다. 눈을 억지로 최대한 넓게 떠야 하늘을 쳐다볼 수 있다. 예수님은 아버지가 자신과 함께하신다는 것을 아신다. 그리고 예수님은 마치 아바의 눈을 깊이 살펴보듯이 매우 강렬하게 초점을 맞추신다. 이것이 내가 해를 입지 않은 이유요, 이것이 내가 유지된 이유다. 예수님은 마음속으로 리허설을 하셨다. 예수님의 마음은 완전한 신뢰와 하늘 아빠를 위한 사랑으로 가득 찼다. 예수님은 눈을 뜨신 후 말하기 위해서 입을 여셨다.

입술은 상처 나고 멍들고 피나고 부었지만, 예수님은 십자가에서 아버지에게 마지막으로 말씀하신다. 예수님은 바로 이 순간을 기다리시는 하늘 아빠를 큰 소리로 부르신다. 예수님은 하늘과 땅, 그리고 지옥에 있는 모든 사람들이 듣도록 큰 소리로 말씀하신다. 예수님은 아바를 부르신다: "아버지 내 영혼을 아버지 손에 부탁하나이다"(눅 23:46). 예수님은 이 말씀을 하시고 십자가에서 마지막 숨을 쉬셨다.

어둠을 뚫고 멀리서 빛이 올 때, 이 말은 보이는 곳과 보이지 않는 곳 구석구석까지 메아리쳤다. 예수님의 입에서 나온 바로 그 말로 땅은 진동하기 시작한다. 이 말이 천국과 지옥과 이 세상 구석구석에서 울릴 때 마귀와 그의 악한 무리들은 이 말에 놀란다.

예수님이 마지막 말씀을 하신 바로 그 순간 성전의 휘장이 위에서부터 아래로 두 개로 찢어진다. 그 말은 이 세상의 기초가 움직이는 것처럼 땅을 진동시킨다! 무덤들이 열리고, 죽었던 사람들이 죽음에서 일어나고, 목격자들은 구세주가 살아났다고 증언한다(마 27:52을 보라)! 그리고 십자가 곁에 있던 사람들은 두려움, 전율, 무서움으로 떨려서 서 있을 수가 없다! 사건이 일어난 곁에서 눈에 띄게 떨었던 로마 백부장은 아직도 십자가에 매달려 있는 생명이 없는 예수님을 바라본다. 그는 두려운 마음으로 분명히 말한다: "이 사람은 진실로 하나님의 아들이었도다"(막 15:39).

무슨 일이 일어나고 있는 것일까? 왜 지옥과 이 세상에는 그런 혼돈이 있지만 하늘나라에는 축제가 있는 것일까? 매우 놀라운 일이 일어난다. 바로 그 순간 하나님과 인간을 분리했던 영적인 휘장이 두 개로 찢어졌다. 성전의 휘장이 반으로 찢어진 것처럼, 이 영적인 휘장의 반사작용이 지금 이 세상에서 일어난다! 이 휘장들은 왜 찢어진 것일까? 그 이유는 더 이상 하나님과 인간 사이에 분리가 없기 때문이다. 예수님이 자신의 생명을 바치시고 죽음에서 부활하셨던 당시와 같은 그런 승리감과 축제 및 기쁨은 없었다. 휘장이 제거될 때 하나님은 잃어버린 피조물에게 다가가 자신의 얼굴을 보여 주신다! 그것은 하나님이 휘장을 찢어 알리신 것이 아닌, 예수님의 마음이 우리를 대신하여 아바를 큰 소리로 부른 것이었다! 이것은 모든 인류가 보다 더 개인적인 방법으로 자신의 하늘 아빠를 발견할 수 있도록 하기 위해 일어났다! 지금 우리의 마음은 "아빠, 아버지!"라고 부를 수 있다.

이 휘장이 찢어졌을 때, 예수님은 아버지에게 모든 것을 맡기셨고, 아바는 예수님의 피를 통해서 자신의 잃어버린 피조물에게 다시 다가오셨다. 성전의 휘장은 위에서 아래로 두 개로 찢어졌다. 이것은 하나님이 인류에게 다가오신 것을 보여 준다. 그리고 휘장이 이런 방식으로 찢어진 이유는 하나님이 찢으셨기 때문이다. 이것은 또 하늘나라 보좌에 앉아 계신 아바, 곧 자신의 피조물들과 다시 화목하기를 고대하시는 아바를 보여 준다!

하나님 아버지는 그날 십자가에서 아들의 구원하는 피의 속죄제물을 받으셨다. 하나님은 자신과 화목한 자녀가 생긴 것에 흥분하셨다. 예수님은 다 이루었다고 말씀하셨는데, 그것은 성취되었다. 또한 예수님은 아버지의 손에 자신의 영혼을 맡기셨고, 성전의 휘장이 즉시 찢어지게 하셨다! 다시 말하면, 우리의 아바, 우리의 아빠, 우리의 하늘 아버지가 우리를 위하여 내려오셨다는 것이다! 우리는 하나님 품으로 달려가고, 하나님의 얼굴을 구하고, 하나님의 무릎에 올라가고, 하나님의 사랑을 받을 수 있다! 이것은 휘장이 찢어졌기 때문이다. 우리가 하늘 아빠에게 가지 못하도록 방해하는 죄로 인한 분리는 더 이상 없다. 우리는 더 이상 이 세상의 제사장을 통해서, 그리고 짐승의 속죄의 피를 통해서 하나님께 다가갈 필요가 없다. 그 이유는 예수님이 인간의 모든 죄를 제거하는 속죄의 제물이 되셨고, 하나님의 어린 양이 되셔서 길을 만드셨으며, 아바에게 가는 유일한 길이 되셨기 때문이다!

휘장이 아래에서 위가 아니라 위에서 아래로 찢어졌다는 단순한 사실은 하나님이 이 세상에 사는 우리에게 오셨다는 것을 보여 준다. 이것은 마치 하나님이 사랑의 품으로 우리를 데려가시기 위해서 천국에서 팔을 뻗으신 것과 같다. 그리고 보좌의 방에서 하나님의 얼굴을 보여 주신 것이다. 그것은 지금 하나님의 은혜의 보좌로 담대하게 나아갈 수 있고, 필요한 시간에 하늘 아빠로부터 은혜, 도움, 자비를 받을 수 있는 놀라운 특권을 우리에게 준다! 휘장이 찢어지면서 어떤 일이 일어났는지를 이해하려면 이렇게 찢어지는 것이 불가능한데 어떻게 가능하게 됐는지를 이해하는 것이 중요하다. 이것은 사람이 한 일이 아니라, 오히려 아바의 초자연적인 역사다!

우리가 잘 아는 유명한 역사학자 요세푸스는 휘장의 높이가 약 18미터, 넓이가 약 6미터, 두께가 약 10센티미터, 무게가 약 4톤이었다고 말한다. 그의 기록에 의하면, 휘장은 매년마다 새로 교체되었는데, 사람의 힘으로는 찢을 수가 없어 그 사면을 말에게 묶어 휘장을 찢게 했다고 한다. 그것은 남자 300명이 잡고 있는 것과 같은 힘이다. 하나님은 이 휘장을 의도적으로 이와 같이 설계하셨다. 오직 하나님만이 휘장을 찢으실 수 있다는 것을 보여 주시기 위해서, 그리고 우리에게 집중된 하나님의 사랑을 그렇게 찢는 것으로 보여 주시기 위해서.

이것이 사람이 휘장을 찢는 것이 불가능했던 이유다. 그런데 더 흥미로운 것이 있다. 어떤 역사학자들은 휘장이 찢어진 바로 그 순간 제사장들은 성전에서 저녁 희생제물을 준비하고 있었다고 이야기한다. 휘장이 반으로 찢어질 때 당신은 그들의 얼굴이 어땠을지 상상할 수 있는가? 더 중요한 것은, 하나님이 인류의 죄를 위해서 최종적으로 자신의 아들인 예수 그리스도를 저녁 희생제물로 받으셨다는 것이다!

이것이 우리가 예수 그리스도 안에서 믿음으로 말미암아 자녀로 불리는 이유다(갈 3:26을 보라). 그리고 그것이 영적인, 그리고 현실적인 휘장이 더 이상 존재하지 않는 이유다! 우리 아바의 사랑으로부터 우리를 나눌 수 있는 것은 아무것도 없다. 우리는 하나님께 충분히 나아갈 수 있다!

아빠가 먼저

휘장을 찢고 예수님을 살리신 하나님을 찬양하라! 하나님은 인간에게 하신 말씀을 지키신다. 그리고 인간을 구원하시려는 하나님의 계획 역시 이루어진다. 아바는 예수님과 함께하신다. 예수님이 사시는 내내, 그리고 십자가에 매달려 돌아가시는 사건에도 함께하셨다. 한 번 더 하나님은 예수님의 곁을 떠나지 않으셨다는 것을 보여 주신다. 하나님은 예수님과 함께하셨고, 그 결과 예수님의 몸은 부패로 인해서 고통 받거나 지옥에 버려지지 않았고, 죽음에서 일어나셨다! 시편 기자는 선언한다.

> "내가 여호와를 항상 내 앞에 모심이여 그가 나의 오른쪽에 계시므로 내가 흔들리지 아니하리로다 이러므로 나의 마음이 기쁘고 나의 영도 즐거워하며 내 육체도 안전히 살리니 이는 주께서 내 영혼을 스올에 버리지 아니하시며 주의 거룩한 자를 멸망시키지 않으실 것임이니이다"(시 16:8~10).

예수님의 사랑과 아바의 마음을 보여 주는 아주 중요하고 특별한 일이 이제 막 일어나려고 한다. 그것이 무엇이었을까?

예수님의 몸이 뉘었던 빈 무덤에서 절망의 소리가 난다. 예수님은 죽지 않고 하나님의 능력으로 살아 계시다. 하지만 이전엔 창녀였으며 일곱 귀신에게서 영광스럽게 구원받은 예수님의 친구인 막달라 마리아는 지금 눈물을 흘리며 흐느껴 운다(막 16:9을 보라). 그녀는 충격을 받았고 속상하다. 주님이 자신의 인생에서 떠나셨다고 느낀다. 그녀는 절망과 체념의 마음으로 빈 무덤에 다가간다. 그녀는 예수님이 "나는 부활이요 생명이니 나를 믿는 자는 죽어도 살겠고 무릇 살아서 나를 믿는 자는 영원히 죽지 아니하리니"라고 하신 말씀을 기억하지 못하고 있는 것일까?

막달라 마리아의 몸은 떨리고 눈에서는 눈물이 흐른다. 그녀는 빈 무덤 안을 보기 위해서 몸을 아래로 구부린다. 그리고 예수님의 몸이 있던 곳에 앉아 있는 흰 옷을 입은 두 천사를 본다. 한 천사는 머리 쪽에, 다른 천사는 발쪽에 앉아 있다. 한 천사가 물었다: "여자여, 너는 왜 울고 있느냐?" 막달라 마리아는 와락 울음을 터뜨리며 대답한다: "그들이 나의 주님을 옮겨 갔습니다. 그리고 그들이 주님을 어디에 두었는지 나는 모릅니다."

막달라 마리아는 자신에게 말하는 다른 목소리를 듣는다. 그러나 이상하게 낯익은 소리에 등을 돌린다. 막달라 마리아는 거기에 동산지기가 있다고 생각한다. 예수님이라고는 깨닫지 못한다. 예수님은 그녀에게 말씀하신다: "여자여, 너는 왜 울고 있느냐? 너는 누굴 찾고 있느냐?" 그녀는 질문에 대답할 마음의 상태나 기분이 아니다. 그러나 마리아는 예수님의 몸이 어디에 있는지 알기 원한다고 간절히 묻는다: "선생님, 만약 당신이 예수님을 옮겼다면 어디에 두었는지 말씀해 주세요. 그러면 제가 예수님을 모실게요." 예수님은 웃음을 참기 어려우셨을 것이다. 그분은 사랑의 마음으로 막달라 마리아에게 대답하신다: "마리아야, 바로 나다!" 마리아는 기쁨을 참지 못하고 놀라서 환성을 지른다. 그녀는 주님을 붙들고 껴안는 것 외에 더 이상 원하는 것이 없다.

그러나 예수님은 마리아에게 너와 나를 위해서 강렬하고 놀라운 일이 있다고 대답하신다. 그것은 아바의 마음을 보여 주는 것이고, 우리의 마음이 아바를 큰 소리로 확실하게 부르도록 하는 것이다! 예수님은 그녀에게 말씀하신다: "마리아, 나를 붙잡지 마라. 내가 아직 아버지께 올라가지 못했기 때문이다." 그리고 예수님은 나머지 제자들과 다른 사람들에게 예수님의 살아 계심을 전하라고 그녀를 보내신다. 그러나 나는 당신에게 예수님이 이 말씀 이전에 하신 멋진 말씀을 알려 주기 원한다. 그 멋진 말을 예수님이 그녀에게 말씀하신다: "나는 나의 아버지이자 너의 아버지, 그리고 나의 하나님이자 너의 하나님께로 올라갈 것이다"(요 20:17을 보라)!

당신은 이렇게 놀라운 말씀을 보았는가? "나의 아버지, 너의 아버지, 나의 하나님, 너의 하나님?" 이것은 당신의 마음이 하나님을 큰 소리로 부르도록 만들지 않는가? 예수님은 아바가 먼저라고 보여 주시는 것을 주목하라! 예수님은 "나의 하나님, 너의 하나님"이라고 먼저 말씀하지 않으신다. 오히려 "나의 아버지, 너의 아버지!"라고 말씀하신다. 예수님은 말씀하신다: "아바는 당신의 전능하고 능력 있는 하나님이 되시지만, 그보다 먼저 하나님은 아빠이시다! 하나님은 당신을 위해서, 당신을 사랑하기 위해서, 당신을 돌보기 위해서, 매일 당신을 깨워서 함께 시간을 보내기 위해서 그곳에 계실 것이다! 하나님은 당신의 하늘 아빠이시다. 그리고 하나님은 더 개인적이고 친밀한 삶이 되도록 당신에게 전념하신다!"

나는 당신에게 이것은 거절하기에는 너무 아까운 것이라는 것을 알려 주고 싶다! 우리가 아는 놀라운 사랑, 사귐, 친절, 돌봄보다 먼저 하나님은 하늘에 계신 우리 아빠이시다. 아바가 먼저라는 것은 하나님과 우리와의 관계에서 중요하다. 그리고 이것이 예수님이 마리아에게 이런 방식으로 표현해서 아바가 먼저라는 것을 보여 주신 이유다. 아바가 우리의 하늘 아빠라는 것을 예수님은 그녀와 모든 사람들이 알기를 원하셨다. 우리가 하나님을 받아들일 때, 하나님이신 아바의 훌륭한 모든 속성은 우리의 유익을 위해서 사용된다. 이것은 예수님이 적은 무리에게 하신 것처럼 우리에게도 두려워하지 말라고 말씀하신 이유다. 어쨌든 우리 아바의 진정한 기쁨은 우리에게 왕국을 주시는 것이다(눅 12:32을 보라)!

예수님이 막달라 마리아에게 말씀하신 것은 매우 개인적이고 친밀하며 심오하다. 예수님은 아바의 마음을 보여 주신다. 그래서 전에는 전능하고 위엄이 있는 분으로 이해한 하나님을 이제는 나의 아빠로 알 수 있다.

아바가 동산에서 아담과 하와에게 물으셨던 처음 두 가지 질문을 기억하는가? 그것은 하나님이 관계를 위한 자신의 바람을 선언하신 것이었다. 아담이 죄를 범한 후에 맨 먼저 아담에게 질문하셨다. 누가 아담과 하와에게 벗은 것을 말했는지 질문하신 후, 뒤이어 그들에게 짐승 가죽으로 옷을 만들어 덮을 것을 공급하셨다. 이 질문들은 개인적으로 관계된 하나님을 다시 보여 주었고, 뒤이어 하나님의 은혜와 공급이 뒤따랐다.

우리는 예수님이 막달라 마리아에게 오셨을 때 똑같은 것을 본다. 예수님은 다른 사람에게 나타나시기 전에 그녀에게 나타나셔서 말씀하셨다: "나의 아바, 너의 아바." 이것은 맨 먼저 친밀함의 중요성, 하나님과 개인적인 관계의 중요성을 보여 준다. 연이어 아바가 하나님이신 것을 보여 준다. 예수님이 맨 먼저 막달라 마리아에게 나타나셨다는 것은 흥미롭다. 왜 예수님이 다른 사람보다 먼저 그녀에게 나타나셨을까? 당신은 생각해 본 적이 있는가? 왜 이전에 창녀였던 마리아가 예수님을 맨 먼저 보았을까? 오히려 예수님을 장사하라고 자신의 무덤을 빌려준 아리마대 요셉과 같이 부유하고 더 중요하다고 여겨지는 사람, 또는 그 밖에 다른 사람을 고려해 보는 것이 더 낫지 않았을까? 우리는 하나님이 사람을 외모로 취하지 않으신다는 것을 알고 있다. 예수님이 마리아에게 맨 먼저 나타나신 것은 하나님의 마음과 사랑에 관해서 우리에게 특별한 것을 보여 주시기 위해서다. 예수님은 아마도 이전의 창녀를 선택하셔서 매우 수치스럽고 매우 나쁜 일을 했다고 느끼는 사람들과 하나님은 자신을 사랑하거나 받아 주지 않으신다고 생각하는 사람들에게 아바를 보여 주시기 원하신 것 같다. 이것은 인류에게 희망을 주시기 위한 것이다. 아바는 깨어진 삶을 사는 사람들을 용서하시고, 그들이 회복되기를 소망하신다.

이것이 예수님이 마리아에게 값진 말씀을 하신 이유다. 예수님이 죽음에서 부활하신 후 말씀하신다: "나를 아직 만지지 마라. 마리아, 나는 아직 나의 아빠이자 너의 아빠, 그리고 나의 하나님이자 너의 하나님께로 올라가지 못했기 때문이다." 예수님은 우리를 위해서 아빠의 사랑을 보여 주신다. 예수님은 하나님이 우리에게 주시는 은혜보다 우리가 하나님을 사랑하고, 하나님을 알고, 하나님을 소중히 여기기를 얼마나 원하시는지 보여 주신다. 우리는 종종 종교는 우리에게 나쁜 것이고 시대를 역행한다고 생각한다. 어떤 사람은 하나님이 성급하고, 아주 강하고, 접근하기 어려운 전능한 존재라고 우리에게 가르친다. 어떤 사람은 하나님은 아버지이지만 아바, 곧 하늘에 계신 아빠로 보이지는 않는다고 말한다.

놀라운 진실들

예수님과 막달라 마리아의 첫 만남과 그 후 예수님이 요한복음 20장에서 제자들에게 나타나셨을 때를 통해서 우리가 배울 수 있는 놀라운 진실이 있다. 예수님이 막달라 마리아에게 나타나셨을 때 그녀는 무덤에 혼자 있었다. 이것은 다른 무엇보다도 주님에 대한 우리의 개인적인 이해와 하나님과 우리의 개인적인 관계를 대표하는 중요한 것이다(요 20:1~18을 보라). 이것은 하나님을 보통 말하는 그런 두려운 하나님이 아니라 우리의 아바로 아는 것에 대한 중요성을 우리에게 보여 준다.

그 후 예수님은 요한복음 20장에서 두려워서 문을 잠그고 방에 앉아 있는 제자들에게 나타나신다. 제자들 중에 일부는 후에 초대 교회가 생겼을 때 교회의 지도자가 되었다. 제자들은 비록 문을 잠그고 두려워했지만, 예수님은 초자연적으로 방 안으로 걸어 들어오셨다! 오늘날 교회와 지도자들은 문을 잠근 제자들처럼 주님의 임재를 절대 폐쇄해서는 안 된다. 우리의 마음 또는 교회를 예수님의 초자연적인 능력과 임재로부터 절대 닫아서는 안 된다. 예수님이 원하시는 시간과 예수님이 원하시는 방법을 보여 주실 수 있는 장소와 공간을 우리는 항상 만들어야 한다. 우리의 교회와 삶에서 하나님의 초자연적인 임재와 능력이 드러나게 할 필요가 있다.

예수님이 제자들 사이로 걸어오셨을 때, 주님이 제자들에게 나타나셨던 요한복음 20장으로부터 우리는 더 많은 통찰력을 얻을 수 있다. 예수님은 제자들에게 다른 사람들에게 가서 살아 계신 예수님을 보여 주고, 그들에게 예수님이 하신 일을 전하라고 말씀하셨다: "예수께서 또 이르시되 너희에게 평강이 있을지어다 아버지께서 나를 보내신 것 같이 나도 너희를 보내노라"(요 20:21). 다른 말로 하면, 우리는 예수님을 다른 사람들에게 전해서 예수님을 보여 줄 필요가 있다. 그리고 우리를 통해서 예수님의 능력이 나타나도록 예수님을 인정할 필요가 있다. 이 것이 예수님이 부활하신 후에 제자들과 함께 시간을 보내신 이유다. 제자들은 온 세상으로 나가 복음을 전하며 예수님과 아바를 보여 주었고, 예수님의 초자연적인 영광을 보여 주었다! 요한은 기록했다.

> "예수께서 제자들 앞에서 이 책에 기록되지 아니한 다른 표적도 많이 행하셨으나 오직 이것을 기록함은 너희로 예수께서 하나님의 아들 그리스도이심을 믿게 하려 함이요 또 너희로 믿고 그 이름을 힘입어 생명을 얻게 하려 함이니라"(요 20:30~31).

우리의 개인적인 삶을 교회 안에든지 다른 사람들의 삶 속에든지 어떻게 놓느냐 혹은 어디에 놓느냐는 문제가 되지 않는다. 예수님은 우리의 삶에 주님이 되기를 원하시고, 더 개인적인 방법으로 아바를 보여 주시기를 소망하신다는 것을 우리는 항상 기억해야 한다. 이것이 우리가 "아바, 아버지"라고 부를 수 있는 이유이고, 다른 사람에게 하나님의 사랑을 말할 수 있는 이유다!

아바를 향한 외침

하나님은 우리의 아바이시라는 매우 특별하고 매우 순수하며 매우 친밀한 하나님의 선언이 있다. 우리가 다른 사람에게 하나님의 사랑을 말할 때, 그것은 마치 자석과 같이 우리를 아버지의 사랑으로 끌어당긴다. 그것은 훨씬 더 개인적인 방법으로 하나님과 우리의 관계를 역동적으로 변화시킨다. 하늘 아빠를 향해서 예수님의 마음에서 우러난 외침은 오늘날 우리의 외침일 수 있다! 잠깐 그것에 대해서 생각해 보자. 우리는 마음으로 하나님에게 "아바!"라고 외칠 수 있다. 하나님은 우리의 입술로 말하는 소리를 갈망하신다. 그리고 하나님은 인류에게 그 소리를 듣기 위하여 기다리신다!

사실 우리의 삶을 예수님께 드리는 순간 우리는 즉시 하늘 아버지와 놀라운 보좌가 있는 방에 접근할 수 있다. 또한 더 놀라운 일이 계속해서 일어난다. 그곳은 하나님과 우리를 다시 화목하게 하는 곳으로, 하나님께 우리 마음을 넘겨 드리는 소리가 계속해서 들려온다. 성경은 우리에게 어떤 일이 일어났고, 왜 성령이 큰 소리로 우리에게 "아바, 아버지"라고 부르게 하는지 말한다: "너희가 아들이므로 하나님이 그 아들의 영을 우리 마음 가운데 보내사 아빠 아버지라 부르게 하셨느니라"(갈 4:6).

우리는 즉시 하나님으로부터 아들의 신분을 받아 우리의 하늘 아빠인 하나님과 특별히 친밀하게 된다는 의미인데, 이것은 오직 믿는 자들을 위한 것이다! 영이 우리 안에서 "아바 아버지"라고 부른다는 의미는 무엇일까? 그것은 당신이 예수님을 받아들이는 순간 일어나는 당신과 하늘 아버지 사이의 화목을 의미한다.

갈라디아서 4장 6절을 살펴보면, 하나님의 영이 우리를 통해서 "아바"라고 부를 때 그것이 얼마나 강력한지 이해하게 된다. 그것은 또한 우리가 지금 하나님의 영 때문에 우리 마음으로 "아바"를 부를 수 있다는 것을 보여 준다. 우리의 영이 주님에게로 회심할 때 성령으로 인하여 "아바"를 부르는 것은 일회성 이벤트가 아니다: 이것은 우리에게 극히 드물게 한 번 일어나는 사건이나 일이 아니다! 우리의 마음이 매일 "아바!"를 부르게 할 필요가 있다. 우리는 기도하고 하나님 아바를 부르며 교제하는 데 있어 수치나 쑥스러움 또는 불편함을 느낄 필요가 없다. 우리가 예수님과 교제할 때, 우리는 하늘 아빠인 하나님에 대한 개인적인 계시를 깨닫게 된다. 그리고 주님은 우리를 하나님과 친밀한 수준이 되게 하신다. 우리는 더 안전하고, 사랑받고, 단언할 수 있고, 특별하고, 결과적으로 하나님과 가깝다고 느낀다!

갈라디아서 4장 6절에 나오는 '부르게'라는 말은 헬라어 krazo다. 이것은 까마귀의 사무치는 울음(까악까악)이라는 뜻이다.' 이것은 "다급한 비명 또는 악을 쓰면서 큰 소리로 우는 것"으로 정의된다. 그리고 "깊은 감정을 나타내는 표현을 제대로 하지 못하는 외침"으로 사용된다.[2] 이것을 어떻게 우리에게 적용할까? 우리의 삶을 예수님에게 드리는 순간 우리의 영 안에서 성령이 다급하게 외쳐 부른다: "아바, 아버지!" 이것은 첫 번째로 우리의 영에게 선언하는 것을 우리의 영적인 귀로 듣는 것을 의미한다. 하늘 아빠, 아바를 향한 우리의 외침!

바꿔 말하면, 하나님의 영은 우리가 구원 받을 때 우리를 통해서 이것을 하신다! 하나님은 놀라운 일을 우리 안에서 영의 외침으로 표현하신다. 하나님은 영의 외침으로 우리와 함께하기를 매우 원하신다는 것을 보여 주신다. 하나님은 하늘 아빠인 하나님에게 이르는 길인 예수님을 모든 사람이 부르기를 고대하신다. 하나님은 잃어버린 피조물인 인류와 화목하시기 위하여 매우 흥분하신다. 하나님의 영은 이 흥분을 커다란 외침으로 "아바!"라고 표현하신다. 이 순간은 주님과 우리를 위한 다정하고 특별한 순간이다.

후에 이 외침은 믿는 자인 우리가 그리스도인의 삶을 세울 수 있는 튼튼한 토대 중 하나가 된다. 그것은 하늘 아버지의 계시다. 아이가 처음으로 부모의 목소리를 듣고 알아보는 것을 배우는 것만큼 이것은 초신자들의 삶에 중요하다. 똑같은 방식으로, 우리 마음속의 외침은 우리가 확신과 믿음을 가지고 아바를 부르는 것을 가능하게 한다. 하나님은 우리의 외침을 들으실 것이고, 우리의 필요를 공급하실 것이다. 우리가 영적으로 회심하는 순간 이 외침을 통해서 하늘 아빠를 우리에게 보여 주신다.

우리가 하나님의 음성을 듣고 하나님의 인도와 임재를 느끼기 시작할 때 우리 안에 강력한 일이 일어난다. 우리는 하나님의 지지, 사랑, 헌신을 의식하게 된다. 이것이 그리스도인으로서 우리의 마음이 "아바"를 계속해서 부르도록 하는 것이 중요한 이유다. 우리가 이렇게 할 때, 하나님의 사랑받는 영적인 자녀인 우리의 권리와 우리의 아버지인 하나님이 얼마나 놀라운 분인지를 이해하기 시작한다. 이 세상에서 예수님과 동행할 때 예수님이 하셨던 것을 우리도 하기 시작한다. 우리는 예수님을 따르기 원한다. 우리는 하나님께 점점 더 부지런히 구할 것이다. 그러면 하나님은 우리를 인정해 주셔서 우리가 미소 짓게 하실 것이다. 우리는 할 수 있다. 우리는 더 이상 하나님에게 낯선 사람이 아니라 하나님의 소중한 자녀이기 때문이다. 하나님은 우리에게 하늘 아빠가 되신다. 그리고 우리는 하나님의 영적인 자녀가 된다(고후 6:18을 보라)!

예수 그리스도 안에서 새로 태어난 하나님의 자녀로서, 우리에게는 하나님의 왕족이 되는 권리와 특권이 있다. 예를 들면, 우리는 상속받고, 우리의 마음에서 아바를 부르는 것이 허용된다. 특별히 우리가 요청할 때 예수님은 우리의 마음에, 삶에 들어오시고, 모두의 주님이 되신다!

이제 우리는 예수 그리스도를 통하여 아바와 다시 화목하게 되었기 때문에, 우리는 하나님의 자녀일 뿐만 아니라 특별한 권리와 권세를 가진 천국 시민도 된다! 예를 들어 보자.

- 우리는 지금 하나님을 "아바", 우리의 아버지 그리고 하늘 아빠라고 부를 수 있다.

  "너희가 아들이므로 하나님이 그 아들의 영을 우리 마음 가운데 보내사 아빠 아버지라 부르게 하셨느니라"(갈 4:6).

- 우리는 영적인 양자로서 하나님의 자녀다. 그리고 하나님에게서 영적으로 태어났다.

  "너희는 다시 무서워하는 종의 영을 받지 아니하고 양자의 영을 받았으므로 우리가 아빠 아버지라고 부르짖느니라"(롬 8:15).

- 우리는 하나님의 자녀로서 영적인 유산이 있다. 그리고 예수님과 함께 공동 상속자다.

  "자녀이면 또한 상속자 곧 하나님의 상속자요 그리스도와 함께 한 상속자니 우리가 그와 함께 영광을 받기 위하여 고난도 함께 받아야 할 것이니라"(롬 8:17).

- 우리는 하나님의 영적인 자녀로서 하나님의 돌보심과 공급 아래 있는 가정에 산다.

  "그러므로 이제부터 너희는 외인도 아니요 나그네도 아니요 오직 성도들과 동일한 시민이요 하나님의 권속이라"(엡 2:19).

- 우리는 하나님의 사랑받는 자녀로서 우리를 기다리는 미래의 가정이 있다.

  "내 아버지 집에 거할 곳이 많도다 그렇지 않으면 너희에게 일렀으리라 내가 너희를 위하여 거처를 예비하러 가노니"(요 14:2).

우리의 마음은 낮이나 밤이나, 좋을 때나 힘들 때나 계속해서 "아바"를 불러야 한다! 우리는 하나님을 아바라고 부를 수 있다. 그 이유는 우리는 하나님의 자녀이고, 우리를 자유롭게 하신 하나님의 은혜를 즐기기 때문이다. 당신의 삶을 하나님의 아들에게 드렸을 때 당신이 하나님의 자녀가 되었다는 사실을 절대 잊거나 과소평가하지 말라. 그것이 당신이 하나님의 영적인 자녀가 되게 한 것이다. 거듭 말하면, 이것은 예수님이 돌아가시고 죽음에서 일어나셨을 때 일어났고, 이때 아담이 잃어버린 아들의 신분을 회복하셨다! 이것은 하나님의 계획과 아브라함과 그의 자녀에게 주신 약속이 성취된 것이다. 아담이 잃어버린 모든 것은 지금 그리스도 안에서 하나님의 영적인 자녀인 우리의 것이 되었다. 아담은 하나님의 아들이었다. 우리가 하나님의 독생자 예수를 받아들였을 때 우리는 하나님의 자녀가 되었다.

우리는 이것을 어떻게 알 수 있을까? 예수님이 탄생하신 시간으로부터 거꾸로 거슬러 올라가 첫 번째 사람 아담까지 예수님의 족보를 살펴보자. 누가복음 3장 마지막 절에 아버지의 이름과 아들의 이름이 있다. 하지만 당신이 맨 아래에서 아담의 이름을 읽을 때 아담은 하나님의 아들이라고 부른다. 다른 말로 하면, 우리는 이 예로부터 아담의 아버지는 하나님이고, 그는 우리와 같은 인간이 아니라는 것을 알 수 있다. 하나님의 아들인 아담은 하나님의 영으로부터 태어났다.

> "그 위는 가이난이요 그 위는 아박삿이요 그 위는 셈이요 그 위는 노아요 그 위는 레멕이요 그 위는 므두셀라요 그 위는 에녹이요 그 위는 야렛이요 그 위는 마할랄렐이요 그 위는 가이난이요 그 위는 에노스요 그 위는 셋이요 그 위는 아담이요 그 위는 하나님이시니라(the son of Cainan, the son of Arphaxad, the son of Shem, the son of Noah, the son of Lamech, the son of Methuselah, the son of Enoch, the son of Jared, the son of Mahalalel, the son of Kenan, the son of Enosh, the son of Seth, the son of Adam, the son of God)" (눅 3:36~38).

주님이 자신의 영을 생명이 없는 흙으로 만들어진 형상의 아담 안에 불어넣으셨을 때, 아담은 하나님에게서 태어났다. 그것은 오늘날 우리에게도 동일하다. 우리는 생물학적인 아버지로부터 잉태되었다. 그리고 하늘 아버지로부터 영적으로 다시 태어날 수 있다. 하나님의 영으로부터 태어난 아담과 같이 우리도 그렇다: "예수께서 대답하시되 진실로 진실로 네게 이르노니 사람이 물과 성령으로 나지 아니하면 하나님의 나라에 들어갈 수 없느니라"(요 3:5).

우리가 구원받고 거듭났을 때 하나님은 자신의 영을 우리 안에 불어넣으셨다. 우리가 "아바"라고 부를 수 있게 하셨고, 우리와 하늘 아빠를 다시 연결시키셨다! 우리는 하나님의 영적인 자녀가 되었다! 이것이 아담이 하나님의 '아들'이라고 불리는 이유다! 동일한 방식으로, 이 세상에 있는 사람들은 육신의 아버지의 아들이 될 수 있지만, 그들이 거듭날 때 그들은 아바의 영적인 아들로 다시 태어난다! 이것이 성경이 우리에게 말하는 이유다: "보라 아버지께서 어떠한 사랑을 우리에게 베푸사 하나님의 자녀라 일컬음을 받게 하셨는가, 우리가 그러하도다 그러므로 세상이 우리를 알지 못함은 그를 알지 못함이라"(요일 3:1).

우리의 마음은 "아바"를 부른다. 우리는 하나님을 알고, 하나님은 우리를 아시기 때문이다. 우리는 하나님의 자녀다. 그리고 하나님은 우리의 아버지시다! 우리가 이것을 이해하면 우리의 삶 가운데 하나님의 제한 없는 사랑과 하나님이 누구신지에 대한 지식이 생긴다. 우리는 계속해서 우리의 마음이 하나님을 "아바, 아버지!"라고 부르도록 해야 한다.

아바와 함께 시간 보내기

이제 우리는 하나님을 알았고, 우리의 아바, 곧 하늘에 계신 개인의 아빠로 나타나신 하나님을 보았다. 우리는 하나님에게 달려가길 원하고 안전하길 원한다! 우리는 우리의 기둥이요, 힘이 되시는 하나님에게 기댄다. 고난의 시간에 우리를 편안하게 해 주시는 하나님에게 간다. 그러면 하나님은 간절한 열망과 하나님과의 교제가 없이는 발견할 수 없는 하나님 마음의 가장 깊숙한 부분도 자세히 살피게 하신다.

하나님은 우리의 아바이시다. 그리고 하나님은 사람과 다르시다! 하나님은 어느 때든지 우리를 안아 주시기 위하여 당신의 팔을 벌리고 계시다. 하나님은 우리의 삶에서 바쁨이라는 문을 닫기를 기다리신다. 하나님과 이야기하고, 하나님을 찬양하고, 우리가 하나님과 우리의 마음에 있는 비밀을 나누기를 기다리신다. 우리가 말하는 것, 우리가 눈을 뜨는 순간을 보기 위하여 하나님은 매일 기다리신다. 우리는 "아바"라고 말하게 될까? 하나님과 함께 시간을 보내자. 그리고 더 개인적인 방법으로 우리의 하늘 아빠이신 하나님을 알아서 지속적인 은혜를 즐기자!

하나님은 우리의 아빠가 먼저라는 것을 절대 잊지 말라! 물론 아빠는 전능한 하나님, 곧 우리 아버지시다. 그러나 하나님은 먼저 당신의 하늘 아빠이시다. 당신 곁에서 머무는 것에 전념하신다. 그리고 당신이 필요한 시간에 항상 존재하신다. 하나님은 당신이 자신을 보다 더 친밀한 개인적인 아바로 알기를 원하신다! 하나님은 하늘에 계신 당신의 아빠, 그리고 아버지시다!

하나님은 당신이 모든 피조물과 성경을 통해서 나타난 아바를 보기를 원하신다. 하나님으로부터 우리를 방해하는 분리나 담은 더 이상 없다. 우리에게는 분리나 담이 소용없다. 오늘 당신의 마음은 하나님을 부르고 있는가? 이 외침은 하늘에 계신 아빠인 하나님을 진실로 이해하고 알기 위해서 굶주린 사람들의 마음에서 나오는 위대한 갈망이다. 우리가 숨 쉴 때마다 아바를 부르면, 우리의 모든 것, 곧 하나님을 사랑하는 것도 늘어나고, 하나님께 다가가는 것도 늘어나고, 하나님과 함께 시간을 보내는 것도 늘어난다! 하나님의 눈은 당신을 향하고 있다. 하나님의 귀는 당신의 마음의 소리를 듣기 위하여 열려 있다. 당신의 마음이 하나님을 "아바!"라고 부르기를 하나님은 기다리신다.

한번 해 보자. 지금 시작하자! "아바, 나의 마음은 당신을 불러요!"

각주

1. 이 정의는 **스트롱 색인** #2896에서 인용한다.
2. WS, 708